만벵듸의 눈물

TEARS OF MANBENGDUI

* 이 도서의 국립중앙도서관 출판예정도서목록(CIP)은 서지정보유통지원시스템 홈페이지(http://seoji.nl.go.kr/ecip)
와 국가자료공동목록시스템(http://www.nl.go.kr/kolisnet)에서 이용하실 수 있습니다(CIP제어번호: 2014014202).

제주4·3
구술자료 총서
07

TEARS OF MANBENGDUI

만벵듸의 눈물

제주4·3연구소 엮음 | 허영선 정리

한울
아카데미

제주4·3 구술자료 총서 7권과 8권을 펴내며

4·3이 다시 전국을 달구고 있다. 정부에서는 2014년 제66주기 4·3 위령제를 맞아 4월 3일을 '4·3 희생자 추념일'로 지정했다. 유족과 관계자들은 박근혜 대통령에게 한 가지를 더 부탁했다. 대통령이 4·3 위령제에 참석해 국가추념일로 처음 치러지는 이 날의 의미를 더욱 빛내달라는 것이었다. 대통령은 제주도 여기저기에서 쏟아지는 수차례의 요구에도 묵묵부답이었다. 결국 위령제에는 총리가 대신 자리해 4·3의 정신인 '화해와 상생'을 소리 높여 칭찬했다.

그러나 그뿐, 서울로 돌아간 총리는 다른 사람으로 변신했다. 총리는 이날 오후 국회에 출석해 한 여당 의원의 '4·3 희생자 선정에 문제 있다'는 질의에 본인도 그렇게 생각하며 희생자 일부에 대해서는 재검증을 거치겠다고 대답했다. 4·3을 대하는 작금의 현실을 한눈에 보여준 가슴 아픈 우리 사회의 단면이었다.

어쨌거나 4·3은 여전히 살아 움직이고 있다. 그래서 우리는 올해에도 구술 정리의 대장정을 이어간다. 그 엄혹했던 시절, 영화 <지슬>이 눈앞에 삼삼하게 떠오르는 용눈이오름과 큰넓궤에서, 금악오름에서, 아니 한라산의 이름 모를 여기저기에서 단지 목숨 하나를 부지하기 위해 온갖 시련을 겪었던 보통사람들의 삶을 이야기로 엮는다. 2013년에 이은 『제주4·3 구술자료 총서』 7권과 8권의 발간이다.

이번 책자는 연구소에서 지난 2004년부터 2008년까지 수행했던 '제주4·3 1000인 증언채록 사업' 과정에서 녹취된 1028명의 증언채록 중 한림읍(7권)과 한경면(8권)의 증언을 엮은 것이다. 한림읍은 '만뱅듸의 눈물', 한경면은 '가리방으로 기억하는 열두 살 소년의 4·3'이라는 제목으로 각각 13명의 아픈 이야기를 담았다.

흔히 구술사는 '아래로부터의 역사(history from bottom up)'를 가능하게 한다고 얘기한다. 유력자들의 역사가 아니라 사회 주류를 이루는 보통사람들의 역사를 재구성해 이제껏 역사자료로는 접근하기 어려웠던 그들의 일상 생활사를 다시 서술해낸다는 것이다. 4·3의 구술증언도 마찬가지다. 자료 부족으로 그간 접근하기가 어려웠던 '4·3 일상사'를 우리는 제주도 모든 지역의, 성별을 불문한 많은 경험자들의 아래로부터의 이야기를 통해 접하게 되는 것이다.

제주도 보통사람들의 4·3 일상사는 고통의 연속이었다. 구술자들 개개인의 아픔은 그들의 이야기를 정리한 글의 제목에서도 쉽게 느껴진다. 한림읍 편에선 '제주도민이라는 것 때문에 타격이 심했다', '처갓집에서만 15명이 희생됐다', '당해보지 않은 사람은 모른다', '한림중학생 네 명을 전교생 앞에서 총살했다', '중학생이 불붙은 장작으로 구타하더라', '한림지서에서 치욕적으로 맞았다', '슬피 우는 딸 찾아 꿈속에 온 아버지가 그립다'고 그 아픔을 절절하게 표현했다.

한경면은 어떤가. '섯알오름 학살의 기억', '가리방으로 기억하는 열두 살 소년의 4·3', '고향도 바꿔버린 4·3', '그런 야만족이 따로 없었다', '우리 아방, 아빠!, 아빠! 허는 딸 안은 채 경찰 총에 맞안 죽었다', '여성들도 물허벅에 죽창 들런 보초를 서다' 등은 어렵게 기억해낸 그 아픔과 힘들었던 하루하루를 한 땀 한 땀 우리 가슴에 새겨주고 있다.

어디 그뿐인가. 녹취한 지 10년이 채 안 되었음에도 자료를 들추다 보면 아픔 하나가 더 오롯이 솟아난다. 어렵게, 시대의 흐름에 부응해 양지로 얼굴을 내밀었던 보통사람들이 이제 더는 이 세상 사람이 아닌 것이다. 이런 사실을 접할 땐 가슴이 허탈하다 못해 사뭇 저려온다. 어렵게 자신의 경험을 구술하던, 당시 구술자의 온몸의 생채기가 그대로 전달되어오기 때문이다. 이런 이유만으로도 우리는 이들의 구술을 흑백 필름인 채 역사의 저편에 그대로 묻어두어서는 안 될 것이다.

도서출판 한울에 고마운 말씀을 전한다. 오랫동안 기억할 것이다.

이 책이 나오기까지 많은 분들이 수고했다. 한울의 김종수 사장님, 고경대 씨, 윤순현 부장님, 하명성 씨, 양혜영 씨 그리고 제주어 교열을 담당해주신 송경미 씨, 모두 잊지 못할 것이다. 그리고 1000인 증언 채록 사업에 참여했던 4·3연구소 여러분께 고마운 말씀을 전한다.

4·3은 희생자와 구술자, 지금 4·3 일을 하는 모두를 잊지 않을 것이다.

전 제주4·3연구소장 김창후

차례

일러두기

1. 구술 내용의 이해에 무리가 없는 한 구술자가 사용한 제주어를 살려 정리했다.

2. 필요한 경우 괄호 안에 제주어의 표준어 표기나 그 의미를 넣었다.

3. 구술과정에서 구술자가 생략한 말 중에 내용 이해를 위해 그 내용이 필요한 경우, 생략된 위
   치에 괄호를 넣어 생략된 말을 표기했다.

4. 구술 내용의 이해에 필요한 4·3 용어는 부록의 '주요 4·3 용어 해설'에 실었고, 그 외 개별 사
   항은 본문에 각주로 넣었다.

제1부

드러내지 못한
진실

—

채만화

1939년 한림에서 출생한 채만화는 4·3 당시 열두 살 초등학생이었다. 교사 생활을 하던 열아홉 살 형이 예비검속으로 한림 어업창고에 1개월 구금된 후 섯알오름에서 희생당했다는 것을 6·25전쟁 후 들었다. 후일 어머니가 형의 시신을 수습해 개인묘지에 묻었다. 1960년 4·19혁명에 힘입어 이문교, 고순화, 고시홍, 양기혁, 박경구, 황대정 등 제주대학교 학생 일곱 명으로 구성된 '7인동지회'를 결성했다. 이들은 이후 4·3사건 진상규명을 위해 자체 조사에 나섰으나 곧 무산되었다. 그로 인해 그는 제주경찰서에서 49일간 구금되었고, 이문교, 박경구는 서대문형무소까지 끌려가 수감되기도 했다. 공직 생활을 했으며, 만벵디 유족회 고문으로 활동하고 있다.

(채록일: 2008.10.21 | 채록 장소: 제주시 삼도동 자택)

1

제주대 7인동지회 활동,
4·3운동 시작이었어요

열아홉 살 형님 한림 어업창고에 구금

4·3 당시 형님은 19세. 이름은 채만수. 누나가 있고, 저는 열두 살이었죠. 원래 본적이 한림린데 대림으로 됐죠. 우리 부친이 대림으로 양자 갔거든. 그래서 신고 당시는 대림으로 됐어요.

형님은 중학교를 졸업해가지고 국민학교 교원 시험에 합격했습니다. 한림국민학교 교편 잡았거든요. 어느 날 경찰에서 학교에 가서 형님을 붙잡아 갔습니다. 그다음부턴 한림 어업창고, 거기로 검속됐었거든요. 그러니까 어떤 사유에서 그랬는지는 저희들도 잘 모르죠.

우리는 아무런 죄도 없는데 그렇게 당했다고만 생각한 거죠. 그때 형은 한림국민학교, 한림중학교 나왔는데 단체 가입도 안 했어요. 다만 중학교 다닐 때 학생회장, 그 당시는 학도 호국 단장을 했어요.

머리도 빡빡 깎은 상태에서 그렇게 됐죠. 경찰에 잡혀가고 한림 어업창고에 구금돼 있었어요. 어머니하고, 식사 같은 거 해서 갖다주고 했으니까.

면회도 가능했죠. 그래도 죄인 취급은 안 한 걸로 알고 있는데. 구금은 한 1개월 정도 될란가 모르겠네. 이때 어업창고에 가보니까 연령에 관계없이 많이 있었죠. 나이 드신 분들도 있었고, 젊은 분들도 있고, 어린 사람도 있고. 여자 어른들도 있었어요. 그분들은 평범하고, 한림 유지급이고, 좀 똑똑한 사람들이었겠죠. 한림에선 좀 괜찮다는 사람들이었어요.

그때는 무서움을 느끼지 못했어요. 어머니가 밥해다 주면 따라간 적도 있고. 가면 출입구를 통해서 넘겨주고 빈 그릇은 찾아오고 했습니다. 대화 같은 건 안 돼도 그냥 넘겨주는 거까지는 됐어요. 어머니는 그냥 집에서 먹는 거, 반찬 같은 거 좀 낫게 해가지고 갔어요.

경찰들 감시도 좀 있는 상태였죠. 형님은 그때 학생복은 아니고 그냥 캐주얼 입었어요. 머리도 길지 않았고. 학교 졸업해서 학교에 있을 때 들어가 버리니까. 저희들은 죄가 없으니까 금방 나올 걸로만 생각했지요. 형님도 그렇게 얘기했고. 아무 일 없을 거라고.

여기서 수용돼 있다가 나중에 형님이 희생당했다는 것은 6·25 발발 이후에 소문으로 들었죠.

개인 묘에 안장

칠월칠석 전날 돌아가신 것으로 알고 있습니다. 1950년 8월 10일인가? 그때 소문도 들었고, 아마도 식사를 그때 준비했는데 가보니까 형님이 없었던 걸로 알고 있어요.

형님 시체는 군사통제 때문에 몇 년간 놓쳤다가 사후 한림 유족들이 아침 새벽에 수습했어요. 한림 동명리에서 시체 수습 작업을 했는데, 인상이 남았거나 물증이 있는 사람은 찾았는데 우리 형님도 찾았지요.

형님은 뼈만 남았기 때문에 찾을 때 당시 치아로 찾았어요. 어린 나이여서 덧니가 이렇게 났었어요. 치아로도 하고, 허리띠 큰 소가죽으로 만든 거 그게 있어서 그걸로 찾았어요. 허리띠는 그 시신 수습할 때 같이 넣어서 온 것인데.

담배도 피우지 않고 했으니까 치아가 좀 깨끗해서 그걸로 찾았어요. 시체는 그 당시에는 찾으러 갈 엄두도 못 냈죠. 경계가 심해가지고 또 갔다 오면 다 잡아다 희생시켜버릴 수도 있고. 희생된 장소는 섯알오름. 섯알오름 희생자들이 백조일손 묘에 다 들어가 있는데, 백조일손하고 장소는 같은데, 우린 만벵듸에도 묻지 않고 개인으로 묻었어요.

아침 새벽에 가서 수습했기 때문에. 내 생각엔 바꿔지기도 했을 것이고, 다 수습 못 한 것도 있을 것이고, 정상적인 건 아니었지요. 그냥 막 쌓여져 있는 데서 하나 골라서 보자기에 싸고 싸고 해서 왔으니까. 그리고 막 가서 훔치다시피 해서 온 거라 제대로 된 수습은 아니었죠.

전 여기 만벵듸 유족회에 고문으로 있어요. 이거 만벵듸 묘역 만들 때 개인으로 모시긴 했지만, 어쨌든 만벵듸 유족으로 있습니다. 현재는 가족들 있는 데 있습니다. 앞으로 집 안에 공동묘지 만들어가지고 화장해 볼까 생각 중입니다.

제주대 4·3 진상규명 7인동지회 활동

형님 돌아가신 이후에 형님 문제로 큰 피해는 없었어요. 연좌제는 걸리지 않았는데 신원조회 같은 거 하면은 적색으로 나오는 거지요. 그래도 공직 생활하면서 큰 피해는 없었어요. 공무원으로 시청, 군청, 도청 다 돌았죠.

근데 4·19 저희들이 제주대학교 다닐 때, 4·3사건 진상규명 동지회라고 일곱 명이 조직을 했었어요. 그때 그 활동을 한 후에 지금 보안대, 당시 방첩대, 군대에서도 제대할 때까지 감시당해가지고.

7인동지회 결성은 그때 저희들 대학교 다닐 때였어요. 학문으로 어떤 일이 있어도 재판을 거치지 않고는 사람을 죽이거나 할 수 없다는 걸 배웠지요. 또 억울하게 4·3에서 집단적으로 북촌 같은 데는 마을 사람들을 학교까지 모이라고 해가지고 다 쏘아 죽이고 그렇게 했거든요. 그러니까 우리가 한번 진실을 규명해가지고 사회를 밝히자 해가지고 일곱 명의 동지회를 만들었죠.

그 7인이 이문교, 고순화, 고시홍, 양기혁, 박경구, 황대정, 채만화입니다. 황대정하고 박경구 이분들은 지금 돌아가시고. 그 동지회 활동을 할 때 4·3사건에 집단학살당하고 피해자들이 많고 하니까 한번 이건 우리 제주도민 차원에서 알아야 되겠다 하는 입장에서 이구동성으로 그런 얘기가 나와서 조직하게 된 것이죠.

활동비 같은 것도 없어서 순수하게 개인으로 했어요. 활동도 얼마 못했어요. 시작하자마자 문제가 생겨가지고. 저희들 5·16 나니까 5월 18일 감금돼버렸어요.

저는 조직회를 시작만 해놓고 활동을 못 했어요. 왜냐면 저희 부모님들이 형님 잃고 나서 아주 불안해하셨거든요. 움직이지도 못하게 했지요. 다른 친구들은 한림 거쳐서 대정까지 갔는데……. 전 그렇게 마을로 들어가 보지도 못했죠.

7인동지회에서 제가 특별히 역할을 한 것은 없고, 공동으로 활동했죠. 계획은 마을 순회하면서 희생자와 유족들을 만나서 그 진상을 알아보는 그런 식으로 했죠.

그때 한림하고 백조일손 관계를 들었고. 북촌 마을 전체 희생된 그런 것도 들었죠. 그때 북촌 주민들을 학교에 전부 모이게 해서 연령에 관계 없이 어린아이라도 다 집단학살했다고 들었어요. 생생히 들었지만 시 작 과정에서 제압당했죠.

그 당시 저희도 학생이었지만 지사님 만나고 관원들 만나고 해서 이 렇게 활동해보겠다고 그렇게 했죠. 도움은 받지 못했지마는, 하여튼 저 희들이 숨어서 하진 않았죠. 순수한 마음에서 했기 때문에. 저희들이 무 슨 사상을 가져서 한 것이 아니었으니까.

그때 반응은 말리지도 않고 허락도 안 허고 좀 애매하게 그냥 그랬던 것 같아요. 그 당시만 해도 다들 조심했으니까.

몇 년 지나지 않아서 형사들이 활동 못 하게 개인적으로 움직이지 못 하게 했죠. 활동하지 말라는 식으로 그렇게 했죠. 그래서 5·16 터지면서 구속됐다가 저는 제주서에 있다가 49일 만엔가 나오고. 박경구하고 이 문교 둘인가? 둘이는 서울 서대문까지 갔다 오고. 자료들은 그분들이 가지고 있다가 또 불안해가지고 다 없애부럿죠. 그 당시 가만 놔뒀으면 조사해서 어느 정도 자료화할 만큼 정리가 됐을 건데, 그런 것이 좀 아 쉽긴 하죠.

완전히 그런 활동을 하면 좌익으로 몰아버리고 하니까 우리는 그렇 지 않고 순수한 마음에서 했는데. 4·3사건에서 아마 시작은 그것이 첫 번쩰 겁니다.

49일 동안 경찰서 구금

난 49일 동안 취조 같은 건 안 받고. 거의 매일 조사를 받고 면회를 안 시켜주고 사식 같은 것도 넣어주지 않고 해서. 제주경찰서에서 조사받 을 때는 "주동자가 누구냐" 하는 걸 중심으로 했습니다. "누구 배후조종이 없나" 허면 "저희들 순수한 마음으로 이구동성으로 하니까 주동자도 없고, 배후자도 없었다" 그렇게 진술한 걸로 알고 있습니다.

그때 우리 조사받을 때도 우리가 너무나 정의롭게 진술하니까 심지어 그런 말까지 했어요. "사회 혼란을 일으킨 것이 간접적으로는 북한에 이익이 되는 것이 아니냐" 그렇게까지 조사를 받았어요. 그러니까 그런 건 생각도 안 하고 순수한 마음으로 했다고 진술했던 기억이 나네요.

워낙 우리를 잡을 것이 없으니까 간접적인 이익까지 줬다 하는 식으로. 그런 말할 때는, "우리는 절대로 이익을 추구하거나 그런 것이 아니다. 순수한 마음으로 제주도민들의 피해상황을 밝히려고 하는 것이다" 그렇게 말했죠.

그래서 자공진술도 서로 쓰고. 우리가 자초지종인가? 어떻게 시작됐다는 것까지 쓰고. 자공진술이란 건 과정을 다 쓰는 거. 근데 때려 맞거나 취조받거나 그런 건 없었지요. 그런데 사식도 안 되고 면회도 안 되고 부모님들은 만나보지도 못했죠. 먹는 건 거기서 주는 꽁보리밥에 김치 같은 거나 먹었고.

황대정이네는 군인 가부니까 군대서 잡현간 거고. 나하고 박경구하고 이문교하고 셋은 제주도에 있다가 나는 석방되고, 이문교, 박경구는 서대문까지 가게 된 거죠.

나만 석방되고 동지들은 서대문까지 갔다는 게 난 미안했지요. 아마 이문교, 박경구 이분들은 조금 더 활동했기 때문에 형무소까지 가게 된 것 같아요. 어떻게 풀려났는지는 모르겠지만. 나중에 동지들이 형무소에서 석방됐다는 소식 듣고 만나기도 하고. 서로 고생했다 했어요.

7인동지회, 4·3운동 시발

공직 생활하면서는 4·3에 관련된 일은 안 했죠. 4·3 때 얘기는 공무원 생활하면서 자세히 듣지도 않았고 관심 그만뒀죠. 감방에까지 갔다 오고 탄압이 심하고 완전히 용공으로 몰아버리니까. 난 그때 억울하게 감금당했었다는 생각만 했지. 그냥 주어진 일만 열심히 했죠. 7인동지회 했던 분들하고 연락은 하는데 자주 만나진 못하고 있어요. 서로 분야가 다 다르고 하니까.

이문교 씨가 고등학교까지 선배고. 학교 다닐 때 굉장히 가깝게 지냈던 선배죠. 저희가 너무 어렸기 때문에 그때 기억을 잘 못 하고 있는 게 아쉽죠.

4·19 때도, 우린 4·19혁명 전에 모임을 가졌었어요. 근데 경찰에서 집집마다 지켜가지고 나다니지 못하게 했어요. 그 후에 4·19 터져서 다른 사람들이 막 떠들어서 자기네가 다 주동한 것처럼 하는데 실제는 우리 7인동지회들이 4·3운동 전에, 더 그런 뜻을 가졌던 겁니다. 4·19 일어나기 전부터 학생운동에 관심을 가졌기 때문에 경찰이 낌새를 채가지고 집을 다 지키고, 저녁때면 밖에 나가지 못하게 했어요.

부친은 한림면 농회장

한림면사무소 농회가 있었고, 우리 부친은 한림면 농회장이었어요. 그래서 그 당시 폭도들이 습격 온다고 하면 저희 가족들은 다른 집에 숨어 있고 그랬었어요. 우리 형님들도 그렇게까지 했는데도 잡혀간 걸 보면 이해가 잘 안 가요.

직장 때문인지 몰라도, 습격 온다고 하면 그런 소문이 나거든. 습격 온다 해가지고 피해서 우리 고모네 집도 가 있고 허니까 우리 형님도 그런 활동을 안 했다는 걸로 생각이 나는데.

그 당시 농회는 현재 농협 전신인 셈입니다. 농회하고 금융조합하고 합쳐가지고 농협이 됐거든요. 면사무소에 습격 들었다는 말은 안 듣고, 한림 있을 때 지서 같은데 습격 들어서, 순경들은 배 타고 비양도로 도망가고 하는, 그런 일이 터져서 산사람도 몇 사람 죽고 그랬죠. 서로 총질허멍 뭐 허멍. 그때가 5월인가? 폭도도 몇 사람 죽고.

지서를 습격해서 도망간다고 헌 말까지 들었어요. 제주시에서 지원 받아가지고. 소탕시킨다고 말입니다.

처음에 한림으로 습격 왔던 산사람들은 세가 그래도 좀 강했던 모양이지요. 경찰들이 도망갈 정도였던 것 같애요. 낮에 피해서 숨었던 기억이 있습니다.

어릴 때도 경찰은 좀 무섭게 생각했죠. 그냥 동네 말을 타고 돌아다닐 때도 칼 차고, 총 차고 일제시대는 그런 모습이었는데, 그 후에는 별로. 4·3사건 당시에 학교 위 동명, 그쪽에서 학생 몇 명 죽었다 하는 소문을 들었어요. 총살시켰다고.

한림에도 성 쌓을 때 가보긴 했는데. 어렸을 때니까 난 안 하고. 반별로 차출할 때 부모가 못 가게 되면 형님이 가고. 성은 쌓았다가 6·25 이후에 풀어졌을 거예요. 성 지키러들도 다니고. 우리 아버진 딴 사람들보단 덜 했죠. 공직 생활을 허니까 제외됐다고 할까. 형님이 보초 서러 갈 때는 죽창 들고 갔어요. 개인이 소지해서 집에도 놔두고.

죽창은 대나무를 잘라가지고(자르는 시늉을 하며) 찌르면 들어갈 수 있게 만들어요. 보초 설 때 쓰지요. 보초 설 때 암호는 있었다고 들었어요. 순찰하는 신호로. 교신으로.

명월에 일제시대 때부터 학교가 처음 생기고, 그 학교가 한림으로 옮겨 갔어요. 한림으로 옮겨 와서 한림국민학교가 되고, 명월은 나중에 분교가 되고. 난 한림국민학교, 한림중학교 나오고 오현고 나와서 제주대학교 들어갔어요.

4·3 그리고 친족 피해

지금 뭐 텔레비전이나 뉴스나 신문에서 정권이 바뀌면서 4·3이 여기까지 오는 과정을 지켜보면, 노무현 대통령 있을 때 사과하고 관심도 많이 가져줬고. 현 정부에서 소홀히 한다는 게 마음 섭섭하죠.

저희들은 유족의 입장에서 명예회복도 중요하지만, 다소 못사는 사람들에게 보상해줘서 살 수 있게 해야 되지 않겠나 하는 생각도 들고. 6·25 때 저희들 한림에만 해도 69명인가? 피해자가 났는데 그 가족들은 지금 뿔뿔이 흩어져가지고 연락 안 되는 사람도 있고, 부모 잃은 사람들은 육지 나가버리고 했어요.

그때 정뜨르 비행장으로 끌려간 사람들도 얘기는 들었죠. 주정공장에서 검속됐다가 취조당하다 죽기도 하고, 끌려가서 죽기도 하고, 그런 말을 들었죠. 그러니까 바다에서 죽었는지 정뜨르 비행장에 가서 죽었는지 모르지요.

예비검속에 끌려간 사람들은 아마 지역 유지급에 좀 덕망 있는 사람들이 아니었는가 생각이 들죠. 4·3 땐 아무렇지 않았다가 6·25 때문에. 그러니까 저도 참여해서 아는 것이지만, 북한에서 자꾸 남침해오니까 부산만 남았잖아요. 그래서 다음 옮길 장소는 제주도밖에 없으니까 제주도에 조금 주의해야 할 인물들은 다 검속시키라고 해놓고, 나중에 다 죽이라는 명령을 내려버렸다는 것이 큰 문제가 된 겁주.

그 예로 성산포 같은 데는 경찰서장이 "죄 없는 사람 죽이느냐"(문형순 서장을 말함 ― 채록자 주)고 해가지고 못 죽이겠다고 해서 전부 살려줬잖아요. 총각은 다 죽죠. 심지어 이 한림에서 모슬포 갈 때는 그런 말 들었는데, 사람 수가 모자라니까 길에 가는 사람 태워 갔다고. 숫자 채울라고.

그 후에 들어보니까 모슬포까지 실어가는 사람이 신발도 던지고, 옷도 던지고, 끌려간다는 표시하기 위해서 그렇게 했다는 말까지 들었어요. 증언에 의하면. 그때 군대 생활하면서 명령받아 직접 학살에 참여한 사람 증언도 있었고. 조사만 잘되고 미군 같은 데서 협조만 잘해주면 진상은 많이 밝혀질 텐데.

미국 같은 데는 관여 안 한 것처럼 하지만 그게 다 관여가 됐어요. 그 당시도 제주도에 미군들은 보인 거 같지 않아요. 큰 사건이었으니까 고위층에서 다 알고 있을 것이라고 생각해요.

우린 형님 피해 말고 다른 가족 피해는 없었는데 친척들은 몇 사람 있었어요. 제주시에 그때 학무과 장학사 하던 분도 돌아가시고. 장학사 1, 2년 하다가 돌아가셨지. 채세병. 돌아가신 경위는 모르고. 우리 이모부님 도청에 과장이었는데 유지 사건 같은 때 돌아가시고.

난 집에서 부인하고도 4·3에 대해 대화 안 해요. 근데 지금 제주도민 중에서도 피해를 안 입거나 한 사람들이 있죠. 주동자 몇 사람은 용공사상을 가져서 한 것도 있지만, 우리는 그 동기보다 피해자를 생각하니까.

어떤 문헌에 의해서 아는데, 최초 동기는 3·1운동 때 과격한 진압 때문에 봉기가 일어났다는 걸로 알고 있는데. 구체적인 건 잘 모르겠어요.

감시 그리고 지방 공무원

그 당시도 박정희 대통령이 정권을 잡으면서 좀 시끄러울 만한 사람들은 잡아놓고 안정되니까 내준 걸로 그렇게 생각이 되는데. 나는 석방돼서 공무원 시험 치러서 합격해 공무원 생활하게 된 거지요. 제일 처음 근무는 제주전화국. 체신국 있을 때였어요. 체신청에 있다가 지방공무원으로 전직했죠.

공무원 시험 보기 전까진 군대 갔다 왔죠. 군대에서 1년 반 있고 제대한 겁니다. 그때도 지금 보안대에서 저희들 뒤를 항상 감시하고, 보고서 작성해서 내고. 군대도 보안대에서 그때 요시찰인으로 분리를 한 거였죠. 그러면서도 군대 휴가증 같은 건 나오더라고요. 그러니까 중하게 다루진 않은 거 같아요. 군대 갔다 와서 그 후에는 어떻게 됐는지 모르지마는 64년도까지는 계속 감시를 한 거죠.

제대해서 공무원 시험 보고 정부기관에 들어간 다음에는 좀 덜 했지만. 정부기관에서도 비밀출입 같은 것도 다 나오고 했지만 감시 같은 게 다 없어지진 않았을 거예요.

저는 일정 기간은 보안대에서 관리했을 거라는 생각입니다. 저는 9급에서 서기관까지. 제대할 땐 부이사관까지 했어요.

거듭되는 시위 수습

공직 생활 중에 북군청 내무과장 할 때는 사회가 상당히 혼란했어요. 데모가 상당했어요. 그 당시 노태우 대통령 중간평가한다고 해가지고 유능한 사람을 보내야겠다고 해서 도에서 차출해서 보내버렸거든요. 나로서는 희생인데 그 당시만 해도 데모가 통하는지 금악 우에 골프장 할 때 골프장 반대 데모를 했지, 고산에 화약고 데모했지, 구좌읍에 읍사무소 유치 데모했지, 선흘리 분묘처리장 데모했지. 그거 수습하느라고 좀 힘들었어요.

그때 막 데모할 때 직원들 시계 같은 거 떨어지면 '야 이걸 어떻게 보상해주는가' 했는데, 표창장 해서 부상으로 시계를 사주기도 했고. 도에서 관광과장 할 때 제주 향수 해서, 큰 이익은 안 돼도 다소나마 수익을 올렸다는 것도 보람으로 생각하고 있어요.

제주4·3평화공원

4·3평화공원 사료관, 기념관은 그 정도 자료라도 있다는 것이 잘했다는 생각이 들고. 재판을 거치지 않고 죽은 사람들도 있고, 재판을 거치지 않고 죽은 과정을, 그 사람은 무슨 죄 때문에 감옥에 있었다는 것이 밝혀져야 되는데, 밝혀지지 않고 있고.

저희들도 형님이 돌아가시긴 했는데 과연 무슨 죄가 있었는지 없었는지, 죄가 있다면 어떤 죄 때문에 그렇게 됐는지, 그리고 왜 재판을 거치지 않고도 죽일 수 있었는지, 그런 과정이 어떻게 됐는가를 밝혀야 될 것 같아요.

자료가 다 나와야 되는데. 저도 글을 쓰고 싶은데, 파킨슨병 앓아가지고 글을 못 써요. 워드 좀 쳐서 뭐 쓰고. 대화할 때도 언어장애도 있어서 목소리도 작고. 1998년부터 한 10년. 투병 생활하는 게. 건강하게 살아야 되는데 활동도 잘 못 하고.

7인동지회 자료는 고시홍 씨 보관했던 사진 조그만 거 하나뿐. 그리고 4·3 보고서에도 7인동지회 활동 상황이 기록이 안 됐어요.

이정순

1932년 한림에서 출생한 이정순은 고향에서 농사를 짓고 있다. 4·3 때는 열여덟 살이었고 한림중학교 1회 입학생이었다. 한림 민보단으로 있던 고모부 김원석이 동네 사람의 밀고로 억울하게 끌려가 일주일 만에 희생되었다. 우익 집안이어서 더 위험했고 고초를 겪었다. 같은 학교에 수원리 친구 둘이 있었으나 밀고해버리자 붙잡아다가 전교생들 모인 학교 운동장에서 총살시켜버렸다. 밭에서, 언덕에서 여러 사람이 총살당하는 장면을 목격했다. 제주 주둔 2연대 군인들의 횡포를 기억한다. 어렸으나 시대가 너무나 무서워서 해병대 3기로 지원했다. 그 당시 모슬포에는 함께 지원해 훈련받은 친구들이 많았다.

(채록일: 2007.10.2 | 채록 장소: 한림 자택)

2

제주도민이라는 것 때문에
그렇게 타격이 심했어

밀고 그리고 고모부의 죽음

나는 한림에서 4·3을 겪었지. 돌아가신 분이 고모부라. 그 당시에 여기 한림국민학교에 2연대 한 개 군대가 주둔해났거든. 경헌디 그 당시 고모부가 한림 민보단이라고 거기 간부로 있었는데 밀고가 들어왔어. 같은 동넨디 밀고가 들어온 거라. 이○○이라고 헌 사람이 밀고해부니까, 국민학교 군대에 주둔한 데서 와서 데려갔거든. 데려가 가지고 불과 일주일 만에…….

밀고했다고 한 이○○이라는 사람은 같은 동넨디 참 괴상한 사람이여. 밀고자로 내리찍은 사람이거든. 자기 생각이 그렇다고 생각 들면 그냥 빨갱이라고 밀고해부니까 여러 사람이 그 당시에 붙잡혀 간 거라. 어떻게 해서 밀고했는지는 모르겠지만. 이 사람하고 우리 고모부는 별개거든. 그렇게 친하지도 않았는데 밀고한 걸로 우린 알고 있거든. 그 후에 그 사람이 오래 살지 못해서 세상을 떠났는데. (한참 동안 말을 않다가)

아주 괘씸한 사람이라. 동네에서도 이분에 대한 소문은 안 좋았지. 남편도 없고 자기 혼자서 살면서 그랬지.

우리 고모는 객지에 가서 살다 보니까 그렇게 되고, 자식들도 그 당시에는 좀 어릴 때니까 피해 볼 형편도 안 된 거지.

그 당시에는 나도 어리니까 군대에 안 갔어. 고모부가 죽었다고 연락이 와가지고. 저기 한림 쪽 부두에 갔는데 막 끄트머리……. 거기서 데리고 와가지고 총살을 시켜부럿어. 총살시켜 버리니까 거기서 죽었어. 그 당시에는 이제 아무런 연고지도 없고 해서 한림에 있는 박○○이라고, 박○○ 씨가 그걸 아니까, 그분 통해 시체를 모셨어. 그분이 우리 고모하고 친하거든. 바로 한림 끝 지경에 있는 밧(밭)에 묻었거든.

매장했지. 당시만 해도 우리가 어려가지고. 나중 보니까 매장한 장소도 우리 친족 밧이라. 친족 밧에 묻어 있어. 죽은 사연은 그렇게 되고.

면담자: 고모부님이 한림부두에 가서 총살당했을 때 혹시 다른 누구랑 갔습니까?

당시에 우린 몰랐지. 그러니까 혼자 간 것이 아니고 군인이 연행해가지고 총을 겨눙이네(겨눠서) 할 수 없이 간 거지.

그 후에 나도 알아서 확인을 하니까 매장이 돼 있더라고. 지금 벌초도 나가 하고 있어. 아들들 죽어부럿지. 후손이라는 것이, 손자가 서울 살고 있는디. 손자도 중간에 한 5년 전까지는 소식이 잇어신디 그 후에는 전화해도 안 받고. 그렇게 해서 소식이 일절 없어. 해서 내가 신고를 하긴 했는데……. 또 서울에 연락해서 오라고 허니까, 그 당시까지는 서로가 연락이 되니까 왔어.

와서 그 절차에 의해 처음 신고했어. 그 후에 손자 오라고 해가지고 또 손자가 직접 사업소에 가서 신고했거든. 나가 신고한 자료가 지금 요거란 말이야. 요거(실종신고 자료 내보임).

고모부는 그 당시 어떻게 됐냐면, 우리 고모가 여기 없었어. 객지에 나가 있었어. 결혼은 했는데 따로. 우리가 연락하니까 그때 비로소 안 거지. 고모부 아들은 당시 (자료를 가리키며) 요것이 손잔데 아들이 김영일이라고 해서 부모하고 안 살게 되니까 혼자 나돌면서 살았던 거지.

고모부 아들은 하나밖에 없거든. 아버지는 돌아가셔서 없고. 어머니도 같이 안 살고 하니까 우리가 뭔가 보살펴주려고 해도 안 와. 그렇게 혼자만 생활을 하다가 결과적으로 나중에 죽었다고 연락 온 걸 보니까 서귀포에서 교통사고 나서 죽었다고 하더라고. 그때 고모님은 사망 소식 듣고 그 후에야 들어왔지.

학교 운동장서 친구들 총살

4·3 때? 그때 나가 열여덟! 위험한 나이였지. 그러니까 나도 한림중학교 1기생인데 그 당시에도 수원 친구 둘이 학생이었어. 거기도 밀고해버리니까 심어다가 학교 운동장에서 전교생들 모인 앞에서 총살시켜버렸거든.[1]

"뽄대 보이라" 해가지고 우리 앞에서 직접. 그래서 그걸 두려워해가지고 '아이고, 이거 안 되겠다' 해서, 한림에서도 학교 안 가게 되고. 해서 내가 해병대 3기생 모집이 있으니까 지원했어. 모슬포 군대 훈련받은 후에 인천상륙해서 진격헌 거라.

---

[1] 1948년 11월 16일 한림중학교 운동장에서 제9연대 군인들이 3학년 학생 강두형, 이경혁, 좌태봉(이상 수원) 그리고 김계준(귀덕) 등 4명을 공개총살 했으나, 증언자는 2명으로 기억하고 있다.

그때 죽은 친구들? 이름이 좌 씬디 좌 씨. 이름은 생각 안 나고 좌 씨. 다른 친구는 생각이 안 나요. 그렇게 4·3사건 때 고통스럽게 학생마저……. 그렇게 불안하게 만들어버리니까. 그 당시에 참 이거 말할 수가 없었어. 학교에서 둘이 총살당하니까. 직접 말은 못 하지만, 그땐 군국주의 아니요? 군인이 "너 이리 와!" 하면 안 갈 수도 없고. 조금만 하면 총살당할 때거든. 그러니까 공포에 떨어가지고 나도 군대에 지원해버린 거지.

면담자: 그때 친구 두 명 죽이는 거 말고 학살당한 거 본 적 없습니까?

무사 본 적이 엇어? 나 어릴 때 밧에 갔는디, 총소리 나가지고 "삐용" 허는 총소리 나니까 무서워서 엎드려 있었어. 나중에 보니까 당시 그 사람은 사상이 좀 틀리긴 한 사람이라. 양○○이라고 해가지고. 그때 군인 앞에서 총살당했거든. 공고, 고등학교 밧 바로 옆 밧에서.

이분은 결국은 사상이 좀 틀리니까 그렇게 해서 죽은 거고. 그 후에는 많이 죽었지, 여기서, 한림 오일시장이라고 해서. 지금은 오일시장 아니지만. 거기 언덕에서도 여러 사람이 총살당했어.

우리가 어렸지만 공포에 떨고 있었어. 그리고 마침 한림에 4·3사건 당시 날짜는 기억 안 나지만 폭도가 습격 왔거든. 습격 와서 한림지서 직원들도 다 도망가 버리고 어떻게 연락하니까 제주시에서 지원 나왔어.

그렇게 서로 교전하다가 말이지 그것도 도망가 버리니까 그렇게 된 거라. 그때 산사름 하나 죽어실 거라. 한림 다리 밑에서 죽었는디. 배가 고프니까 그렇게 된 거지. 이까(오징어), 그거를 먹으면서 한 명 총 맞아 죽은 것도 우리가 목격하고. 그 당시에는 하여튼 '산사람'이 죽었어. 한림국민학교에서.

학교에서의 충격

난 중학교 다니다 말았으니까 졸업은 당연히 못 했지. 내가 중학교 개교해가지고 1기생이라. 1기생인디 그렇게 하니까 도저히 학교 다닐 마음도 없고 군인만 봐가면은 공포에 떨려서 못 사는 거야. 그 당시 한림중학원. 명칭은 나가 1기생인디 중학원 하다가 중학교렌 바뀌었지.

그 당시에도 이렇게 말하면 뭣하지만 선생은 두뇌가 워낙 좋으니까 좌익사상을 많이 갖고 있었어. 수원 출신 김○○이라고 그렇게 영리하던 사람이었거든. 그 사람도 좌익사상이기 때문에 그렇게 하다가 일본에 도망가 버리고. 귀덕분도 우리 선생하시다가 그 사람은 '조' 씬디. 다 일본에 밀항으로 도망가 버리고. 그러니까 좌익 두뇌가 그렇게 돌아가니까 더구나 군인들이 또 누구 말을 들어가지고 그렇게 했는지 모르지만 두 학생이 그렇게 희생당했어. 학교에서. 내 동창이야. 그때 생각만 하면……. 열여덟 살. 나가 열아홉 살에 군대 지원해서 나갔으니까.

그러니까 학교에서 충격이라는 건 대단히 말할 수 없었어. 어린 학생이고 말이야. 자꾸 부락(마을)에 야간에 습격 와가지고 불타고 이렇게 헐때니까 말이야. 그때 그 공포는 이루 말할 수 없어. 직접 말 안 해도, 내가 당사자, 본인이니까(한숨).

함병선 연대장과 같은 이름 친구

면담자: 한림국민학교에 2연대가 주둔했는데 한림에서 있었던 학살이라든가 총살이라든가 이런 거는 대부분 군인들에 의해서?

그렇지. 군인들에 의해서지. 그 당시에 한림사람 많이 심어갔거든· 많이 심어가서 결국은 거기서 며칠간 희생당하고 그렇게 하다 보니까 우리가 군대 나갔거든. 군대 나간 후에 모슬포에서 그 사람들이 전부 죽었단 말이야. 그 사람이. 그 당시에는 어디 있었냐면 지금 오일시장이 아니지. 수협 자리, 거기 구금돼 있다가 모슬포 데려가서 총살당했어. 그때 많이 죽었어.

2연대 군인들이 한림국민학교에 있으면서 아이구, 마을 사람들 많이 괴롭혔지. 부식을 많이 달라고 하면서 이장 통해가지고 말 안 들으면 이장도 그 앞에서 깨지고 했거든. 그 당시에는.

난 식사는 주로 부식 관계를 맡았지. 쌀은 나오니까. 하지만 부식이 모자라거든 그 당시에도. 그러니까 부식 관계로 부식 납품하라고 강요하고. 그 당시에는 군인이라 하면 벌벌 떨었거든. 나도 군대 생활헷주만.

부식 가져오라고 하면 반을 통해서 부식을 모아서 일정한 장소, 리사무소면 리사무소에 가져가면 거기서 올리고 그런 정도라. 개인 집에 들어가서 행패 부리거나 그런 예도 종종 있었지.

나도 군대에 갔다 왔지만 군대는 그렇게 안 할 수가 없어. 휴가 나가면. 예를 들어 휴가 나가면 자유로운 몸이 돼서 본의 아니게 개인집에 들어가서 행패 부리고 하는데 이런 고충을 내가 다 아니까. 2연대장 이름이 함병선 아니요? 함병선인디 우리 동네에 또 함 씨가 있었거든. 함 씨가 있어서 어떻게 했냐면 말이야, 것도 우리 친군디 어떻게 연대장을 친하게 알았는지. 우리 친구 이름도 함병선이라. 연대장 이름 함병선이. 그 때문에 함병선 연대장이 철수할 때 같이 나갔는디 소식이 없어. 행방불명. 죽었는지 살았는지 모르고. 지금까지 가족도 전혀 몰라.

아버지의 밀항 그리고 군 지원

나도 잡혀갈 뻔하긴 했지. 왜 안 잡혀갔냐면 우리 아버지가 당시에 선거관리위원으로 있었거든. 부친이 선거관리위원을 다 마친 것이 아니고, 선거관리위원을 할 때거든. 선거하기 전에. 우리도 상당히 고통을 받았어. 그렇게 안 해도 산에서 주목을 받는데, 우리 아버지가 그렇게 돼가지고 그 눈치를 아니까 일본으로 밀항해서 갔단 말야. 밀항해 가버렸어.

우리는 여기 이 집에 살고 했었는디. 4·3사건으로 한림 습격 왔었거든. 그러니까 우리가 어디 있었냐면 (손가락으로 가리키며) 이 골목으로 들어가면 우리 외할아버지가 있는디, 멍석 속에, 그 트멍에 숨은 거라. 게니까 우리 집에 와서 벼라별 곳을 전부 뒤져봤자 사람들 없으니까.

습격 올 때. 그 사람네는 무관심하고 말이야. 하여튼 오진 않거든. 만약에 예를 들어가지고 한림에 누구네 집을 딱 지적허고 습격을 오는 거라. 습격 오면 포위해가지고 말이야 사람 있으면 심어가고 없으면 그대로 가고 그렇게 한 거지.

학생 연맹? 난 하라고 해도 그렇게 안 했어. 우리 동창들은 몇 사람이 그렇게 해가지고 조직을 해서 가입했지만, 불안해서 말이야. 앞에서 동기생들 총살해버리니까 불안 안 할 수가 없거든. 그래서 몇 개월 좀 있다가 지원해서 간 거야.

해병대 3기 지원

4·3 때 하도 무서우니까 나도 3기로 지원해가지고 해병대 나왔지. 해병대 3기로 지원해갈 때는 한림에서 많이들 지원했지. 지금 생존해 있

는 사람은 불과 4, 5명이지만. 바로 여기 사는 강성도라고. 또 유용도, 조신옥. 지금 살아 있는 사람이 나까지 4명인가? 거밖에 없어, 지금.

그르후제(그 후) 갔다 와서 전부 죽고. 군대에서 부상당해가지고 또 이제 와서 생활하다가 죽은 사람이 많아. 한림에서 사람이 21명인가 그 정도 갔어요. 그 당시에. 바로 모슬포로 가서 훈련받고 있을 때였어.

"한림 사람들이 끌려왔다" 했어. 우린 그때 직접 가보진 않았지만 나중에 보니까 거기서 큰 굴 파고, 그렇게 해서 총살해버리니까 매장돼서 그 후 몇 년 있다가 그 시체를 찾게 됐어. 시체를 찾아다가 저기 저 명월 고림동이라고 하는데 야산이 있어요. 야산에 수십 명이 생매장당했는디. 그것까지 다 알거든.

훈련받을 땐? 그게 우리나라가 참 패망이 되는가 마는가 하는 때였기 때문에, 북쪽에서는 점점 밀려오지. 그렇기 때문에 우리가 훈련해도 훈련도 뭐 대개 밤낮 기합받고 훈련받으면서 군인정신을 키우라고 했어.

모슬포 훈련받을 때 고됐지. 불과 40일 이내로 훈련을 해서 인천상륙한 사람이 훈련이 고되지 않을 수 있겠어? 그 당시 훈련은 순 왜놈 군대거든. 왜놈 군대식으로 훈련을 받았어. 하여튼 하루에 빠따 일고여덟 대씩 안 맞으면 잠이 안 오고. 그렇게 하면서 한 것이 또 군인정신이 그렇게 들어버렸어. 철두철미하게 대답하고. 그렇게 안 하면 안 되거든. 기합을 또 받으니까. 그렇게 훈련을 독하게 받아가지고. 우리처럼 훈련을 독하게 받은 사람은 없을 거예요. 대한민국에서.

제주에서 떠난 날짜도 모르겠네. 하도 오래돼서. 그래서 이제 제주시 부두에서 LST 타고 부산 갔어. 무기를 깨끗이 청소하고 닦고 한 다음에 동네 사격장에 가서 이틀 사격 연습한 다음에 부산서 큰 배를 타가지고 인천상륙을 나간 거라.

군대 가서 나는 휴가 딱 한 번 나왔어. 그 당시에는 6·25 시기니까 휴가가 그렇게 없었거든. 휴가를 꼭 받을라고도 하지 않았지만. 군대에서도 잘 안 보내주고. 전시니까. 딱 한 번 휴가 왔어. 그르후제 군대 복무할 때 제주도 오고. 휴전 이후에 휴가 온 거지. 1953년 7월 27일 휴전되니까…… 그전에는 휴가가 없었어.

해병대 3기생은 8월 5일 날 입대하고, 또 해병대 4기생은 8월 30일 날 입대하고, 육군으로 나간 사람은 9월 1일 날에 나갔거든. 해병대 3기생 자랑하는 것이 아니고, 해병대 3기생이 결과적으로는 인천상륙해서 북진을 했으니까 공헌했다 한 것도 국가에서도 인정하는 거지.

군대서 "제주 똥돼지"

군대에선 제주 사람이라고 하면 뭐라 했는지 알아? 그 당시 군대 분대장 이상 간부만 하더라도 해군에서 넘어왔거든. 그땐 우리 해군 소속이라. 넘어왔는디 봄에는 전라도 출신 사람이 많이 넘어왔단 말이야. 이 사람들은 우리한테 보복하기 위해서 조금만 하면 기합 주고, "제주 똥돼지 새끼" 뭐니 그렇게 했는디. 이루 말할 수가 없었어. 그러니까 우리가 진급을 하고 군대장 되고 난 후에는 조금 안심이 됐단 말이여. 제주도민이라는 것 때문에 그렇게 타격이 심했어.

제대 후 고향 평온

나가 제대를 젤 늦게 했지. 1956년 4월 28일. 이때 들어와 보니까 해병대 지원해서 갈 때랑 제주도 다시 들어왔을 때랑 분위기가 많이 달라졌지. 겁나거나 이럴 필요는 없다고 생각했지. 휴전 이후니까 대한민국 사람들 전부 평온하게 생각을 했지. 피난민도 정착이 잘돼서. 우리 가기 전에는 마음이 조마조마해서 4·3 겪을 땐 혹시나 밤에는 또 습격 오지 않을까? 그런 공포심이 있었는디. 우리가 제대한 후엔 그때가 1956년이니깐 아주 평온하고 동네 사람도 만나서 보니까 얼굴색이 아주 좋고. '아, 그렇구나' 생각했지. 그런 생각을 하면서도 군대에 나가 국가에 충성을 했고. 그러니까 보람이 있었지.

한림수협에서의 감금

아까도 말했지마는 수협에 가서 감금됐었거든. 그것까진 우리가 다 알지. 그래서 군대 지원하고 간 거니까. 거기서 우리 신병이라고 해서 내 부모가 죽었다고 해도 갈 수가 잇어? 한림에 감금된 사람들이 "총살당했다" 이런 말을 우리가 들었거든. 훈련받을 때. 이건 사실이야. 실제로 죽었다는 것을 나중에 깨달았어.

그땐 우리가 신병훈련 할 때니까 총도 못 쏘는 형편이거든. 그러니까 분대장 이상은 해군에서 넘어왔거든. 그 당시 선임하사라고 하면 해군 15기, 16기, 17기. 해군에서 간부가 넘어왔거든. 그 사람들 앞에서 훈련받고 했는데. 그때 총살한 사람은 신병이 아니고, 분대장 이상 간부가 가서 총살한 거지. 우리가 가서 총살한 것은 아니거든.

그거 자체를 비밀리에 한 것을 우린 그 후에 알았지만 그건 비밀이지. 보통. 얼마나 큰일인데. 예를 들어 말하는 건데, 난 내 부모가 구금당해난 것은 일찌감치 다 기억허거든. 내 부모가 구금당해가지고 총살당했다고 하면 내가 가만히 있었겠어? 도망가나 뭐 했지. 그러니까 일절 그런 것은 비밀로. 그건 군대에서도 싫어하는 거고. 2연대 중대 와서 하여튼 여러 사람(고개 좌우로 흔들거림).

2연대 전에는 군인들이 엇어나서. 내가 1948년도 2학년. 3학년 때 총살당허는 사건이 있었어.

면담자: 조사해서 나온 기록에는 1948년 9월인가 나옵니다. 1948년 9
월이니까 3학년 1학기 될 건가요?

구술자: 나는 2학년 말 전에 학교 안 다녀부럿어. 공포에 떨어가지고.

면담자: 모든 학살은 2연대가 한 거 같습니까? 총살했던 군인들은 9연
대나 아니면 특별중대, 서청 특별중대 그런 말은 안 들었나
요?

그러니까 한림국민학교에 2연대 주둔한 거는 알아. 경허고 군인들이
주둔해 있으니까 국민학교 부근은 가기도 싫고. 그렇게 신경이 예민했
어요. 군인이 저쪽으로 와가면 피해서 돌아가고 그럴 정도가 됐어요.

우린 우익 집안이난 위험했지. 산에서 협박받아서 위험한 거지. 군경
에 의심받은 거? 그 당시에는 주로 밀고해부니까 그렇게 안심할 수 없
었어. 한림에서도 밀고해부니까 다 죽었지. 얼마나 많다고. 선량한 농
부, 자기 의사에 맞지 않다고 해서. "이놈은 산에 쌀 갖다줬다 뭐 했다"
밀고해버리니까 총살당한 사람이 상당히 많거든. 그 당시에 임시나마
밀고한 사람은 군인이 좋아해가지고 말이야, 같은 쪽에 속해가지고, 그
사람 말만 듣거든. 밀고한 사람 말만. 한림도 그렇게 해서 희생당한 사
람이 상당히 많아요. 밀고자가 몇 사람 있고.

보초

보초? 우리 어릴 때. 학교 나가기 전 어릴 때라. 그 돌 쌓은 디 그듸(거
기) 밤에 보초도 나가고. 죽창 들고 보초도 나가고. 여기로 가다 보면 읍

사무소 있잖아요? 읍사무소로 해서 쭉 고등학교 넘엉. 거기 옛날에 축성해났거든. 그렇게 축성을 많이 했었어. 지금은 한림3리 일부밖엔 없지만. 그때만 하더라도 고통은 이루 말할 수 없었지.

군 제대 후 달라진 사회

집에선 내가 장손, 맏이. 밑에 동생은 죽어불고. 하이고, 군대 생활도 하도 징징해가지고 제대했지. 군대에서 몇 년만 나가 참아서 제대 안 했으면 좋았을 건디, 지금 생각엔. 희망제대 해서 현 사회에 나간 보니까 그것이 아니라. 생활력이 아무것도 없고 공부할 때 공부도 못했지 그러다 보니까 내가 한 3, 4년만 늦게 해부럿으면 연금 탈 수 있었을 건디. 난 중사로 제대했거든. 이승만 대통령한테 훈장도 탔지만 안 나와. 6·25 참전 용사만 국가에서 인정해주지. 연금받는 건 없어요. 자식들 다 커부니까 혜택은 못 받았거든.

차라리 부상당했으면 상이군경으로 해서 연금이라도 나오지만 우리는 한 번도 부상 안 당하고 제대헤부니까 그런 혜택이 하나도 없주(웃음). 지금에 와서는 그게 상당히 후회가 된다 말이지.

제대해서 경찰로 들어갈 생각? 그때도 나이도 있고 허니까 경찰 들어갈 생각은 안 했어. 공무원 생활이라도 좀 해볼까 하다가 나이가 있기 때문에. 지금 살아계신 3기생 중엔 고생한 사람도 있어.

4·3 해결 이렇게 될 줄 몰랐어

요즘 4·3사건 해결돼가는 것? 텔레비전에서도 보고 지상에서도 보고 허는디 좀 많이 달라진 것도 알고 있어요. 그래도 나도 피해자는 아니지만, 피해자에 대해 상당히 호감도 가고 내 자신이 좀 흐뭇해. 차마 "이렇게 될 줄은 몰랐는디 이렇게 됐다" 하는 것을 알고 나니까. 지금 아들이나 어린 사람들은 모를 거거든. 우리로서는 여기까지 왔다는 것은 흐뭇허게 생각헙니다.

> 면담자: 작년 해군으로 제주도에 왔던 분이 한림중학교 학생들이 소들을 육지로 빼가니까 그것을 막았던 사건이 있다고 하는데 그런 일이 있었나요? 한림부대에서 한림중학교 학생들이 '제주도 소 다 가져간다' 해서 눈물로 막 호소해서 군인이 막아줬다던데.

난 금시초문인디. 나가 직접 농가에 사는데도 그건 말이 아니고.

그 당시엔 우리가 소를 길러가지고 집에서 1년 동안 잘 먹이고, 나도 그렇게 해서 해마다 소를 팔고 했었어. 그거 아니면 돈 나올 데가 없거든. 그때 상인이 사다가 한림서도 나가고 제주시에도 나가고 그렇게 했거든. 경허난 그건 순 새빨간 거짓말이지, 그 당시에 어떤 장소에서 대화를 했는지 모르지만, 그것은 자기네 입장이고.

그때 농민이 수입이 잇어? 땅에서 나온 걸로 농사지어서 먹지. 돈 나오는 것도 없지. 그 당시에 똥돼지를 집에서 길렀거든. 새끼 나서 팔지, 그렇게 하면서 용돈을 마련해가지고 살았거든. 그러니 그럴 수가 없는 일이지. 나가 군에서 쭉 살고, 지금 낼 모레 여든 살이지만 도저히, 그건 거짓말이라.

이성진

한림읍 귀덕 태생인 이성진은 해방 전 열여덟 살에 결혼해 4·3 시기 남매를 뒀다. 허나 군대를 간 사이 딸은 죽고 아들은 살았다. 4·3 때 철도응원대를 위한 주방장으로 일을 하는 바람에 장모와 처제가 죽음을 당했다. 4·3 시기 나이 든 이들 여럿이 함께 산으로 피신했던 경험이 있다. 또한 어느 할머니의 항아리 속에 숨었다가 살아난 경험, 각 읍면에서 뽑아 갔던 특공대의 경험, 서북청년단의 횡포, 성담 쌓기 등을 기억하고 있다. 해병대 3기로 입대했으며, 처가는 장모를 비롯해서 15명이 희생당했다. 동서도 행방불명되었다.

(채록일: 2006.5.26 | 채록 장소 귀덕리 자택)

3

우리 처갓집만 열다섯 명 희생됐어요

일제시대

아버진 왜정 때 노무자로 가 왔어요. 조○○ 읍장 아버지도 북해도 가오고. 우리 아버지도 이만저만헌 게 아니고. 일본놈 시대 한림연성소 1년 교육받았어요. 1년 집에서 출입허멍 받안. 어디 군인 갔냐면 한라산. 군인 가서 살멍 삼양국민학교 주둔허면서 그디 근무를 헷주게. 군인이야 졸병으로 갔고. 왜정시대 난 그때 그놈들 말만 들었어요. 어떵 헐 수 없었어요. 아무런 활동을 못 허주. 교관이 어디냐면 모슬포 사름인디 워낙 까다로운 사름이었어요. 그 사름은 말허민 귀가 올랐다 내렸다 했어. 그러면 귀가 가만한 때는 성질이 안 난 때고, 귀가 올랐다 내렸다 허면 "성질 난 거다(화가 난 거다)" 해서 조심해야 했어요.

철도응원대 주방장

난 해방 전 열여덟 살에 결혼했어요. 나가 저 9대조에 종손인데 형도 없고 동생도 없고, 아버진 어린 때 돌아가서 부니까 집안 어른들이 열여덟 살에 결혼시켜 부럿어요.

애기는 4·3사건 때 남매가 있었는데, 나 군인 가부니까 계집아이는 죽고, 아들이 61세니까 21세 때 낳았어요. 아들은 제주시에 살아요. 저 사진이 우리 집 식구지요. 5남 2녀. 전부 7남맨데 이젠 저기 46명이 됐어요.

그땐(일제강점기) 군인 가서 오래 생활해부니까 농사도 안 짓고. 제대 후엔 농사지면서 장사를 했어요. 야채 장사했어요. 야채 장사 끝나면 소해서 육지 마장동 가서 팔고. 제주도 거의 돌아뎅겻젠 해도 됩니다. 육지도 많이 돌아뎅기고. 군인 갔다 와서 해방되었어요. 군인 갔다 오기 전엔 활약을 못 했거든.

4·3사건이 나니까 활동도 못 하고. 그 당시에 우리 친구라고 하나 있어요. 그분이 돌아가셨는데 조○○ 씨라고. 귀덕서 아주 유명한 분인데. 군인 갔다 오니까 조○○ 씨가 "너 내 말 안 들으면 죽는다" 해서, 학교에 응원대 주둔헌 때 가서 주방장 노릇 허면서 살았어요.

왜 그랬냐면, 제주도에 철도응원대라고 와 있었어요. 응원대가 와서 학교에 주둔허니까 나가 그 조○○ 말을 들어서 그 응원대 주방장으로 가서 응원대 반찬도 만들고, 모든 걸 다 해주고, 그분 덕택에 살았죠. 게난 뺨 하나 안 맞고.

음식이옌 헌 것이 쌀은 부락에서 모인 것이고. 우린 보리밥도 굶는디 그 사름넨 쌀밥 멕이고. 우린 주방장 노릇을 허젠 허민 닭 같은 거, 도야지(돼지) 같은 거 부락에서 반출시켜가지고 그놈 잡고. 잡아서 삶고. 삶아서 멕이고, 반찬해서 멕이고 그거주. 그 사름덜을 살려준 거라. 어느 부락에서 "닭 몇 마리 가져오라", 어느 부락에서 "도야지 가져오라". 그 사름덜 멕엿주.

게난 그 사름덜 밥해주는 사름덜이 어떤 사름덜이냐 하면 부락에서 뽑았어. 아주 깨끗한 사름, 일 잘하는 사름. 사상에도 안 걸리고 그런 사름덜을 뽑아서 밥도 하고, 심부름도 하고, 아무나 들어가지도 못했어요. 난 그저 조○○ 씨가 친구니까 거기 들어간 거지요.

밤낮으로 거기서 일하고, 밤엔 거기서 잠을 잤지. 집이 여기니까 우리집에 아기 엄마하고 아이들도 그디 학교 올레 가서 그 근처에서 숨어 살았지. 여기 있으면 폭도들이 죽여불지. 첨 고생 무지하게 많이 했습니다.

그 당시 조○○은 사상운동을 해서 군인이나 경찰 같은 데서 살았어요. 경헌디 우리 장모님도 저 산사름한티 돌아가셨어요. 오도롱인데, 우리 장모님이 나이도 잡숫고 했는데 나가 그 군인들 주방장을 하니까 여러 소식들을 들어서 전달헌다고 산사름 창에 찔려 죽어버렸어요.

철도응원대는 이북 출신이라. 서북청년 들어오면서 명칭을 '철도응원대'라고 했어요. 귀덕국민학교 와서 주둔허고. 이 사름네는 '소지엣궤' 사건 후에 들어온 거라. 그 후제. 응원대는 그 몇 달 후에 와서 주둔헌 거죠.

산에서의 하룻밤

산에서 여기 있는 사름덜을 다 몰았어요. 안 가면 죽는다고 해가지고. 농민들 아무것도 없었거든요. 밥 먹고 있으니까. 그 사름덜이 왕대로 창 만들고 안 가면 죽인다고. 그 사름덜 나서서 몰아대니깐 안 갈 수가 있어요? 그 사름덜이 누게냐면은 다 부락사름덜이라. 산사름덜이.

그래서 젊은 사름덜은 목 지키라고 나오라고 하고. 나도 그때 장손이니까 아기 둘 있고 나이 잡순 할머니가 있었어요. 그 할머니를 인도해야 산까지 가거든요. 그래서 아주머니는 아길 업고, 나는 할머니를 모시고 올라가고. 젊은 사름덜은 다 목 지키라고. 동네 사름하고 폭도 조직헌 사름덜이 몰아대서 올라갔지.

산에선 딱 하룻밤 살았어요. 비가 많이는 안 와도 옷 젖을 만큼 너실너실 왔지요. 여기서 두 참 걸리는디, 밧(밭) 구석마다 가서. 소낭밧에 뭐 덮을 것이 있나. 비닐도 없고 아무것도 없을 때니까 옷 주럭 하나씩 덮고 살았죠. 불도 못 사르게 하고. 불 비추면 올라온다고 해서.

연설은 데려간 사름, 동네 청년들이 하지. 무섭고 허니까 자기네들도 무섭거든게. 게서 어디 가지 말라고 하고. 엄포도 하고 우리한테 공격을 놓았지요. 자기네 말 안 들으면 죽는다고. 게난 여기 그렇게 헌 사름덜 행방불명이에요. 나타나지도 안 헙니다. 한 일곱 사름이 돼요. 저 위에도 있고, 저 밑에도 있는데 그 사름덜은 흔적이 나타나질 않아요. 죽음이나 삶도 모르고. 게서 그 사름덜 바람에 부락민들 웬만큼 피해를 봤어요. 죽고, 행방불명되언. 그때 사니까 살았죠.

어느 할머니의 항아리 속에 숨어

4·3사건이 '착' 되니까 우리 법은 멀어지고, 빨갱이들이 "산에 안 올라가민 죽인다" 난리가 났거든. 우리보다 선배들이 몰아서 '달개기'엔 헌디 가서 하룻밤 잤어요. 다른 마을들도 마찬가지로. 15리 올라가서 하룻밤 자서 뒷날 아침에 내려오니까 뒷날은 군인들, 경찰들 막 제주도를 포위했거든. 그래서 안 나오면 죽인다고 총 쏘고 허니까 피해서 달아나다가 죽은 분네도 많아요.

난 요 우에 도망갔어요. 그 어른 지금은 돌아셨는데, 길갓 집이라. 할머니도 잘 아는데, "날 살려주세요" 해서 뛰어 들어갔어요. 군인들 허고 경찰들이 총 쏘니까 "할머니 나 살려주세요". 마당에 큰 독이 있어요. 항아리. 항아리 속에 들어가라고 해서 모시 이런 거 그 우에 덮고 검질 같은 거 쓰레기를 막 담아부럿어요.

그러니까 그놈들이 막 조사하면서 뭐라 해요. 그때 사름덜은 달아나다가 '소지엣궤'이옌 헌디 있거든. 거기 숨고. 걸린 사름덜은 다 죽었어요. 총 맞고 했는데. 난 그 할머니가 독 안에 넣어서 그 사름네 넘어가 버리니까 나오라고 해서 살았어요. 아침이 돼서 굶고 뭣허니까. 항이 이만큼(양팔을 벌려) 큰 항아린데 거기 들어가라 해가지고. 앉으니까 덮어서 그 할머니 덕분에 산 거지. 그 할머니 이젠 돌아가셨는데.

처갓집 희생 15명

우리 처가댁에 피해가 컸어요. 우리 처가 피해가 이만저만이 아니었습니다. 사름만 15명 죽었어요. 우리 장모님도 사위가 철도응원대 주방에서 일허는 바람에 돌아가셨지만. 그때 우리 처제도 돌아가셨어요. 우리 동서가 지서 에염에(옆에) 살았어요. 장모님은 지서가 저거면 바로 여기 살았는데, 사위한테 산에 연락한다고 해가지고. 동서도 피해를 입었는디 어디 간 죽었는지 살았는지 몰라요. 동서 이름도 잘 몰라. 장가 간 며칠 엇언 그 일을 당했거든. 행방불명돼 가지고. 장모님 돌아가실 때, 동서가 봤거든. 동서가 나한테 연락이 왔는데 동서도 행방불명돼 버리니까. 동서는 산사름덜한테.

처가는 오도롱 고칩. 화북, 연동, 오도롱처럼 위치가 아주 나쁜 디 살았어요. 사촌 처남들이영 처삼촌네 육촌처남들 뭐, 꼼(조금) 난 놈들은 다 죽었어요. 우리 처남도 돌아가셔 불고, 또 처남은 일본에서 조총련에 있다가 어떻게 됐는지 행방도 없고.

난 장인이 어릴 때 일본에 데리고 가버리니까 얼굴도 못 봤어요. 살아 있다고 말은 들었는디. 처남인디 얼굴이 틀어진 사름인지 바른 사름인지도 모르고. 처갓집 피해 신고는 다 했어요. 이제 처남이 일흔하나 될 거. 워낙 영리한 사름이에요. 처갓집 피해는 다 알죠.

서북청년단과 살아남기

서북청년단한테 나도 한 번 걸려났어요. 어땠냐 하면 이 동네 사름 둘이 잡혀갔는데 전봇대를 잘라부런. 잘라분 죄로 걸렸거든. 그래서 그 사름덜 고문허니까 내가 같이 끼어서 뭘 했다고 헌 거야. 그땐 전봇대가 시멘트가 아니고 나무예요. 나무니까 톱으로 눅지니까(눕히니까) 그 사름덜이 "이성진이엔 헌 사름도 같이 끼었다" 이러니까 취조관 허는 말이 "너 이 폭도새끼가 밥해줬느냐, 밥해주고 독약 놓고 멕였느냐". 아, 엉뚱하니까 말대답할 수가 있나? "그런 바 없습니다. 식사헐 때랑 오라." 그 주둔헌 곳으로 불러가더라고.

거기 주장허영 밥허는 아주머니가 조○○ 씨한테 연락을 했어요. 마을 이장들한티도 연락을 하니까 마을 유지들이 다 쫙 모였어요. 조○○ 씨가 나서서 "야이는 마을에서 인정하는 사름인데, 그럴 리가 없다". 마을 어른들도 "그래도 이 사름은 깨끗해서 우리 마을에서 믿는 사름이다" 허니까 서청이 사름덜한테 취조받은 것을 내놓았어요. 그걸 보고 조○○ 씨가 이거 거짓말이라고.

이 사름덜이 고문에 못 이겨서 이랬다고. 그걸 보고 나 이름 써진 것은 빼서 던져버리고 새로 그 사름덜 이름만 써서 난 그때 걸리질 않았어요. 그 사름은 행방불명이에요. 어디 간 죽었는지 살았는지 몰라요.

그래서 조○○ 씨가 방위장교로 지원해서 장교 받고 가면서 하는 말이 "너는 이번에 해병대 모집 오니까 곧 군인으로 뛰어들어라. 그래야한다" 해가지고 그 사름은 육군으로 가고, 나는 신체검사에서 떨어지니까 이력서 바쳐 합격해서 해병대 들어갔는데 그 조○○ 씨 덕에 살았어요. 조○○ 씨는 방위장교 하다가 중령까지 가서 제대허연 돌아가셨어요. 나보다 하나 위인데.

죄가 엇어도 죄인

서북청년대? 이거 한 60년이고, 그 사름덜한텐 얘기할 수가 없더라고. 무서워서 얘길 못 해요. 얘기하면 아, 이놈들 눈을 벌룩허게 뜨고 말도 못 허게. 그놈들 부르민 "예예" 대답허영, 대답 안 해도 "너 이 새끼" 욕으로만 허니까 어떻게 해볼 수가 없죠. 밥허는 아줌마도 뭐라고 말허면 "이 씨발년" 소리부터 나온다니, 심부름허는 아줌마들한티도. 그때 아줌마들도 아가씨들도 아니고 다 나이 잡순 어른덜인디 그냥 쌍욕을 해. 순조롭게 말이 안 나온다고.

그 사름네가 직접 총살하는 것까지는 못 봤어요. 취조받으면 거기 간부들이 다 있거든. 취조받아서 다 올리면. 나중에 우리 앞에선 안 데려가거든. 그 사름덜 우리도 모르게 학교 강당 안에 갇혔다가 불러내면 가니까 가고 오는 것도 모르죠. 우린 그렇다고 맨날 죄가 엇어도 그듸 들어갔으니까 죄인이지. 거기 가서 살필 수도 없으니까 총살시킨 거는 모르고.

한번, 수원에서 총살시켜났어요. 우린 오몽을(움직이지를) 못 했어요. 무슨 연락한다고 해가지고. 그디 주둔해서만 살아야지. 우리 부락에 어떤 분네 하나가 총살당해서 우리가 모셔가지고 묻었는데, 어느 시간에 어떻게 했는지 모르죠. 걔들 비밀이라노니까.

토벌 이야기

면담자: 그러다가 언제부터 토벌대장으로 다녀마씨?

해병대 전에 갔지요. 그때 막 위험헐 때주게. 해병대는 25세에 가고, 거기는 해병대 가기 전에 간 거니까.

허○○ 씨라고 한라산에 폭도들 있다고 해가지고 그거 소탕하러 올라갔어. 각 부락에 몇 사름씩 뽑았어요. 우린 처음 특공대로 뽑아가지고 몇 달 살았어요. 한 달쯤 살았나? 그 뭐 사름 삶이 아니에요. 이제는 천막도 싯고(있고) 뭣도 싯지만, 낭(나무)에 뭐 덮었다가 비가 오면 집 신디(있는데) 비 그치면 올라가곡.

북군에서 올라가니까 여러 명이 올라갔지. 게난 여기 몇 사름 저기 몇 사름 파견해가지고 보초 서서. 허 경찰허고 귀덕리 특공대가 같이 다닌 거지. 각 읍면에서 다 뽑안 나갔어요.

귀덕리는 많이 안 갔어요. 5명인가 6명 간. 그자 주둔해가지고 가네들 그자 뭐 헌다고 할 뿐이주. 그렇다고 특공대 뽑아도 총이 있어요? 뭐가 있어요? 대창이란 거 만들어서 지키지.

총도 안 주고. 경찰관들 지키니까 토벌대라고 해가지고. 그디 가서 하는 일이 있나요? 한라산에 강 그자 법대로 지킴 뿐이지. 산사름이 "나 여기 있어요" 하나 뭐.

한라산 밑에 '한대'라고 헌디 간. 그디 간 주둔해서. 추운디 그자 담 의지허연 살멍. 주로 산에서 많이 살았지. 집에도 무서워서 못 갔어요. 밤이 폭도들 날려들어 가지고 그자.

가서 잡아보지도 못허지. 제주도 사름덜 폭도라 해도 그자 가네들 한라산에 강 먹을 것도 없고 아래 산간에서 굴 파서 곱앙 있는 거라. 산에는 가네들 없었고, 우리 한번은 한라산 '한대'에서 그 지역 돈다고 해서 돌았어. 돌다 보니 낭밧(나무밭) 자왈 속에 우리 친구가 소리쳐서 가보니까 산사름덜이 말고기 잡아서 널어뒌. 우리 토벌대들이 갖다가 먹었어. 산에서 그자 말 잡아먹고 소 잡아먹고 그자 그런 거. 우리 한번 아다리(적중) 해봤지. 산사름덜은 건 구경도 못 허고. 그 소 잡아서 걸어둔 거.

토벌대로 다닌 거는 그때뿐, 겐 내려와서는 목 지켰어요. 각 마을마다 원두막같이 지어가지고 올레에서. 그 4·3 넘으니까 각 부락에 어느 부락이든 막론하고 성담 두르고 부락에서 지켰어요.

성담 이야기

성담은 봉성 내창으로 올라간 디라. 그 굽자리 있어요. 내창으로도 성담을 쌓았지.

면담자: 귀덕으로 쭉 한림 저 끝까지 월령까지 이어갔다던데.

게난 봉성허고 귀덕3리 사이로 바다까지 내려오고 있고, 한림허고 애월읍이 다르니까 글로부터 3리로 해서 월령까지 연이어서 막앗주. 귀덕은 구역이 넓었주게. 게난 귀덕 마을 전부 성담 안에 둘르려니까. 귀덕이 오죽 큰 부락이라게. 게난 귀덕2리 같은 디는 없어도 귀덕3리허고 1리는 성담을 그렇게 쌓았죠.

성담 쌓으레? 그때 걸음마 정도 하는 사름은 다 가야 해. 아이고 늙은이고 뭐고 다 가야 돼. 총동원해서. 산에 간 와가지고. 4·3사건에 폭도를

방비한다고 해가지고 다왓지(쌓았지). 봄부터 헌 거주. 밭으로 해서 쭉. 주위가 오죽 넓을 거라게.

워낙 높게 쌓았지. 한림은 한림면대로, 애월은 애월읍대로 다 다우난(쌓으난). 한경면이 나눠지니까 그렇지. 한경면도 한림읍이었거든요. 그니까 전부 성담 안에 담을라니까 적게 공역을 들였나? 아이구, 고생 많이 헷수다.

귀덕3리로 해서 성을 저쪽까지 쌓으니까. 여기만 지켬시민 되거든. 부락마다 쌓으민 보초가 더 많이 들어가거든게. 이디저디. 마을은 마을마다 쌓아시난.

성은 넓었어요. 폭이 5미터쯤 되실 거라. 높이가 7, 8미터로 막 높으니까. 늙은 어른이고 어린이고 고생 많이 했어요. 오래 걸렸어요. 아침 일찍부터 나가서 어둡도록 하니까. 서로 협조하니까 한 달 이상 걸려실 거라.

우리 가족 중엔 피해자는 없어요. 우리 사촌들도 나보다 아주 어렸어요. 나보다 한 10년 어리니까. 그리고 귀덕은 피해가 그렇게 크지 않았어요.

이 동네도 피해당한 사름이 아까 총살당했다는 한 사름이고, 여기 산사름한티 죽은 이가 한 분 있어요. 그분은 아들이 나랑 친군데 아들도 죽었어요. 남○○이라고. 경찰서에 있다가 오래됐어요. 경위로, 경감으론가 있다가 돌아가셨는데 그분 어머니가 순경으로 들어가니까 폭도가 뭘 할 때 창으로 찔러가지고 죽여부런.

그 어른이 임신했다는 말이 있었어요. 그 남○○이 모친이 이쪽이주게. 가게에서 50미터 내려간 디. 귀덕이 단체가 좋아가지고 하니까. 그 할머니만 폭도한티 돌아가셨지.

산에서 활약한 사름 어느 마을이나 있어

성은 굽만 조금 남았어요. 지나가면서는 안 보여요 이제. 문딱(전부) 밭 임자들이 치워가지고 벌어먹으니까.

금성은 내 동쪽으로 내려가고, 이쪽은 내 서쪽으로 내려가고. 게난 굽이 워낙 넓어놓으니까. 큰 밭은 백 몇 평씩 하니까 그 밭 임자들 담 치우젠허난. 땅을 내불지 말젠 허민 돌을 치워야 농살 지어 먹을 거 아니라. 게서 전부 일부러 치웠어요.

여기 우체국 자리에 망루대? 높았으면 굽자리가 있어요. 담 쌓아가지고 전망대라고 해서. 그 집자리가. 해방되난 밭 임자가 담 치워서 밭 차지해부니까 공땅으로 내났다가 그 사름덜만 전망대라고 부른 거라.

귀덕도 피해 본 게 많이 없어요. 폭도한티 죽은 어른이 하나고 선읍장이라고 한림읍장. 선읍장 아버지도 읍장이었거든. 그 어른 동생이 저 밑에 살았는데 행방불명이에요.

산에서 활약헌 사름은 어느 부락이나 있었지. 산 쪽에 활약한 사름이 있기 때문에 우리가 산에도 하룻밤 자고 온 거지. 게난 그 산에서 활약한 사름이 나가서 행방불명. 소문을 못 들어요. 어느 부락이나 몇 사름씩 있었어요.

귀덕에서도 이름 나돌던 사름은 행방불명이에요 지금. 행방불명. 또 4·3사건에 뭘 헌 사름덜 책임자가 있었는데 어디 나가버려서 기별을 못 들어요. 멫(몇) 사름 있는데 그때 나가니깐 그뿐. 서너 사름 있는데. 걸로 끝. 동기간한테도 연락이 없고. 죽었는지 살았는지도 모르고.

시신처리도 아무것도 못 했지. 각 부락마다 있어도 나가서 행방불명이고. "모슬포서 죽엇져" 허는 사름도 있는데, 그 사름 어떻게 된지도 모르고.

해병대 3기 입대

해병대 지원허러 가니까 신체검사에 떨어졌어요. 왜정 때 군인 가 왔다고 해서 이력서 쓰니까 무조건 합격했어요. 15일 교육받고 부산 가니까 931부대라고 해서 해병 정보대 들어가서 포항 상륙허고, 인천·원산 육지에서만 생활 많이 했어요. 최전방에서 많이 했어.

해병 3기 입대해가지고 모슬포에서 훈련받았어요. 예비검속 말? 그런 게 있는 건 닮은디 우리가 그것을 어떻게 감각적으로 아느냐 하면 우리가 15일간 딱 교육을 받으니까 내일은 부산으로 간다 말이 있었거든. 그때 임원덜은 어떤 사름덜이냐 하면 해군에서 넘어온 사름덜이에요.

소대장이라든지 분대장이라든지 간부덜은 싹 없어지더라고. 한 몇 시간. 우리 병실에 같이 있는 분이 없어져 가지고 나중엔 알아보니까 그때 "어떤 사름 죽여부럿다" 말만 들음 뿐이지 어떻게 한 것인진 몰라.

그때는 군사비밀이니까 신병덜한티는 일절 말 안 해줬거든. 군인 간 오니까 피해 본 분들이 "모슬포 어느 굴에 가서 담아 죽여부럿다, 뭐 했다" 이런 말이 있었지.

우린 그때 "죄인들 싹 모슬포 간 갇혔다" 이런 말만 들었는데, 그 당시 우리 육지 갈라고 헐 때 사름이 없더라고. 간부덜이 싹 없어졌는데 알아볼 수도 없고, 누구 얘기도 안 해주고 허니까 몰랐는데, 군인 간 우리가 예를 들어 휴가를 1년 반 만에 왔어요. 오니까 "모슬포 어느 굴에 가서 수감됐던 이들이 없어졌다" 이런 말만 들으니까 어떻게 된지도 모르고 여기 귀덕에서도 잡아가서 모른 이가 5, 6명 돼요.

우리가 훈련받고 육지로 가려면 장비를 전부 철수해야 하거든. 그러니까 내일 저녁 몇 시에 출동허니까 "장비를 뭘 해라" 허니까 옷 같은 거 배낭에 묶어야 되거든 그래서 그거 딱 묶은 후제 임원들이 하나도 없더라고. 몇 시간 동안. 밝아가니까 임원들이 와서 차 타고 제주시에 가서 배 탔어요. 며칠인지는 모르겠어요.

그 말은 우리 동기생끼리만. 본 사름도 없고 안 사름도 없으니까 들을 수도 엇주게. 사름이 죽은 줄도 모르고, 그 사름이 어디 갔단 온 것만 알지. 군사비밀이니까.

그때 철도 경찰은 이북서 넘어 완에 그저 갈 디 올 디 엇이난 조직해가지고 법에서 "치안 확보해라" 보낸 것들이지. 게난 그 사름덜이 더 독하기만 했지.

해병 3기로 입대허연 육지로 올라가난 제주 사름이라고 해서 차별은 없었어요. 우리 귀덕에서 30명 이상 갔는데, 소대장이나 분대장 된 사름은 해군에서 조직허젠 내려온 사름이니까 주로 해병 창설한 거는 제주도 사름덜이지. 3, 4기. 지금도 제주도 아이들 해병대 가면 "아이고, 제주도 선배님들 무서워난 모양이라" 지금도 말헌다 허는데, 대한민국에서도 알아주는 게 우리 제주도분네들. 3기생이 1000명 이상하고 4기가 500명. 거의 3000명 가까왔지. 많이 죽었어요. 귀덕에도 하나. 귀덕에 살단 시에 간 사는 사름까지 딱 네 사름 살았어요. 34명이 갔는데.

전사도 많이 허주게. 상륙전이라노니까. 통영도 상륙허고 인천 상륙허고 원산 상륙허고. 상륙전이라는 것 때문에 사름이 많이 죽게 된 거예요. 남은 건 네 사름.

몇 가지

4·3사건 때는 먹고사는 것보단 목숨 부지허는 것이 다예요. 사진 같은 건 있을 리가 엇주. 그거 놔두면 난리 날까 해서 소각시켜부는 사름 천지고. 사난 살앗주.

그때 당시 받았던 양민증이나 도민증 같은 거? 잇어낫는디, 군인 간 완 보니까 그것도 어디 간지 모르고. 도민증 다 잇엇주 도민증 엇이면(없으면) 어디 다니지도 못했어요. 도민증 있어야 다녔지. 도민증 없으면 움직이지를 못 허니까. 요새 주민등록증같이 그거 없으면 움직이질 못 허니까. 도민증 없으면 "폭도새끼" 말이 당장 나올 건디.

중산간에서 온 분덜 저 동네도 있고, 밑에도 있고. 애월읍 어음, 어도에서 온 분들 있었어요. 게난 이제 이 동네 나이 많으신 분들 믄딱 돌아가서 부난.

이젠 늙어노니까 젊은 때는 놈 만큼 돌아다니면서 활동해서 기관장들한티도 감사장 같은 거 받앗주만. 읍장님한티 상장도 받고 감사장도 받고, 제주경찰서장한티 상장도 받고 했지만. 지역단체 생활을 허면서 한림 이시돌 노인회장을 18년 했어요. 난 해병전우회 자문위원이에요.

조여옥

1929년생 조여옥은 한림 옹포 태생으로 일곱 살에 일본 오사카로 건너가 일본 관서대학 2년을 수료했다. 제2차대전 때 학도병으로 진해에서 나갔다. 해방이 되고 제주도로 돌아와 한림 옹포에 살았다. 스물다섯 살에 경찰국 보안과 경리계에서 일을 했다. 경찰 생활을 하면서 어느 정도 진압이 되자 방위학교에 가서 사관 교육을 받고 방위사관으로 근무했다. 토벌 활동을 하며 6개월간 주둔소에서 근무하기도 했다. 경찰관 시절, 납치된 여자를 구해주었던 경험이 있다.

(채록일: 2004.7.2 | 채록 장소: 제주시 봉개동 자택 | 부인 고상봉 동석)

4

그땐 사상관계는 어디로든 감춰야 했지

경찰이 된 이유

경찰훈련은 제주여고에서 받았지. 지금 동문통에 있을 때. 지방경비
사령관. 경찰 들어갈 때는 스물다섯인가? 봄에. 처음엔 경찰국 보안과
로 발령받았어. 2기는 60명. 1기도 한 50명인가? 누구 들어올 사람이 있
어야지.

부인: 그때 여자 경찰관들도 몇 잇엇주. 여경주임네. 처음에는 없었고.

2기생들은 본서에도 있고, 각 파출소에 가고. 경찰국에 있다가 제주
경찰서로.
경찰에 들어간 이유는 내가 옹포 백부님네 집에 양자를 갔거든. 안거
리는 여관을 하고 밖거리는 식당을 해났어. 옹포에서. 겐디 밤중에 경찰
관인가 누구가 왔어. 문 닫아분 후에. 점포를 닫은 후 식당에 와서 문을

때려 부쉈어. 문들을 막 부숴부럿단 말이여. 우리 집에 그 당시 머슴이 하나 있었는데 무슨 머슴이냐 하면 농사를 짓는 머슴이라.

우리는 명월에 가서 나룩(산디)을 심었어. 나룩을 하려고 그 머슴을 썼는디 그 사람하고 "밖에 나가보라. 유리 깨지는 소리 남져(소리 난다)" 해서 그 사람이 나가봤는데 "아이고, 아이고" 하면서 죽어가는 소리를 하고 들어왔어. 보니까 귀가 반착(반쪽)으로 째져서 왔다 말이야. "왜 그렇게 됐냐" 하니까 "경찰관인가 누구가 때리더라". "뭣이라고 하면서 때렸냐." 가보니까 경찰관이라. 그래서 경찰관이 이렇게 하면 되냐고 해서 한림지서에 가서 고소했어. 시대가 이런 시대니까 나도 시험을 봐가지고 들어간 거지.

일곱 살에 오사카 그리고 학도병

내가 일곱 살에 일본에 갔거든. 오사카 시 서성 구라고 한 데가 있어. '니시나리 구'라고. 심상소학교 6학년 졸업하고. 그 후에는 오사카에서 상업고등학교 졸업하고, 그다음 관서대학이라고 해서 2년 수료했어. 수료하고 학도병으로 제2차대전 때니까 해군으로 나갔지. 해방돼서야 제주도로 돌아왔지요. 한림 옹포에 살았어요.

동네에 와도 일본서 대학을 다녔다고 해도 한국말을 잘 몰랐어요. 일곱 살에 갔으니까. 경찰 들어갈 때는 한국말을 잘 몰라도 그때는 공부할 때니까. 들어와서 조금씩 해가니까 조금 알게 됐어요. 일본에서도 한자를 사용하니까 한자는 여기서도 뜻이 같으니까 빨리 배웠어요.

그때 우리는 학도병으로 나가게 되니까 우리가 뭣 때문에 일본놈 전쟁을 하는데 가야 되냐고 했어요. 우리는 대학생들이니까 그런 얘길 하거든.

학도병으로 갔다가 올 때는 여러 사람. 양○○이 죽었는지도 모르겠어. 한림읍에서 둘만 갔었으니까.

제주시에서 나중에 학병으로 갔었던 사람? 그때는 우리가 전투에 나가니까 일선에 나갔으니까 잘 몰라. 그즈음에 한국 여성들이 위안부 들어갈 때 무엇으로 들어갔냐면 그때는 위안부로 해서 들어간 것이 아니라 여성근로자인가? 생산자인가? 그렇게 해서 뽑아 갔어. 일본 사람도 마찬가지.

일본에서도 뽑아 갔어. 내가 중학교 5학년 때. 그때 회사 다닐 땐데 젊은 사람들이 많이 들어왔어. 왜 들어왔냐고 하면 '여성 데신따이(정신대)'라고 공장에 막 들어왔어. 그때부터 알았어. 공장 이름은 잘 모르겠는데 나트(나사) 만드는 공장 전부 자동으로 해서 말이지.

그때 여자들이 열여섯 명 정도. 우리 회사만 그 정도 들어왔으니까 다른 회사는 모르고. 들어왔다가 그 여자들은 군대로 갔던 모양이지. 우리는 그루후제는(그 후에는) 군대로 가부니까 모르지.

그때 하루는 일본 경찰에서 불러. 불러가지고 군인으로 가게 됐는데, 경찰에서 "고향이 한국이니까 진해로 입대를 할래? 아니면 요코하마로 입대를 할래?" 이왕이면 고향에 간다고 했어. 부모도 있고. 부모가 아니라 어머니도 있고 할아버지 할머니도 있고. 이왕이면은 고향 흙을 밟아보겠다고 했어. 그러면 진해로 가라고 해.

진해 와가지고 '호'라는 것이 있어. 비행기 격납고라고 할까? 감춰놔두는 거지. 처음에는 곡괭이로 파다가 나중에는 시멘트로. 1미터 파야 돼. 하여간 고생을 했어.

격납고 파는 것을 우리가 6개월 했어. 그것도 교육을 받아가면서 했어. 6개월 훈련, 교육받은 후에는 난 해군 함정을 탔어. 함정에 타서 1년 반이나 생활하게 됐을 거라.

일본 군대 생활은 오래진 않았주게. 일본군이 멸망당할 때. 그때쯤 해서 보루네오니 뭐 남양군도에서 해군이 궤멸되다시피 했지. 그렇지.

미국 비행기 B29기만 나타나면 도망치는 게 일이라. 진해 돌아와 보니 돌아가는 공기가 어떵 이상하더란 말이야. 그걸 봐서 나는 강 봥(가서 봐서) 함정이 있으면 "이것이 군함이다" 하면 '감방죷'이라고 했어. 같은 상병이라도 일본말을 잘하니까.

경찰국 보안과서 시작

4·3 때 경찰에 들어가서 처음에 경찰국 보안과 제주서 경리계에 들어 갔어.

나는 본서 근무라노니까 토벌대나 전투경찰에나 편입은 안 됐어. 사무원으로만 근무하니까 본서에서. 그러다가 경찰국 경리계로 가게 됐어. 거기서 경사 시험에 합격을 하고 제주도 산림주사 시험에 합격되고 교원 양성소도 합격되고. 난 책밖에 모르는 사람이라.

경찰관 그만두면 뭣을 할까 했어. 세상이 편안해지면. 전도적으로 산림주사 시험을 봤어. 그때는 산림주사가 두 사람밖에 없어. 북제주군 한 사람 남제주군 한 사람. 북제주군 시험 합격을 했는데, "남제주군 가라" 하니까 안 하겠다고 해서 뛰어부럿지. 경헨 경찰에 죽 있다가, 경리계에 있었지. 처음 월급은 썩은 쌀로만 줬어.

처음에는 내가 들어가서 보니까 정부에서 돈이 없으니 '알량미'라고 길쭉허고 막 좀먹어 가지고 팡팡 가루가 나와. 그걸로 한 2년. 월급 대신에. 당시 얼마 안 탔어. 여하튼 우리 식구 먹을 만큼. 경찰에서 서북청년단이나 이런 데도 관리를 했지. 이제야 생각남져. 월급이 이천 원. 돈으로 주기 시작할 때는. 월급 오르난 삼천 원.

이천 원이면 두 달 치 방 값. 방 하나. 쌀은 먹을 만큼. 처음에는 쌀로
만 줬고. 것도 석 달 만에 한 번씩. 넉 달 만에 한 번씩. 옷은 미군들 입었
던 장교 옷 낡은 것 갖다주면 입고. 그 당시에 영어도 했지. 미군들하고
통역 있지? 맥아더 장군 한국전쟁 때 한라산 어승생 통신 연락소가 비
밀리에 있었어. 어승생에. 우리 한 개 분대가 갔었어. 거기는 미국 놈들
한 개 소대가 군무를 했어.

우리가 거기 왜 있었냐면, 바깥에서 누가 들어올까 해서. 주야로 교대
를 하면서 근무를 했지. 미군들은 안에 토치카, 그 안에서 안테나 하고.
미군 소대하면 우리하고 거의 같아. 30명 정도. 거기는 딱 한 달. 전쟁이
호전돼가니까 광주로 갔나? 부대가. 그때 제1훈련소가 있을 때지. 인천
상륙 아주 전이지.

인천상륙작전이 1950년 9월인데……. 요즘 자서전을 쓰고 있지. '눈
으로 봐서 기억을 새로 보는 기록 전쟁'이 1950년인가? (사진집 꺼내보면
서) 이건 일본에서 나온 거주. 자서전 쓰면서 힘이 엇어노니까.

국민학교 졸업해서 회사에 들어가야 하거든. 급사로 시작하거든. 오
사카에 있는 공판 회사에 들어가서 실황상업학교 야간……. 쉴 때는 써
지고. 일기 쓰는 것을 좋아해가지고. 일기장이 몇 년마다 있으니까 다
있었지만 다 태워불기도 했어요.

부인: 금년에 우리 아들들이 내놔 태워부러실거라.

매년 일기를 써서 보관해 있었지(기록된 작은 수첩이 여러 개 있음 — 채
록자 주). 우리는 해변이니까 피해 본 사람은 없고. 전부 일본에 살아나난.

서북청년들과는 적대관계

경찰 생활을 하면서 6·25 나고 어느 정도 진압도 되니까 방위학교 가서 사관교육 받고 방위사관으로 근무했지. 방위장교.

부인: 바지부대들 온 때 교육 가르쳐낫주기. 한림에서. 훈련관이라고. 경허다가 또 경찰에 들어왔주.

중위 때 성산포 정보과에 있었어. 서북청년들하고는 우리가 적이지. 서북청년이 너무 행패를 부리니까 제주도 청년들 감정이 더 폭발했지. 경찰에 들어간 계기가 서북청년들 폭압들이 있었기 때문이지.

서북 출신 경찰들이 취조하는 것을 본 적? 그런 계통에는 없었어. 서북청년들이 돈을 걷어서 뭣을 도와줄 테니까 돈 내라든지. 그것이 과해서 제주도민 청년들하고 서북청년들하고 대립이 된 거지. 산에 올라가지 않을 사람도 올라가게 되고, 이쪽에서는 사람 때리면서 어디 갔냐고하고. 제주도 4·3사건은 참 묘한 사건이라. 이게 무슨 사상관계가 아니고 죄도 없는 사람들이 많이 죽었어. 난 다행히 살았지만은. 다니면서 보면 보고들이 들어오지.

면담자: 도피자 가족들을 처형하는데 군인들은 대대가 있으니까 그쪽에서 죽이고, 경찰은 따로 지서에서 경찰관 입회하에 죽였단 말입니다. 그것에 대해서는 명령이 떨어진 겁니까?

그게 떨어진 것이 아니고 그때 대구하고 부산만 안 온 때거든. 정세가 전 지역적으로 제주도가 좀 좁은 데니까 다 없애도 될 거 아니냐고 해서 시켜분 모양이라.

동척회사

경찰에서 자수해서 오는 사람이고 취조하는 사람이고 나중에는 죄가 좀 가벼운 사람은 동척회사라고 (제주시) 산지동네에 고구마 하는 창고가 있었어. 고구마 창고에 전부 수용했다가 육지에 갈 사람들은 육지로 보내고, 재검속해서 심어간 사람도 있고 나온 사람도 있고.

형무소로 이감될 때 호송 담당은 군인들이 했지. LST라고 뒤로 문 열어서. 토벌이나 이런 것에는 편대가 안 됐었어. 나중에는 인원이 부족할 때 사무 보는 사람도 가서 한 며칠 도와주고 했어. 그런 것도 몇 번 없어. 경리만 8년 했어.

우리 기수에서 경우회 모임은 있는데 아파서 회비만 내. 기수 동기생 중엔 서귀포에 김○○, 서문통에 고○○(경찰 15기). 그 외에는 죽은 사람도 많고. 2기생 중에서 토벌 나가서 죽은 사람도 많지. 그런 사람들에 대해서 위로금이나 보상금 지급 그런 거 없었어.

퇴직금 120원 받았어. 지금은 막 좋은 때주. 근무만 딱 8시간하고. 우리 근무할 때는 경사만 파출소장 지서로 가면 하는데 우린 24시간 근무라. 돈을 내칠 때 비자금 형태로 챙겨가는 사람? 그런 것은 안 돼. 시청이나 도청같이 예산이 많은 거면 몰라도 인건비밖에 안 주거든.

위에서 문서를 이렇게 써달라고 요구하던 것? 강압적으로 하는 것은 없고 체면치레로 경찰서에서 서장이나 과장급 이상은 조금 김치 같은 것 사다 주고 고기 같은 거 사다 주고. 이 정도지. 1년에 한 번씩 치안국에 가서 감사를 받아.

경찰국에서 증빙서류 검사를 할 적엔, 우리가 먼저 경찰국에서 검사한 다음, 틀린 것은 어떻게 된 건지 추궁도 했어. 6·25 당시는 경찰이 한 500명. 경찰 티오를 올려달라고 몇 번 해도 치안국에서 안 해줘. 경찰보조원도 월급 나가지. 경찰보조원까지 하면 제주서만 600명.

해방 이후에는 경찰이 조금씩 증원이 되는데 티오가 달라져서 늘어나기는 했어요. 한국인 경우는 담당 주민 수가 너무 많아. 외국에서는 영국·미국 같은 선진국은 경찰관 1명에 담당하는 주민이 500명을 넘질 안 해났거든. 건데 한국은 1200명까지 담당이라.

면담자: 그 당시에 '200명 부대'라고 해서 서북청년단 출신들이 일부 경찰로 들어오지 않습니까? 그 나머지는 어떻게?

나머지는 전부 정보원으로 들어온 모양이라. 정보원 담당은 정보과에서 했어. 인원은 내가 경찰국 정보과에 있을 적에 한 10명. 정보과가 1~3계까지 있으니까. 정보과에 있을 때가 1970년대 초.

4·3 관련 정보수집 하는 것은 물론이지. 그것뿐만 아니라 그때는 간첩관계, 일본에서 서신 왕래가 있거든. 서신도 전부 볼 수 있었어. 그 당시에 육지 형무소로 보냈던 사람들은 요시찰 대상자로 해서 정보를 수집할 수도 있었지. 그 일은 6·25 끝날 때까지 했을 거여.

정보과에는 여러 계가 있었어. 대공관계가 있고, 외국관계가 있고. 우리나라 사람인데 외국 가서 사는 교포들 관계도 있고 담당이 다 틀려.

난 일본에 거주하는 경찰국장한테도 일본에서 누게(누구) 강 만나게 된다든지 서신이 있을 거 아니여? 그러면 이게 뭔 뜻이냐고 하면은 알려줬어.

그 당시 조사하던 간첩사건 기억나는 것은 우도 사건 하나 있었어. 고씨라고 따로 있어. 대공관계. 간첩이주게. 한 사람인가? 두 사람인가?

하도 오래돼부난. 잡았어. 간첩관계는 국에서 제출을 했어. 단수가 높으니까. 기록카드라고 해서 주민등록카드 모양으로 딱딱 고정해 있어. 4·3때 일본으로 도피했거나 한 사람? 물론 그런 내용이 들어가 있지. 우리 친족에 조대수라고 있었어. 도지사감인데 서북청년들이 정뜨르 비행장에 데리고 가서 죽여버렸어요(친구가 불런 나가난 죽여부럿주). 돈 내라고 해서…….

습격 들어 납치되는 여자 구해줘

경찰하면서 누구 사람 살려준 경험? 거로마을 사람인가? 그때 밤에 습격해서 여자들 막 납치해 올라갈 때야. 내가 봉개지서 있을 땐데 총으로 쏘면서 한 사람 살려줬어요. 집까지 데려다주니까 계란 스무 개 줬어요. 친구들은 내가 그날 밤에 못 가니까 내가 죽었는가 보다 했는데 계란을 스무 개 가정가니까 반찬으로 다들 먹었지.

총을 쏘는데 M1은 총을 쏘민 2000미터까지 가요. 칼빈은 500~600미터밖에 안 가. 총소리 들어보면 '저건 M1이다 저건 칼빈이다' 하는 것을 알아져. 칼빈 쏠 때는 앞에서 걸어서 가거든. '여기까지 안 올 것이다' 다 알아.

그때 습격 오면 지원 나갔지. 더 이상 피해를 입히지 않으려고 지원 나갔어. 사람들이라도 구하려고. 식량 같은 것도.

부인: 우리 하르방은 남파출소에 소장으로 간 있을 때도 그때 데모할 때도 유리창 하나 안 깨봤어.

그땐 4·19라. 내가 학교 자꾸 놀러가고 친했주게. 학생들이 여기는 부수지 말라고 하길래.

경찰 자료들이 4·19 나고 폐기처분 할 것은 하지. 사상관계는 어딜 감춰도 감춰야 돼. 어딘가에 있을지 모르지. 중간에 태웠는지.

4·19 나서 경찰에서 송○○. 아 나 그 사람 때문에 애먹었주게. 북한을 찬양하는 글을 넉 줄가량 빨강 글씨로 썼어. 이만헌 백지에. 경찰서 바로 입구에 광고판이라고 할까? 안내판에 딱 붙여부난. 그때 파출소장인데 근무시간이 24시간이니까 일어난 눈만 뜨면 지서에 갔어. 7시 전에 6시 45분에 가보니까 뭔가 빨갛게 글씨 쓴 것이 있어. 그거 떼어내려고. 붙이는 것도 몰랐다고 책망을 많이 받았지.

서장한테서 과장한테영. 심언 보난. 송○○야. 자기는 경찰국에서 죽을 둥 노력을 다했는데도 잘랐다고 화가 나서 그랬다는 거야. 4·19 나서 자기 모가지를⋯⋯. 계장을 잘랐다고.

면담자: 1950년대 후반기에 토벌활동에 주력했던 경찰들이 감원대상으로 잘려나간 일이 있었던 모양입니다. 예산 부족으로 그런 것입니까?

그렇지. 치안도 어느 정도 회복이 되고 국가에서도 돈이 없고. 육지는 10년 정도 살았어요. 전라북도 익산시. 옛날 이리에 갔주. 발령은 도에서 하는 거지. 경위가 부족하든지 경사가 부족하든지 하면 도에서 연락을 해서 그때 경사가 열 사람 갔어요.

비리에 연루되면 잘리는 조건이 있지. 능력이 부족헌다거나 과거에 징계 먹었다거나 등등. 방위는 제주도 옹포에서 헌 거니까. 방위사관학교는 부산 동래에서 교육받고 여기서 근무했어요. 훈련은 45일 받았어. 방위사관학교 훈련받고 와서 한림 편대에. 훈련관이랏주. 귀덕에 방위장교 했던 사람? 조대준이. 나보다 먼저 그 사람이 가고. 그 사람은 방위군이 해제되자마자 현역으로 가버리고 나는 예편해가지고 경찰에 복직하고.

경찰에 있으니까 토벌도 갔다 오고 미군부대 갔다 와부난. 부대에 아무래도 이름이 올라간 모양이라. 전투부대에 한번 같이 따라갔는데 그 기록이 남아서 올라간 모양이라. 나도 몰랐는데 경찰서 간 보니까 "당신 참전 용사요?" 허는 거라. 경찰 모임에도 자꾸 나가갔어요. 가입도 되고 허난.

전투부대로 인원이 모자라면 본소나 본국에 있는 사람이 30명이면 30명, 50명이면 50명 편대를 조직을 해여. 그래서 A라는 부대 가서 협력해서 토벌을 가났어. 토벌 간 죽을 뻔도 했어.

전투부대 이야기

전투부대 갔을 때? 주둔소라는 데를 만들어서 중간중간 전화로 연락하면서 적정보고를 하거든. 하루는 전화선이 잘라졌어. 통화를 못 할 거 아니? 어디서 끊어졌는고 해서 대원들 여러 명이 선을 따라서 가봤거든. '그거 아, 여기 떨어졌구나' 수리헐 적에 "빵! 빵!" 해서 죽을 걸 살았주게. 한라산 동편. 여기(명도암 위쪽으로 가리킴 — 채록자 주) 위쪽에 있었어요.

난 물장오리 위에 오름도 이름들 잘 몰라. 산속은 산속인데, 군대라든지 거점을 만들면 낭(나무)들을 잘라불고. 그때는 15명인가 본서에서 차출해서, 그때 책임자는 양○○이라고 한림 사람이라. 그때는 101~103 이렇게 했거든. 부대장이 있었어요. 자꾸 바꿔지니까.

백사령부에 지원 나가서 저쪽에 가서 지키라 허니까. 어느 부대에 가서 합류허라 허고. 이름은 도통 모르크라. 6개월 있었어. 한번 올라가면은 집에도 못 가지.

그게 우리 큰아들 난 땔 거라. 미군부대에서 우유도 사오고 했을 거라. 토벌 갈 때는 애기 없을 때. 정해진 주둔소에 6개월을 계속 살았지. 거긴 견월악도 아니고. 적악도 아니고 제주시 쪽인데 이름을 몰라.

여기 주둔소? 지금도 흔적이 있어.

몇 부대인지는 모르크라(모르겠어). 103부댄 거 닮은디. 우리는 본부 있는 데가 아니고 어디 있다 하면 전투 현장에만 자꾸 따라다녀노니까. 현장에서 폭도들을 잡거나 하면 전과 보고는 부대마다 틀리겠지만 난 잘 몰라. 장○○ 씨가 토벌대 대장이라낪지.

중문은 지서장으로 가 왔어. 중문지서장으로 있다가 전라북도로 간 거야. 거기 가서 전출을 가부난.

양태관

1936년 한림 명월 태생으로 당시 학생이었다. 형은 서울대학교 농대 출신으로 제주도청에 근무했다. 그 후 한림읍사무소에 있었던 형은 4·3으로 분위기가 험악해지자 어쩔 수 없이 산으로 피신했다. 4·3 초기에 그 역시 형과 굴속에서 피신 생활을 하다가 13일 만에 내려왔다. 가끔 집에도 나타났던 형은 이후 행방불명되었다. 사태 진압 후 온 가족이 광평리 일대 오름으로 6개월이나 찾으러 다녔으나 시신을 찾지 못했다. 형님의 행방불명으로 명월에선 '폭도가족'이라고 멸시를 많이 받았다. 도청 공무원 시절에는 승진에 걸림돌이 되기도 했고, 조카는 공무원도 되지 못하고, 연좌제 피해를 겪어야 했다. 이제는 4·3을 말할 수 있다고 생각한다.

(채록일: 2006.4.13 | 채록 장소: 삼도2동 경로당)

5

행방불명자 가족,
당해보지 않은 사람은 모릅니다

외가 월령리에서도 "폭도새끼"

(눈물) 저는 올해 72세 됩니다. 고향이 한림 명월입니다. 국민학교 4학년 땐가 해방이 됐지요. 명월은 많이 희생된 마을이죠. 금악 밑에. 우리한두 살 우(위) 분들 현역에 생존해 있으면 74세부터 한 78세 그 사인데, 이제 그분들은 세상에 거의 없습니다. 그때 우린 학교 다닐 때고 어렸지만, 우리 연령 사람이 많아서 마을에서 피해를 많이 봤습니다.

지금 저가 살아 있는 거는 월령으로 소개 갔기 때문일 겁니다. 그 당시 불붙이고 막 소개할 때는 제가 외가인 한림 월령에 피난을 갔습니다. 월령 해변가. 근디 제주도에서 한 사람도 희생 안 된 데가 월령일 겁니다. 거기 가니까 살아졌지 않은가 생각을 합니다.

거기 외가에 가서도 참 말을 제대로 못 했습니다. "폭도새끼" 이렇게 허니까. 겪어보지 못헌 사람들은 모릅니다. 참 기가 막힙주. 그리고 지금도 제가 그 4·3 관계를 어디 강 일절 얘기를 안 헤져마씸게(안 합니다).

그 얘기 들으러 찾아와도, 아, 괜히 가슴만 아프고 그 이야기할 때마다…….

형 찾기

그때만 생각하면, 형 생각만 납니다. 형님은 그 당시 공무원이었습니다. 공무원. 근데 형님하고 같이 사회활동 하셨던 분들은 일본에 가서 생존하고, 가끔 오시는 분도 있어요. 그때 저희 모친도 "빨리 일본으로 피신하라" 했는데도 형님은 "고향을 떠나고 싶지 않다" 헨마씸. "우리 가족을 내버리고 갈 수가 없다" 해서. 어떵헙니까?

저가 알기론 당시 사상적이기보다 하여간 엘리트랄까. 그런 사람은 주목을 받아서마씸. 그래서 피신허러 산에 갔다가 밤엔 집에 내려와마씸. 내려와서 끝내는 어디에서 실종된지 모를 정도가 됐습니다. 다 진압된 후제, 그 당시 산에 마지막으로 같이 있던 분을 찾아서 형을 찾아 나섰습니다. 우이(위) 거기가 돌오름인가 안덕면 광평 근방인데, 그 일대 토굴에 있었다고 해서 그 일대를 막 찾으러 다녔습니다. 그 당시 제주도는 굴이 많이 있지 안헙니까예. 저의 형님 참 키도 크고 미남이었고. 한림 일대에서는 양태수라 하면 모를 사람이 없을 정도였습니다.

우리 형님은 앞에 이빨이, 덧니가 두 개 탁 나서마씸. 유명해낫수다. 양태수 덧니엔 허믄. 그렇게 보기 좋아서마씸. 그러니까 시신만 나타나민 그걸로 100% 인증헐 거엿주마씸. DNA 검사도 필요 없습니다. 그래 가지고 그 시신이라도 있으면 틀림없이 찾아진다고 해도 전혀 못 찾안마씸.

돌오름에서 형님을 마지막에 봤다는 아주머니도 죽어불어서마씸게. 그러니까 저희들뿐 아니고. 저희 같은 사람들이 몇천 명 있을 거라마씸.

이분들을 어떵헐 거냐. 돌아가신 분들은 죽은 흔적이 있기 때문에 모슬포에서 허든가 뭐를 허든가 허는데. 한림 명월에 형님 명단이 있을 겁니다. 희생자 명단에 있는데.

게난 행방불명으로 돼서 지금 4·3평화공원에 위패 모셔져 있습니다. 이젠 오랜 세월 지나가니까 4·3도 진상이 밝혀지고. 또 정부에도 이렇게 하고 있지만…… 지금도 형님 기일을 생일로 지냅니다. 생일로.

피난 생활

굴속에는 우리 형님하고 우리 친구가 같이 있었습니다. 한 분은 오〇〇 씨라고 돌아가신 분인데, 시신을 찾아서마씸. 우리 형님보다 아주 아랜데. 우리 형님이 살았으면 여든아홉입니다. 여든아홉. 열다섯 살 차인데. 형님은 촌에 살 때도 월급 타면 사촌들 육촌들 전부 모이게 해서 같이 밥 먹었습니다. 옛날은 촌에서 돼지 잡앙 추렴(돈을 얼마씩 모아 돼지를 사서 잡아먹는 일)을 험니다. 한 마리 사다가 친척들 전부 먹게 해주고.

우리 형님은 그 당시 수원, 이제는 서울농대죠. 일찍이 일제 때 서울서 공부하고 졸업하자마자 도청에 근무하다가 한림읍 사무소로 와서마씸. 피신 겸 읍사무소 있다가 사태가 심해가니깐, 도저히 견디지 못하니깐 어쩝니까. 이제 산으로 갈 수밖에. 산으로 가서 밤에는 집에 내려오고. 가고 오고. 그렇게 되십주.

그때는 창창헐 땝니다. 삼십 대. 그때 같이했던 분이 오용범 씨란 분이 일본서 돌아가셨는데, 우리 형님네랑 세 살 차인데. 거기는 동생 오〇〇이 서울서 한림향우회 회장까지 하고 있을 겁니다. 그리고 가끔 오면 만납주. 만나면 나는 "어떵 자네 형은 그래도 일본 가니깐 오래 살고 있네"고 험니다. 이제 돌아갓주만 거기도 피해를 많이 본 분입주. 거기

셋째 동생이 유해 찾아가지고 한림 검악(금악) 밑에 모셨습니다. 만병듸(만벵듸), 거기 모셔십주게.

저는 "경혜도(그래도) 자네는 형네 유해를 찾았으니까 다행이지. 우리는 뭐냔 말이지" 해집니다. 같이 겪은 사람들이니까. 우리 갑장입니다. 그 당시 알던 분들은 거의 영리하고 다 산에 가서 희생당했습니다.

산 쪽을 사상적으로 택한 거라기보다 공산주의가 아니고. 사회주의 독립가가 있고, 공산주의 독립가가 있습니다. 마찬가지로 제주분도 공산주의가 아니고, 사회주의라마씸게. 나는 그러지 안했나 생각이 듭니다. 우리 형님이영 식사 때도 그런 말을 해마씸.

"야, 이거 만날 해봤자 보리밥 하루 세 끼고 아프면 돈 없어 병원도 못 가고." 이 말을 항상 해마씸. 머리가 좋아도 공부 제대로 못 하고. 그 당시는 그것이 심하게 안 들렸는데. 지금 생각하면 사회주의는 어떻게 보면 공산주의는 아닙주게.

그리고 우리도 잘살진 못하니깐 감자랑 좁쌀 섞엉 먹고 했습니다. 형님이 그 밥을 다 먹지 못하다가 우리 어머님 있는 디선 말 안 하고. "야, 아시야(동생아). 우린 영(이렇게) 먹어도 쌀밥 먹는 사람 많이 있져. 부지런히 배웡(배워서) 니네랑 크면 쌀밥 먹게끔 우리 허켜." 그런 말을 해마씸. 지금 생각하면 역시 일본의 압박을 당했다는 것, 잘사는 사람에 대한 반항심 같은 게 아니고. 우리도 노력해서 잘살아 보자는 겁니다.

사상적으로 공산주의를 찬양하면 김일성에 대해 찬양하는 말을 한 번이라도 들었을 겁니다. 겐디 그런 말은 전혀 없었습니다.

박헌영에 대한 말도 못 들었습니다. 그때 우리 고향에 있는 사람들은 사상적으로 공산주의라는 거는 몰랐습니다. 이제 우리 갑장 오○○도 그런 말을 헙니다.

오○○네 형은 오용범 씨라고 명월의숙이라는 서당을 해서 아이들

문맹퇴치를 막 시켜십주. 노래도 자작으로 만들고. 독립운동 가까운 걸 하니까. 이리 오면 "일본놈이 잡아간다" 해서 조용히 가르치곡 했다 말이우다.

만약 사상적으로 공산주의였으면 왜 저쪽에 북한 실정 이야기를 한 번도 안 하냐 이겁주. 친구한테도 "형한테 그런 말 들어봔?" 꼭 나허고 마찬가지라마씸. 전혀 그런 거 못 들엇덴 합니다. 그런 사상이 있다면 서울에 있는 이 친구나 나 역시 그런 말을 들었을 거 아닙니까.

그리고 오○○ 사촌형이 중학교 교편 잡았는데 부친네가 다 사살됐습니다. 음악 선생이니까 들어갔는데 우리보다 한 살 밑엔디. 지금도 어디 강 딱 저희 형님 얘길 탁탁 못 해마씸. 딴 사람들은 그때 헌 걸 자랑도 하는데. 이제 우리 세대가 가불고 후세들이 와서 그때가 돼야 완전히 해결되겠지요. 아직도 우리처럼 희생 안 헌 분들은 안 그러고 있다고 봐져마씸.

면담자: 그래도 형님하고 오용범 세력이 마을을 이끌었던 모양입니다.

완전 이끌언마씸. 마을을 나쁘게 이끈 게 아니고, 선진교육을 받은 분들이 그런 겁니다. 딴 마을도 그런 거 같아마씸. 제주도 선각자 지식인들 많이 희생당했습니다. 어느 마을도 그런 사람만 희생당했지. 물론, 4·3사건 진압하는 과정에서 막 억울도 헷주만 희생당한 사람은 전부 지식인이우다. 만약 그분들이 그대로 있었으면 정말 제주도에 일익을 담당하고. 다 할 만한 사람들이 거의 돌아가셔 버렸습니다.

오용범 선생 말고 다른 분은 조○○ 씨라고. 그분은 일제시대 군인인데, 제가 기억나는 게 해방되니깐 제주도 와가지고 산에 갔습니다. 그 후에 일본으로 피신했습니다. 그분 자식이 서울대학교 국비로 나와 병원을 했습니다. 치과의산데 그런 사람도 사상적으로 공산사상을 가졌으면 왜 일본서 조총련 하지 않고 한국의 서울대학교를 보내겠냐 말이죠.

저희 형님만 이상케 안 피했습니다. 아니 그때만 피했어도, 일본 가도 지금쯤은 그런대로 살 건디. 유독 우리 형님뿐입니다. 우리 형님보다 아래 오○○이란 분도 우리 형님만큼은 아니어도 그런 지식층인데 일본 갔다가 귀화해서 명월에 생존해 계시거든요. 수술해서 지금은 거동도 못 한다는 말은 들었는데. 그니깐 그 당시 활동했던 분들은 거의 일본 가서 살 만큼 살다 돌아가셔서마씸게. 이젠 조○○ 선생도 돌아가셨습니다. 그 집안에 아무도 없습니다.

굴속 생활과 어머니

4·3유적지로 많이 돌아보는 무슨 굴 하니까 딱 생각납디다. 나도 저희 형님 굴에 간 때, 거기 들어가 났습니다게. 아니, 피신해가지고. 기억이 생생헌 건 술병에 꿀을 넣고 콩 볶아서 몇 개만 넣으면 하루 식량이 됩니다. 그걸 갖고 굴에 들어갑니다. 제주도 굴은 들어갈 때 어깨만 하면 들어가는데 나가기는 힘듭니다. 들어가긴 들어가는데. 그래서 거기서 살았습니다게. 그때는 군인 보고 '노랑 개'라고 해마씸. 경찰 보곤 '검은 개'. 며칠 되면 "노랑 개 온다" 하니깐 겁이 나서 하는데 오면 여지 없습니다.

거기에선 소변 대변 봐도 냄새가 안 납디다게. 한 3일에 한 번 대변 봐도 냄새가 안 나마씸. 한 십여 일 만엔 거기 바깥에 나오믄 이렇게 대를 해가지고 신호를 헙니다. 올라온다 하면 신호를 허다가 한 13일 만에 내려와서마씸. 내려오니까 너무 오래 있다 오니까 저희 어머니는 보자마자 "너마저 죽은 줄 알았는데 왔구나" 해가지고.

여섯 사람 희생

그때 굴에는 우리 동창이 오순도라고 군인 간 죽고 그게 우리 갑장이고 살아 있는 사람은 나뿐이 엇수다(없습니다). 여섯 사람이 갔는데 다 죽어서마씨.

이 굴에 있을 때는 명월 소각 안 된 때우다. 안 된 때. 소각돼버렸으면 내려오지 못했을 겁니다. 게난 소각뒌 간 후제는 일제 연락이 완전 두절돼분 겁주.

난 월령으로 가부니까 이제 뭐 소각돼서 가부니까 우리 형님도 가족 만나러 오지 않고 또 거기까지 오기에는 위험하고. 게난 그로부터는 전혀. 시신 찾을 때 굴에 가봐도 못 찾아요. 그때 간 굴도 처음 간 굴이고 그니까. 그래서 나도 그때 그 굴에 갈 때도 아침에 갔는데 거의 저녁 해질 무렵에 돌아와십주게.

위치를 전혀 몰라마씨. 솔도에서 밑으로 왕 거기가 무슨 오름인가 거기라마씨. 자연굴. 인공굴이 아니고 자연굴마씨. 게난 저 옛날은 피난만 가면 그쪽으로 피난 갔습니다. 혹시나 해가지고.

운 없는 사람들은 죽어

저희 어머님이 월령에 갔을 때, 서북청년들이 한림 산으로 심어가낫수다. 그때 중요한 말씀을 했어요. "절대 살 수 없다." 우리도 울고불고 통곡허고. 외삼촌도 살아 있는 땐디. 그디 그 서북청년들. 거기 한번 심어가면 살앙 나오는 사람 없었습니다. 나흘째는 돌아왔어요. 아 게난 뭐 "어떵헙디가(어떠셨습니까)?" 허난 우리 형님 말을 헤렌마씸게(하더랍니다). 근디 살젠 허니까 그때 취조하는 사람이 없고, 새로 온 사람이 이렇게 보다가 그냥 몇 사람만 데려갔어요. 한 몇십 명 있는데 게난 죽이는 것도 할당 인원이 있는지. 억울하게 운이 없는 사람들만 죽었지요. 하여 간 우이(위)로만 해가지고 반 이상은 발로 차면서 빨리 가렌 해부는 거라마씸. 게난 집에 가렌 헌 사람들 속에 우리 어머니가 해당된 거라.

그다음에 조사관인가 그저 살젠 허니까 딴 사람이 왔어요. 죽이는 것도 몇 명 총살시키렌 그런 것이 있었는지. 아들이 산에 강 있는지 묻지 안 헌 거주게. 솔직히 양태수라고 허면 모르는 사람 없는디 솔직히 말허면 살리고 할 땝니까? 그냥 발로 차면 팔이 그냥 부르르 떨던 그런 시절인디.

그때 나는 완전 죽는 줄 알아십주게. 나 그때 붉은 머리 허고 군인 노래가 잇수다. 붉은 그 뭐 헌 건디. 저 폭도새끼 빨갱이 노래 불렀젠 해마씸. 겐 한림 취조 갓수다게. 게난 빨갱이 뭐 붉은 깃발 헌 건 아니고 군인 노래.「붉은 기를 높이 들자」그 군인 그 군가가 잇수다. 그걸 불렀더니 한림지서 잡혀갔어요. 겐 노래 불러보라고 해서 부르니깐 군인 군가라. 게난(그러니까) 그냥 보내부러마씸. 월령서는 '붉은' 자만 나오면 빨갱이로 생각해분 겁니다. 월령에서. 그때 누가 신고하라고 지서에서 와십디다. 지서에서. 겐 불러보라고 했는디 군가니까 그냥 가렌.

형님 시신 찾기

유해 발굴해서 유족들 DNA 검사로 어떤 건 찾고 어떤 건 못 찾고 허면 보통 사람은 죽었는데 "유해가 뭐냐" 하지만 실제로는 그것이 아니우다. 이제 그 북군에서 정월대보름 들불축제 허는 새별오름 위로 해서 안덕면 광평리, 그 솔도옌 헌디 그 일대는 한 6개월간 찾아십주. 완전 진압된 후에. 완전 맘대로 할 때마씸. 어머니, 숙부, 친족들이 쌀 가정강 밥해 먹으멍 말이우다. 우리는 희망을 가진 게 저희 형님 덧니로 찾을 수 있을 거라 했어요. 찾아다니다가 유골은 못 보고, 발은 봔마씸. 그게 이상한 게 이제 거기가 무슨 농장. 시원농장이라 붙어졌는디. 당시는 아주 먼 데 안덕면 지경, 하천계곡 있는 뎁니다,

우리가 밥을 먹기 위해서 내려와서 밥을 먹는데 보통 때는 사람이 시신 보기 무서웠는데, 막 찾다 보니 계곡 조그만 디 보니깐 뼈가 한 세 개가 잇어마씸. 밥 먹다가 그냥 갔습니다.

강 보니까 전체 시신이 아니고 발만 잇어마씸. 요렇게 해가지고. 그러니깐 위에서 막 떠내려오면서 그냥 형 같아마씸. 그때는 우리 숙부님이 "이건 조카 발이 아니여" 허는 거라. 발이 작다는 거라. 우리 형님은 키도 크곡 허니까 조카 발 아니라고.

게난 그냥 여기 놔두면 또 떠내려갈지 모르니까 그냥 우트레(위에) 놔두자고. 누가 또 찾으러 다닐 수도 있으니까 해서. 어디 가서 이야기해 봐도 소용없고 그냥 내부럿주. 발 두 개만. 우린 눈 녹아서 흔 사월 달부터 찾다가 팔월 추석 전에 내려왔수다.

우리 집안은 우리 형님뿐입니다. 우리 형님이 중부님네 숙부님네 대우를 잘했어요. 우리 친족들은 지금도 한림 검악, 고림동, 안덕, 대정삽니다. 고향엔 아무도 없고, 다 제주시에 와서 살았는데, 집안일도 많이 보니깐 우리 중부님, 숙부님네도 몇 개월 찾아다닌 거주마씸.

그때는 피곤한 줄도 모르고. 사람이 정신이라는 게…… 게니까 오래 돼부니까. 같이 있던 여자가 분명히 어디 있었다 해서 강 보면 아니었습니다. 이름이 강옥화란 분입주게. 명월분인데, 그분은 4·3이 진압된 아주 후에야 나타나십디다게. 강옥화 할머니는 살던 데가 거기라고 하니까. 지서에 신고해서 생존했는데.

계속 산에 있다가 진압된 후에도 있다가 내려온 거라마씸. 게니까 정

확히 안다고 했습니다. 이젠 돌아가십주게. 겐디 내가 가민 그 오빠 산에 있을 때도 날 막 사랑해주고, 아껴줫수덴(아껴줬다고). 대번 거기 알수 있다고. 막상 가니깐 "아, 이디도 닮은디. 닮은디……". 절기적으로 산이 많이 달라져 부니까. 돌아가신 지 한 7, 8년 된 후마씸. 게난 시신이 발견된다면 뭐 10년 전이 될 겁주게. 유골은 못 보고. 저가 공무원 산림과에 있었습니다. 산림과로 해서 산에 출장 가려면 일부러 그 지역에 많이 가십주게.

형님과 나

4·3 때 산에 오르고 형님이 한 3년 뒤에 돌아가셨습니다. 4·3 초기에. 한번은 경찰에서 제주시에 잡아갔는데, 깜짝 집에 오기도 했습니다. 그때는 평범할 때마씸게. 그때는 공직도 그만둬 버리고 못 하게 되니까. 한림 식당에서 경리를 봤수다. 식당에서마씸. 경헌디 완 잡아갔다고 했습니다. 심어갔다고도 허고. 말들이 많습니다. 게니까 "아이고, 이젠 뭐 태수는 죽엇어. 죽엇어" 헤나십주게. 잡아가난.

근디 한 달도 안 된 밤에 와서마씸. 밤에 왔는데 그때가 여름에 모기가 시니까(있으니까) 보릿짚 해가지고 불붙입니다. 모기 예방을 하려는데 형님이 와서마씸게. 와서는 우리 어머니한테 "하이고, 나 영(이렇게) 왔수다" 허멍. 게난 나중에 보니까 아마 탈진한 거 같아마씸게. 제주시에서 오니까. 밤에만 걸어온 겁주. 밤에만.

겐 그날로 산에 간 겁주. 산에 가서 가끔 식량 가지레 오고. 또 같은 친구도 며칠 만에 오고. 우리 형님 밑에 자가 빼어날 수(秀) 잡니다. 게난 "수 형님 보낸 왔수다" 허면 나는 몰랐는데, 우리 어머니가 형님 못 와도 수 형님이 보내서 왔다고 허거든 형님 친군 줄 알라고 헌 겁주게. 태수라고 허면 혹시 잘못될까 봐섭니다. "수 형님, 수 형님" 했습니께. 그다음 또 어떤 땐 형님이 직접 또 왔다 가고.

그전에 형님이영 굴에 같이 있을 때는 그렇게 있다가 위험할 것 같다는 생각에 저가 "형님 집에 그릅서(가셔요). 집에. 여기선 언제까지 영 참아야 됩니까?" 허니까 "아이고, 곧 해방될 거여. 곧 될 거여". 형님은 낮에 어디 갔다 와마씨. 거기 같이 있는 게 아니고. 꼭 저녁엔 와마씨. 와서 그냥 거기 콩 볶은 거 먹고. 이제 "니네 아무래도 힘드니까 내려가라" 허면서. 이제 길을 모릅주. 처음에 가니까.

게난 우리 형님이 밤에 지금 새별오름으로 해가지고 검악까지 온 겁니다. 허난 "아이고, 이제 나 집에 가쿠다" 해서 집에 와십주게. 우리 형님은 각각 친구들끼리 소식은 듣는 모양이라마씨. 그렇다고 우리 형님은 뭐 산에서 지서 습격이니 이런 것도 전혀 하지 않았습니다. 거 뭐 그때 살던 사람 물어봐도 "아, 자네 형이야 뭐 행정요원 아니라" 이런 말을 헙디다게.

그니까 무슨 소위 말하면 전투요원이 아니고 펜대 잡아난 거 같애마씨. 그 강옥화 살아 있을 때도 "아이고, 그 오빠는 글만 씁니다. 막 뭐 쓰고. 요즘 같으면 그 등사판 글. 난 등사판 글이 뭣인지 몰라십주. 그게 가리방 닮은 거 같아마씸. 생각해보니까. 역시 뭐 행정 그런 거 같애마씸.

4·3 원인에 대한 생각

옛날 제주 시내 교회에서 실제로 학생들 데모할 때가 있었습니다. 그런 거 사실로 이야기해서 하는 게 아니라 무턱 대고 해버리는 것을 보았습니다. 우리 조카도 그때 보니 4·3 관계로 데모할 적에 간 봐십주게. 경허니까 내가 불러가지고 밤에 "야, 너네 그런 식으로 무턱 대고 하지 말고, 4·3 공부도 좀 하고 제대로 데모도 하라" 그런 말도 했습니다.

사택 형사가 "자네 여기 뭐하러 왔나?" 해나십주. 여기 서부교회서마씸. 서부교회서. 그때 뭔가 주길래 가져 있었는데 빼내면서 "자네 여기 뭐하러 왔냐. 공무원이 말이여" 했습니다.

내가 알기론 그냥 무턱 대고 행동하지 말고, 먼저 4·3 발생 동기부터 설명해줘라. 그렇게 과격허게 허지 말고. 이렇게 해서 4·3이 났기 때문에 이걸 우리가 규명해야 된다고 설명해야지. 그러니까 거기 나이 든 사람들이 다 욕하지. "저것들 빨갱이 닮은 것들"이라고 욕하지. 우리 조카들 보고 빨갱이렌 헙디다게. 이제는 뭐 떳떳하게 얘기허주만.

그니까 저는 그때 저러지 말고 사실 4·3이라는 게 그냥 무턱 대고 막 서북청년이 와서 죽였다만 하지 말고. 4·3의 원인이 3·1절에 어떻고 하는 걸 알려야 합니다. 그땐 그건 모른 거 같았습니다.

그렇게 허면 4·3에 피해 입은 사람들 심정을 느낄 수가 있느냐고 말이여. 그니까 왜 저 도둑질한 사람이 "왜 도둑질했느냐", "굶어 죽게 되니까 도둑질하게 됐다". 아, 원인 자체는 빼고 무턱 대고 그냥 허면 받아들여지질 못한다고. 그런 얘길 했었습니다. 이제는 4·3 강의하면 가서 좀 들을려고도 하고. 자기 의견도 제시합니다.

나도 오늘 처음이우다. 4·3 관계 얘기허는 거. 괜히 잊어버렸던 과거 탁 끌고 와서 얘기허기가 쉽지 않은디. 이제는 어느 정도 떳떳허주마씀.

"저희 형님도 4·3에 있습니다" 얘기해집니다. 처음 저기 위패 모실 때도 저희 형님 저기 모셨단 말을 못했습니다게. 저희 알던 친구들도 "자네 형님도 그렇게 희생당했어?" 처음 알 정도라마씀게. 실지 20년 전만 해도 감히 말을 못했습니다. 공무원 생활도 35년 전에 그만뒀습니다만. 저희 형님이 그랬다는 말을 못했습니다. 우리 애들 대학교 다닐 때도 "큰아버지는 어떵 돌아가셨수과?" 허민 "아팡(아파서) 돌아가셨다" 했지. 자식한테도 그런 말을 못해서마씸게.

이제는 합니다, 이제는. 4·3 때는 거기도 가지만. 이제는 아는데. 그 당시는 큰형님 영 허연 돌아갔단 말을 못해서마씸게. 역시 그 세월이 가니까 모든 게 규명이 되고 밝혀져 가지고. 그래도 저희 형님 같은 분들이 많습니다. 유해를 못 찾는 분이. 그런 분들을 어떻게 해야 하는지도 연구를 해야 할 것이고. 어디 바다에 가서 수장을 했는지 총살을 시켜버렸는지, 어떤 형무소에 보냈다는 것은 나타날 수 있는데. 만약 저희 형님도 그렇게 했으면 나타날 수 있는데.

면담자: 선생님은 학생들 데모하는 것을 보고, 4·3의 전반적인 원인을 생각하지 않고 왜 그걸 가지고 데모하나 생각하셨는데요. 선생님이 생각하는 4·3 원인에 대해서 말씀해주시겠습니까?

저는 그때만 해도 전혀 '빨갱이', '공산'으로 생각 안 해서마씸게. 왜냐면 우리 형님이 하는 걸 봐십주게. 우리 형님이 항상 하는 이야기가 "지금은 농민이 이렇게 하니깐 못살고 있다". 그때는 우리 형님도 '대한민국'보다 '조선'이란 말을 많이 썼습니다. 요즘은 조선이라고 하면 사상적으로 이상케 생각허지만 그때는 '조선민족', '조선'이라 보통 했습니다.

그때는 공통이 조선이라낫주게. "우리 조선민족은 잘 뭉치고, 빨리 공부를 해야 한다. 공부만이 살 길"이라고. 항상 이야기를 해마씸. 저희 형님이 사상적으로 했으면 동생들한테 이승만 정권이 어떻다 했을 텐데 그런 말도 없고. "공부만 해사 잘살아지곡 한다" 허는데 그때 잘산다는 건 일제의 압박하던 그 정신에서 모든 게 풀어져 잘산다는 거지. 어떤 사상적인 것은 우린 전혀 못 느껴수다게. 근데 그것이 빨갱이 새끼니까 조선이라 헌다?

4·3 때 피난 가라면서 그냥 불붙일 때쯤은 막 이를 갈아집디다. 나도. 우리 집안도 옛날에 가보가 될 만헌 것들 많이 있었습니다. 막 분통이 터져. 산사름덜이 와서 다 가져간다고. 그렇게 해서 서북청년들이 내려가라는 거라마씸. 구루마로(마차로) 사람이 얼마를 가져갑니까게. 다 내버리고 가는 거지.

경허면서 어려도 이해 안 가는 게 '폭도'라고 허는디 저기서 '폭도'라고 와가지고 사람 죽이는 것도 없고. 우리 고향이 산촌이지만 산에서 와서 식량 가져가는 것도 없고. 밤에만 우리 형님 갔다만 오곡. 이거라. 우리 명월은 그랬습니다. 남로당 폭도사건이옌 해서마씸. 4·3이라는 건 그땐 없었어요. 나중에야 4·3이라 했지.

남로당 폭도사건이라면 제 형님도 뭔가 이야기를 할 거 아니냐 이겁주. 형님이 상당히 저를 사랑했습니다. 근데도 난 전혀 들은 게 없어요. 난 '4·3이 아주 위에서 해버리기 때문에 반항심에서 한 거다'라는 것만 머리에 박힌 거라마씸.

4·3 후유증

그때 저희 동생은 아주 막 어릴 때고 허니까(저희 동생도 중간에 위암 걸려가지고 한 2년 전에 죽었습디다마는) 대구로 보내분 것도, 저희 어머니도 혹시나 또 그런 사람 올까 겁이 나서 '자식들 다 안 잃겠다' 해서 동생을 대구로 보낸 거라마씸게. 족은 아들도 위험하다 해서. 그래서 거기에서 학교도 나오곡, 거기서 결혼허곡 서울서 살아십주게.

우리 어머니도 머리를 잘 쓴 거 같아마씸. 내 동생은 나보다 뭐랄까 칼칼해마씸. 나중에 들으난 그렇게 해서 보냈다고 허는 거라마씸. "아이고, 어머니 잘헤수다(잘했어요)" 허고. 어떤 어머니들도 자식에 대한 것은 대단합니다. 우리 조카들 보고도 우리 조카들이 선생이고 교수들인데, "어째서 큰아버지 셋아버진 제주 살곡 우리는 저기 간?" 할까 봐서. 우리 동생 돌아갔을 때는 전부 배경 설명을 해줬습니다. 또 "그렇게 해서 너희가 기반 잡고 대학교수까지 하고 있지 않느냐". 그렇게 다 설명 허곡. 지금에야 조카들, 자식들한티도, 4·3 관계도 그렇고, 집안 관계도 다 얘기해집니다. 큰아버지가 그렇게 해서 돌아가셨다는 거 몰라십주게. 이제는 떳떳이 이야기하자고. 그래도 우리 아들도 큰아빠가 뭐 올바르게 살다가 돌아갔다고 긍지를 갖고 있습니다.

형님과 조카

형님은 당시 결혼은 했습니다. 딸하고 아들이 있는데. 딸은 고향에 살고 조카는 서울에 있는데. 참 어떻게 잘 안 된마씸. 성공해야 되는데. 형수는 돌아가셨습니다. 명월에선 '폭도가족'이라고 알려져 멸시를 많이 받았습니다. 그래가지고 공무원도. 제주대학교도 3년밖에 못 다니고. 가정 형편이 안 좋아서 좌우간 '공무원 시험이라도 봐야겠다' 해서. 어디 취직도 못 하고.

거 한 이십 년 살았는데 그 타격으로 제대로 뭘 하지 못해봤습니다. 우리도 경 타격 보는데 당한 그 부인은 어떵헙니까게. 그게 시름시름 하다가 돌아가셨죠. 게난 우리 조카도 자기 아방(아버지)처럼 나긴 잘났는데. 모든 게 잘돼야 하는데…….

그 조카가 쉰여덟 살. 4·3 후제 나십주. 우리 형님이 한 삼일에 한 번씩은 내려왔수다. 왕 뭣 좀 가져가고. 식량도 가져가고. 딸은 예순여섯인가 경 됐수다. 어리니까 폭도새끼니 하는 걸 느끼지 못했을 겁니다.

형님은 4·3이 거의 끝나갈 무렵에 돌아가셨습니다. 제사는 아들 조카
가 서울서 합니다. 헛묘를 안 했습니다. 게난 나 그 위패하니깐 어떵사
(어떻게) 마음이 흐뭇한지. 딴 디는 4·3 비석들 다 세우는디. 우리 조카도
서울 가멍 경허라고 허니까 "더 기다려봅주" 했는데 우리 조카도 뭐 좀
느끼는 게 있었던 거 같습니다. 가니까 어머니 옆에 아버지 비석을 위령
비 세우겐 허니까 "아니, 나둬봅서(기다려보세요). 나둬봅서" 했는데 나
중에 "봅서게(보세요) 중부님. 거기 떳떳이 국가에서 해가지고 저 비를
딱 허지 안했습니까", "아, 너 잘 생각허였져. 비 두 개 하는 거보담도 거
기서 하니까 오죽 좋아. 암만 해도 잘 생각헷져." 게난 우리 조카 안 그랬
으면 우리 형수님 옆에 하젠 했습니다. 이제 평화공원에 허니까 오죽 좋
습니까.

공채 공무원

우리 다닐 땐 학교가 엇어서 한림국민학교 나왓수다. 제가 4학년 때
해방됐수다. 여기 또 한림중학교 나왔고 한림고등학교 나왔고. 대학도
3학년까지 다녔습니다.

상당히, 첨 겪어보지 안헌 거는 말을 못합니다게. 학교, 중학교 강 공
부할 때도 요즘은 왕따렌 허카마씸(왕따라고 할까요?). "에이 저 폭도." 주
변에서 막 그렇게 얘기를 해부러마씸.

사상적으로 형님이 '폭도새끼'렌 해놓으니깐 언론도 도저히 못 할 거
고, 사는 건 공부밖에 없다고 했지요. 마침 5·16쿠데타가 나서 국가공무
원 시험에 합격해 상당히 일찍 공무원 들어갔습니다. 목포, 전남, 전북,
제주도에서 시험 봐서 120명 가운데 저 혼자 됐습니다. 그때 난 오기를
가져집디다게. '국가고시만 있어라. 있으면 붙겠다' 하는.

다행히 시험에 합격되니깐 제가 논문 쓴 것이 산림국 임업정책에 반영할 정도가 됐습니다게. 합격이 안 됐으면 그대로 그냥 대학 1년 더 해가지고 졸업했을 건데. 우리 동창들은 전부 학교 교편을 잡았는데. 그래가지고 공무원 생활도 오래 안 했습니다게. 10년 정도만 해가지고. 그 시절만 해도 저가 생각했던 공무원 위상이 아니라마씸. 상관에 대한 상납이나 잘허고, 이런 분들은 진급도 탁탁 되고. 저는 고지식해서. 제가 도청에 있었는데, 그 당시만 해도 저보고 청렴한 공무원이라고 할 정도였습니다게. '야, 내가 보는 건 이것이 아닌데, 그만둬야겠다'. 그만둬서 사업만 하다가 지금까지 이렇게 있습니다.

신원조회나 감시 같은 것? 저는 몰라도 헤십주. 저는 공무원 생활 10년을 그렇게 잘해도 도지사 표창 한 번도 못 받았습니다. 아무리 후배들이 "선배님 같은 분 없습니다" 했어도 도지사 표창 하나 못 받아서마씸.

4·3 때문? 다 경헤십주게(그렇지요). 저희 형님이 일찍 도청에 있었습니다. 양태수가 산에 가서 뭐 했다는 건 모르고 안 헤십주. 아주 몰라낫수다. 친한 사람도. 우리 형님이 그렇게 행방불명으로 올라간 것을 몰라십주게. 우리 숙부님도 그 당시 한림 면사무소 있었습니다게. 일제시대부터. 그때는 일제시대부터 공무원 한 사람들은 어떻게 이단시 돼부런마씸게. 해방되니깐 촌에서 면사무소는 누구든지 그렇지 안헙니까게. 경허고 저희 선친은 면사무소, 한림면사무소 지금 같으민 부읍장입주. 그 당시는 회계원인데 명월에 있을 땝니다.

지금 우리 아들이 대학교 다니다가 ROTC 지원해 있었습니다. 제가 그 당시는 공무원 했습니다. 공무원 할 때 사령부 방첩대에서 왔어요. 고향에 가서 저의 형님 이야기하니까 누가 "폭도 산에 강 죽었습니다" 이렇게 말한 거라마씸. 아, 그렇게 몇십 년이 가도 누가 이야기했는지 ……. 그래서 방첩대에서 와가지고 "왜 거짓말 했냐" 하길래, "아니 그때야 제주도 폭도라는 게 뭣을 폭도라고 하느냐. 폭도라는걸." 참 사실 설명해도 안 들어요. 저도 공채 시험 봐서 공무원 했고, 저희 사촌들도 다 시험 봐서 경찰관 들어가고 했는데, "아 그거까지 허냐" 그러니까.

겨우 살아계신 우리 사촌들도 공무원들이고 경찰관 했으니까 저희 아들도 ROTC로 임관하긴 헤십주게. 임관허곡. 또 저희 딸도 이제 지금 교편 잡다가 서울 가서 남편허고 해서 사는데, 우리 사위가 학교 교장입니다마는. 딸이 검찰에 들어갈 때도 상당히 문제가 있었습니다게. 워낙 머리가 좋아서 검찰 공무원 하다가 시집갔습니다마는.

해결할 일 많아

아직도 해결할 게 많이 있습니다. 제 경우는 그렇게 행방불명에 대한 것을 규명하긴 어려워도 유족이 어느 시점까지 자기네 유족이 희생된 건 아니까, 행방불명된 유족을 모아서 여기에 대한 대책도 해줘야 하지 않겠느냐. DNA검사? 유해 검사해서 시신만 나오면 된다는데……. 그걸 검사해서 시신만 나오면 되는데, 못 나온 사람에 대해서는 영원히 행방불명자로만 낙인해서 하지 말고, 이름을 좀 바꿨으면 해져마씸게. 희생자가 아니라 행방불명자라 하는 것은 듣기가 참. 이런 것도 연구를 해야 할 것 아닌가마씸. 행방불명이라는 말 말고 어떻게 좀…….

난 지금도 4·3에 대한 기록은 모아 있습니다. 신문에 나온 거 상당히 많이 모아 있습니다. 전에 것도 모아 있습니다. 저가 뭐 그냥 신문에 4·3에 대한 기사 난 건 그자 근간에는 이젠 완전히 뭐 되부니깐 그렇지만 4·3 기록헌 신문 난 건 전부 다 카피해서 놔뒀수다.

올해는 대통령까지 오니깐 한 풀었습니다게. 국가 원수가 이야기해 주니깐. 이런 건 안 당한 사람은 아무리 말해도 모릅니다. 피해를 본 사람들은 이제야 한 풀었다는 말이 나옵니다. 하여간 대통령 잘 오셨습니다. 진짜 잘헌 겁니다.

연극 이야기

이상한 얘기 하나 하쿠다. 제가 중학교 다닐 때 농촌계몽을 하면서 연극 각본을 좀 많이 썼습니다. 농촌계몽 할 때. 중학교 때부터 시작해서 고등학교 때까지. 그때 처음엔 4·3이 안 끝날 때라마씸.

고등학교 갈 때는 4·3이 끝날 때고, 연극을 맡아십주. 연극을 하고. 저도 고향에서 청년회장도 하고. 우리 우에는 다 돌아가셔 부니까 그때 우리 갑장이었던 김○○은 육지에 가서 완전히 행방불명이 돼버리고.

그 시절만 해도 우리가 고등학교 땐 학생 신분으로 청년회까지 했습니다. 또 방학 때는 제주대학교 다니면서도 학생들 시켜서 이야기도 허게 허고. 하여간 뭐인가 모든 게 부정적으로만 보는 건 아니지만. 느끼는 면이 많이 잇엇주마씸. 공무원 생활하면서도 뒤에 배경 있는 사람은 좀 좋은 자리로 보내고. 공무원 생활도 실력으로 대결을 해야겠다는 생각해가지고 공부도 좀 했고, 그렇게 해집디다.

검악(금악)이니 상명리 넘엉 저 연극을 좀 해서마씨. 저지리인가 어디 가서 연극을 하는데 저 대사 중에 혁명이라는 말이 나와서마씨. 나는 나쁜 것이 아니고 그 군인, 제가 그 주인공 소위로 나왔고 상대는 인민군 아니꽈.

겐 제 대사 중에 '빨갱이'란 말이 나와서마씸. 경허난 그 연극 보던 사람이 "집어쳐라" 해서마씸. "왜 빨갱이라 하느냐" 거기가 산간부락입주게. 그땐 몰랐는데 지난 후에 내가 각본을 쓰면서도 '산폭도 새끼'라는 말을 들었는데 어떻게 내가 '빨갱이'라는 말을 썼는가 화가 났었지요.

사상적으로 어떤 좌익 느낌이 아니고 내가 그냥 그런 방향으로 많이 쓰게 된 겁니다. 그런 방향으로. 그래서 그런 것도 하나의 사회에 대한 반항이라고 하면 이상하지만 형님 교육을 받아서 그런 거 아닌가 하는 생각이 들어져마씸.

어렸을 때도 긍정적으로만 보는 건 모르겠는데 부정적으로 보는 면이 조금 많이 잇어마씸. 또 학교에서도 아이들 차별하는 것에 대해 좀 반항이 생깁디다. 대본에 그런 것도 좀 쓰고. 좀 성장해서는 신익희 선생 돌아가니까 우린 사라봉에서 학생들이 통곡을 했습니다. 아이고, 참. 이녁 부모가 죽어도 그렇게 통곡을 안 합니다. 이제 생각해보면 그 교육이라는 게 그런 거라 생각이 됩니다.

오용승

1941년 한림읍 명월 태생으로 고향에 살고 있는 그는 교사 출신이다. 모슬포에서 예비검속으로 희생된 형을 비롯해 아픈 가족사를 품고 있다. 1999년 가을부터 묘역을 정리하고 위령하는 일에 뛰어들었다. 예비검속 희생자들 가운데 "대신해서 죽었다", "명단이 없었는데 죽었다", "명단에 있던 사람은 몇 년 전에 자기 생을 다하고 죽었는데" 하는 이야기를 들으면서 2000년도에 본격적으로 따로 위령비를 세우고, 위령제도 지낼 수 있게 했다. 형으로 인해 고초를 겪었고, 경찰의 감시와 주위 시선을 느끼며 오랫동안 살아야 했다. 우여곡절 끝에 탄생한 만벵듸 유족회의 회장을 맡았고, 억울한 영혼들의 명예회복이 우선이라고 생각한다.

(채록일: 2007.9.20 | 채록 장소: 제주4·3연구소)

6

아직도 '장발장' 경감 같은 사람 있습니까

만벵듸 유족회장 맡은 이유

만벵듸 유족회장 맡게 된 건 묘역 때문이주. 묘역을 처음 만들어놓기만 하고 아무 관리도 하지 않고 내버린 거라. 곶자왈에다가 말이에요.

본격적으로 여기에다가 손을 붙이기 시작한 것은 1999년도 가을부텁니다. 전에는 어렸을 때 형님 때문에 어머니가 발버둥 치면서 우는 걸 봤어요. 그니깐 학교 다니다가 한림학교 있을 때, 그쪽에 관심을 가지게 되더라고. 그때가 4·3에 대해서도 활발하게 했던 때가 아닌가 생각이 들어요.

그때 교장선생님으로 모셨던 분이 조○○ 선생님. 한번은 제주시 한라체육관 쪽에 위령제할 땐가 거기서 조○○ 선생님이 사회를 보시더라고. 깜짝 놀랐어요. 그래서 학교에 와서 이야기하는 걸 들으니깐 4·3사건 희생자가 아니고 예비검속 희생자라는 말을 하시드라고.

모슬포에 가서 총살당했다 하니깐 '그런가 보다' 해서 지냈는데 일 년에 꼭 한 번씩 한림지서에서 와서 조사를 해요. 그게 정말 스트레스받고 정말 못 견뎌요. 직접 나한테 와서 물으면 좋은데, 나는 모르고 있다가 나중에 교장선생님이 "직원실로 와라" 해.

가서 이야기허는 것은 "너 어디 가서 무슨 일하고 다니느냐?" 이런 거 물어. "아니 제가 무슨 이야기를 하고 다닙니까? 시간 있으면 농장에나 가고 허는디" 허니까 "혹시 좌익이나 이런 활동한 사람 있지 않느냐?" 해. 그래서 나가 "그건 잘 모르겠는데 아마 큰형님이 한 거라고 생각은 합니다" 했지. 그런 걸 묻다가 돌아갔어.

그게 나한텐 굉장히 스트레스야. 그렇게 지내다가 교장선생님한테 나중엔 모슬포에서 죽었다고 들었지. 교장선생님이 사업관계로 열심히 돌아다녔어. 나도 이제는 윤곽을 잡아서 벌초 가보면 거기 그 안에 산 같은 것들이 있긴 있는데 봉분 몇 개만 벌초들 허고 가는 거라.

차차 알게 되는 과정에서 김○○이 쓴 책을 어떻게 해서 구하게 됐어. 그래서 더 뚜렷하게 알아서 '왜 똑같은 귀신인데 같은 날 같은 장소에서 시간 차이만 있는 거지?' 했어. 경헌디 저쪽 귀신들은 국회의원, 도의원, 기관장 모시고 성대하게 위령제를 지내는데, '우리는 위령제는 커녕 위령비도 못 세우고 뭐 이거 있을 수 없는 일이다' 해서 발 벗고 나서야겠다 헌 거라.

그다음부터 관심을 가지고 했어요. 그때 잡혀가서 희생된 사람들에 대해 하는 말을 사람들한테 들으니깐 "대신해서 죽었다", "명단에 없었는데 죽었다", "명단에 있던 사람은 몇 년 전에 자기 생을 다하고 죽었는데" 하는 이야기를 들었어. 억울하다. 이럴 수 있느냐. 그때부터 우리 집에 수차례 몇 사람 모였어요.

우여곡절 끝에 2000년 만벵듸 유족회

 그게 1999년도 가을로 기억해. 벌초헐 때, 열여섯 사람이 모였어. 그 사람들한테 "우리도 이렇게 가만히 있을 게 아니라 상황이 이렇게 돼가는데 우린 뭡니까? 이러면 안 됩니다" 해서 몇 차례 설득하고 한림까지 모셔가서 저녁 사드리고 허면 사람들이 "아, 50년 더 지났는데 되겠느냐?", "힘들다", "당신 혼자만 뛰어봤자 힘들다". 회의적인 이야기들만 했어요.

 그런 중에 백조일손 위령제 때 제가 참석을 했습니다. 참석을 해서 보니까 성대하게 했어요. 그때 오명수 씨가 마지막으로 하는 말이 한림 쪽에 희생자들이 있는데, 방치됐다는 얘기가 나와요. "거기서 대표자 한 사람이 왔는데 그 사람 이야기를 들어봅시다" 소개했어요. 그래서 나는 이야기를 했습니다. "우리도 같은 날 같은 장소에서 시간 차이로 희생됐는데 아무도 돌보는 사람 없이 버려져 있다. 이 '백조일손'이 부럽기만 하다. 위령비 하나만 세워줘도 원이 없겠다" 얘기했더니 즉시 누가 날 찾아왔느냐 하면 지금은 돌아갔지만 군수님이 찾아와서 "어떤 이야기냐? 자료를 가지고 있냐?" 그때까지 대강 자료를 드렸어요. 무슨 계장이 왔어요. 자료를 달라고 주니깐 "우리 한번 가봅시다" 해서 갔어요. "뭘 어떻게 하면 좋겠습니까?", "보다시피 곶자왈 아니냐?" 정비도 하고 위령비도 세우고 했더니, 군수님이 한림읍장한테 얘기를 내려서 미화원 70명을 동원해서 청소를 했지요.

 거기서 나온 게 몇 개 있어요. 청소를 했으니깐 위령비도 세워야 하는데 어떡하면 좋으냐? 하니깐 군수님한테 우리도 위령비를 세운다고 하니깐 "도와줄 테니깐 당신들 자료를 주라." 그때부터 발 벗고 나서서 그 희생자 명단, 위령 명단을 찾는 데 노력했어요. 그런데 조사가 다 안 되는 거라. 4·3연구소에도 몇 번 갔다 왔습니다. 그때가 1999년, 2000년 되기 전에 해결해야 될 거라고 해서, 강 무슨 제주일보사 기자가 있어요. 그 기자가 만벵듸에 대한 이야기를 썼단 말이에요. 그 사람한테도 전화해서 "희생자 명단 알 수 있는 대로 알려달라" 했더니 그 사람도 "자기도 예비검속에 의해서 희생된 건 알고 있는데 다른 건 잘 모릅니다" 해서 조사가 다 안 됐어요.

조사가 거의 다 돼갈 때 "봐주십쇼" 했더니 그때는 군의원 있을 때니깐 군에서 "금년엔 안 되겠다." 그 이야기를 듣고 쇼크 받아서 쓰러져서 일주일간 입원하기도 했어요. 재수가 좋아서 살긴 했는데. 다음 해, 2000년도에 본격적으로 위령비 세우고 위령제도 지내게 됐어요.

미화원 불러서 잡초 제거 작업하니깐 무덤이 47~48개. 47개에서 자꾸 왔다 갔다 하는 거야. 보니깐 원래 그 장소에 묘가 두 개나 있어요. 한 개는 원래 있던 거고, 한 개는 희생된 사람의 부인, 즉 밭 책임자. 제일 오른쪽이 김권호 모친. 해서 우리 희생단은 46개가 들어가 있습니다.

형님 묘다 생각해서 벌초

내가 어렸을 때 용수 형님은 고등학교 졸업해서 육지 가서 공부했어요. 그러니 벌초를 할 수 있는 사람이 나밖에 없었으니깐. 다섯 형제가 다 출타하고 없었어요. 어머니가 몇 번 가르쳐줬는데 "이게 형님 묘다" 생각해서 하라고. 묻을 때 보니깐 뼈가 한쪽으로 길고 한쪽으로 짧고 해서 맞춰서 했는데, "이 안에 형님 뼈가 있는 걸로 생각해서 벌초하면 될 거 아니냐?" 그래서 그때부터 위령비 세울 때까지는 둘이만 가서 하다가 이제는 공동벌초로 합니다.

그전에는 기껏해야 묘가 열 몇 개 정도. 보니깐 벌초하는 묘는 묘가 어느 정도 뚜렷하게 나타나는데 내버린 묘는 완전히 골총식으로 멜라지고(찌그러지고) 그래서 이거 내가 볼 땐 아니라는 생각이 들었지. "같은 날 같은 장소에서 같은 운명이었는데 어떤 사람은 누가 있어서 벌초를 해주고, 어떤 사람은 안 하면 안 되지 않느냐. 똑같이 합시다." 그래서 공동벌초를 하는데 그 경비를 지금 나온 사람들만 회비를 내서 하는데 그게 잘 안 돼요(웃음). 뭐 많이 나와 봤자 12, 13명 정도니깐.

위령제 경비는 거기서 나옵니다. 우리가 필요한 것은 벌초지요. 2, 3년은 처음 한 번만 했는데 당시 군수가 600만 원 2000년도에 주고 그다음 1000만 원 지원해줬지. 그분이 어떻게 하나 돌아본 모양입니다. 하루는 전화가 왔어. "그래도 지원해주고 잘해주고 했는데 당신들 그 묘들 개인 묘도 아니고 관리를 잘해야 될 거 아닙니까?" 내가 뜨끔했어. '다시 생각을 해야 되겠구나' 했어요.

가을에는 유족들 모여가지고 얘기했습니다. "지나가는 사람들이라도 볼 때 단정하게 '아, 깨끗하구나' 이렇게 해야 할 거 아니냐? 일 년에 세 번 정도 해야 할 거 같다." 그래서 장마가 끝나면 한 번 하고, 두 번째는 위령제 직전 일요일에 유족들 소집해서 하고. 가을에 한 번 하고. 세 번 중에서 한 번은 우리가 직접 가서 하고, 두 번은 사람들 사서 했지요. 일부 사람들이 "우리가 나와서 합시다" 했지만 "도저히 안 된다" 그래서 사람들 써서 하지요.

오시는 분들이 자기네 묘라고 하는데 내가 보기엔 20퍼센트는 믿지 않습니다. 왜 그러냐면 위령비를 세웠는데, 위령비와 묘 사이가 떨어져 있어요. 위령비 맞은편 오른쪽에 묘 세 자리가 있었습니다. "그 묘보다 뒤에 가면 안 된다" 해서 그때 떼어놓고 보니깐 묘 세 자리를 이장해버린 쪽으로…… '이장해버리면 좋지 않겠냐' 해서 옮기는 과정에서 파헤쳐 보니깐 묘 하나에 전혀 아무것도 없었고, 하나에는 뼈가 보통 이렇게 있어야(누워 있는 모습) 되는데 뼈가, 숫자가 더 나온 거야. 더 나왔어. 그런 거를 보고 믿지 않습니다. 또 하나, 안 믿는 것은 매장하는 과정에서 묘 8, 9개 임자가 안 나타나는 거야. 그래서 매장해놓고 8, 9개는 묻었는데 며칠 후에는 신도 사람들이 와서 그 소문을 듣고 "자기네 묘다" 허고.

그래서 그러면 묻을 때도 안 봤고 했으니 하나씩 맡아서 비석이라도 세우고 하자. 그래서 저걸 세와논 겁니다.

어려운 점

묘역 관리하고 유족회를 이끌어가는 데 어려운 점은 앞으로는 모일 일도 별로 없는데, 벌초만큼은 해야 될 거 아닙니까? 위령제를 지내야 하고, 벌초를 깨끗이 해야 되는데 그때 당시 김영훈 도의회 4·3특위위원장님이 전부 초대해서 브리핑을 했습니다. "사실 46기가 있는데 임자 없는 산이 스물둘이다. 그분들이 육지, 외국 흩어져서 벌초도 안 오니깐 기껏 열 몇 사람만 벌초를 하게 된다. 벌초 나오는 사람들도 나이가 많고. 이래서 도에서 관리비 정도는 해마다 책정해줘야 될 거 아니냐? 이게 가장 애로점이다" 했더니, "어느 정도는 생각을 해보겠다" 했는데 보니깐 쉽지가 않아.

거기에 자제분들 젊은 사람 몇 사람이 오는데 그분들도 우리 나이에는 직장도 없는데 뭐. 성역화하는데 욕심 같아선 더 하고 싶은데 쉬울 거 같지도 않고. 3년 전부터 사회단체 보조금 신청허라고 해서, 벌초나 위령제를 지내보면 가보니깐 알지마는……. 글쎄 필요한 걸 사달라고 했더니 첨엔 그게 안 된 거라에?

"이럴 수 있느냐? 64명 목숨이 돈 천만 원 값도 안 되냐? 이럴 수 있느냐?", "보니깐 백조일손이나 저 현의합장묘는 성대하게 했던데 이럴 수 있습니까? 64명 목숨이 돈 천만 원, 아니 오백만 원만 해주면 할 수 있는데 이럴 수 있습니까?" 해서 오백만 원을 책정해놓고 우리 한림에 양승재 위원님한테 "좀 힘써주세요" 했더니 가서 이야기했던 모양입니다.

그러니깐 당장 천만 원 나왔어요. 가만히 보니깐 우리는 같이 가자고 해도 같이 갈 사람이 없어요. 여기는. 처음 시작할 때는 우리 집사람까지 데려가서 "이 사람 유족회 부녀회장이다" 하고 이렇게 다녔어요. 같이 갈 사람이 없으니깐.

잘사는 사람들이나 유지급의 묘는 다 가져가 버렸기 때문에 더 어려운 거예요. 지금은 "그런 사람들도 한 몇 사람은 또 올 수 없느냐?", "아이고 오세요". 그게 쉽게 물건처럼 왔다 갔다 할 수 있는 게 아니니깐.

영혼들을 위해서 위령제 말고 굿이라든지 하고 싶어요. 부인들한테도 그런 이야기를 해왔는데 정말 하고파요. 근데 그게 만만치가 않아요.

이게 과학적으로 증명이 안 되는 얘긴데? 그 밭에 김권홍 씨라고 젤 뒤 오른쪽에. 그분이 딸만 있는데, 그 동생이 쫓기고 못살고 하니까 어디 가서 들어봤어요. 꿈에 아버지가 나타나서 "왜 내가 같이 있을려고 했는데 동 떨어지게 했느냐?" 그래서 그게 두어 번 꿈을 꾸고 나니까 정신적으로 불안하고 해서 다시 거기로 옮겼어요. 그래서 그 자리 맨 끝에 간 겁니다. 유족회 모임 같은 것도 잘하려고 시도했는데 잘 안 돼요. 뿔뿔이 흩어져 있어서.

후손들이 없으면 딸들이 해요. 거기 한 사람은 묘에 가서 제사를 지내는 사람이 있어요. 친정아버지기 때문에 8월이나 정월에 명절을 하려면 일가 다 온다고 하니깐 차라리 묘역에 가서 제사 지내는 거 같아요. 잘해요. 그런 사람들이 몇 사람 있습니다. 참 눈물겨워요.

위령하는 일 끝까지 할 일

조 교장선생 때문에 알게 됐지만 꾸준히 해야겠다는 생각이 든 거죠. 지금도 진상규명은 해야 한다고 생각을 하고 있어요. 그래서 내가 "가해자는 살아서 눈 번쩍 뜨고 있는데 이런 사람들을 정부에서라도 민간인 희생자에 대해선 잘못됐다고 해야 될 거 아니냐?" 그래서 그 일에 대해서는 살아 있는 날까지 할 수 있는 데까지 할 거예요.

이 일을 하면서 보람 같은 것은, 그렇게도 바라던 위령비를 세우고 위령제를 지내게 된 거야. 내가 정말 쓰러져서 죽을 뻔까지 했던 그 일, 살다 보니깐 참 되는 거구나…….

앞으로 바라는 거? 명예회복이 돼야 하고 유족들이 잘 뭉쳐서 관심을 가져주면 좋겠어요. 젊은 사람들이 관심을 가질 수 있도록 하고, 유족회 명의로 해서 장학금 같은 걸 주면서 키워서 앞으로 다시는 이런 역사가 되풀이되지 않도록 잘 이끌어갔으면 하는 겁니다. 이걸 정말 하고 싶은데……. 생각은 있습니다.

내년부터 섯알오름 희생터에서 위령제 합동으로 하면 좋은 점도 있긴 하지만 내가 보니깐 위령제를 준비하는 과정이 너무 힘들어서 더 서둘렀습니다. 위령제를 현수막 걸어주는 사람도 없고 허니까 하나에서부터 열까지 뭐 다 집사람이랑 준비하고 며칠 전부터 뛰어다니고 했어요. 젊은 사람 몇 사람들도 살기에 너무 바빠서 "알아서 해라" 하도 해가니깐 서둘렀어요. 수차례 젊은 사람들한테 맡겨보려고 했는데.

일본으로 간 큰형님

연좌제 피해? 우리 아이들이 학교 다닐 때니깐 별로 없었던 거 같고,

졸업했어요. 우리 외조카는 피해 봤어요. 누님 아들이 군대에서 정부 학교에 있다가 갑자기 딴 데로 불려났어요. 나중에 알고 보니깐 외삼촌이 문제가 된 겁니다.

명월에 계신 우리 누님은 우리 큰형님에 대해서 잘 알아. 학교는 안 허고 국민학교 운동장에도 못 가봤지만 76세라도 「명월의 노래」 유작인데, 그거를 또렷이 기억했다가 우리한테 들려준 거 보면 참.

결혼은 일본에선 안 하고 여기서 한 걸로 아는데. 형수님은 우리랑 같은 동네. 게난 일본에서 동네 사람이고 허니깐 돌아와 결혼한 모양입니다. 형님 일본에 계실 때도 난 일본 구경도 못 했고, 우리 용수 형님은 갔다 왔지. 갔다 왔다가 잡혀가났어요. 일본 가게 된 거는 내가 확실히 알아요.

추운 겨울날 고려대 농업경영학과 졸업하게 되니깐 형님헌테 담당교수 허는 말이 "학위를 받아오면 조교수로 써주겠다" 해서 우리 가정 형편으론 도저히 안 되니깐 일본에서 공부하고 학위 따서 오겠다고 한 거지요.

그때 지금 생각해보면 교대가 빨리 모든 걸 해결할 수 있어요. 교대에선 전부 학비로 해주니깐.

피해

내가 고등학교를 5년 만에 들어갔어요. 일 년 동안 서울에서 공부해서 서울에 갈까 했는데, 이건 도저히 서울교대는 안 되겠고. 인천교대도 지원했는데 안 돼서 "제주교대 가라" 해서 형님하고 헤어졌어요.

근데 몇 개월 후에 형님이 갑자기 나타났어요. "왜 왔냐?" 안 물어봤는데 하는 이야기가 "너마저 와버리면 되느냐? 어려운 가정에서 어머니 고생하고 하는데 다 나와버리면 어떻게 하느냐? 너만큼은 고향에 들어가라" 하니깐 들어가려는데, 얼마 안 있어서 처음 2학년 때 교생실습 나갔더니 어떤 사람들이 와서 데려가는 겁니다.

그래서 북교 근처 같은 데 데려가서 물어보는 거예요. 난 그때 모르고. 조사받고 자취하는 방에 와서 보니깐 완전히 뒤죽박죽이야. 그 후에는 다시 친족 소기에 갔어요. 그때는 특별기 편으로 나 혼자 탔어요.

형님 들어가니깐 나도 연관이 있는가 해서. 그때 형님은 붙잡혀 있을 때고. 그때 우리 집은 완전히 패가망신. 동네에서나 일가에서나. 그때는 군사정부 때니까 간첩 하면 뭐 헐 때 아닙니까? "동네에서나 어디서나 간첩 집안이다" 해서 재판이라든지 하려고 하니깐 돈 필요했는데 가까운 일가 사람들도 돈 안 꿔주더라고요. 간첩 집안에 연관이 됐다 해서.

그때 연관된 사람들이 누구냐 하면 양○○, 홍○○ 같은 거물급들. 그래서 과거사위원회도 위원회지만 국가인권위원회도 이 사건에 대해서는 다시 조사해야 합니다. 그래서 그다음에 전부 그 관련된 사람들은 무죄로 나왔지요.

우리 형님도 보니깐 텔레비전에 나오던데.

면담자: 그때 세 분이, 조천 한 분, 제주교대 교수였던 분, 그다음 형님 세 분의 사연들 해가지고 나온 거 봤습니다.

현대판 장발장?

왜 제가 학교 교장으로 진급을 안 하고 뎅겼느냐면, 물론 출발을 늦게 했습니다. 가정형편이 그러다 보니까. 국민학교 1학년 때 소개 가서 2년 살아서 올라왔으니까. 2년 공백이 되다 보니까 그랬지요. 그다음에 중학교 제대로 못 가서 1년 놀았고. 고등학교 못 가서 1년 놀았고. 고등학교 졸업해서 3년인가? 놀다 보니까 한 5년 공백이 생겼는데 '늦게 시작해서 내 후배들이 교장, 교감이 될 땐 나 그만둔다' 이런 생각을 가지고 있었는데, 또 신원조회, 이래서 '그만두자. 당최 어디 이런 직장은'. 그러던 차에 마침 당시 이해찬 교육부 장관이, "나이 많은 사람은 그만둬라" 하고. 정년 줄이고 하지 않았습니까? 그때 '아이고, 잘됐져. 경 안 해도 나 그만두켜(그렇게 하지 않아도 그만두겠다)' 했던 거지요.

한림에 강 누군데? 그 사람 순경으로 있었구나. 근데 자꾸 그 사람이 나에 대해서 동네 사람들한테 물어보는 거야. 자꾸. "오용범 동생" 하고. 동네 사람들이 그 말을 할 때마다 나는 '야, 형 때문에 정말 미치겠네'. 그래서 우리 형님도 그 사람 직접 만나서 대판 한번 붙었다고 했습니다. "왜 오용범이 잡아먹지 못해서 그러냐?"

그 경찰은 지금도 살아 있지(웃음). 게난 나도 그 사람 알고, 그 사람도 나 알아도 인사는 안 하죠. '장발장'에 누게우꽈?(자베르 경감을 뜻함) 끝까지 쫓아다니는 인물. 그렇게 그 생각만 막 난다고. 지금 살아계셨으면 89센가 될 형님하고, 자식이나 마찬가지 될 사람인데 나하고 무슨 관계가 있어서 그러는지. 일제시대에 그 생각을 가졌던 사람하고, 현대 교육을 받은 사람하고 뭐가 있어서 그러는지. 그 사람은 그 사람이고, 나는 난데 그 사람으로 인해서 우리한테까지 그렇게 할 이유가 뭐냐 하는 생각입니다. 그런 사람들 보면.

소년의 고통

—

임공창

1936년생인 임공창은 4·3 시기 국민학생이었다. 대부분의 친족들은 모슬포 동광리에 살았기 때문에 많은 피해를 입었다. 당시 한림국민학교 6학년생이었던 그는 한림중학생 4명을 군인들이 전교생 앞에 묶어놓고 교정에서 가격을 하던 소리를 반 아이들과 함께 들었다. 또한 한림 농협 위밭에서 한 사람을 쏘는 장면을 목격했다. 작은아버지가 모슬포 예비검속 사건으로 희생당했다. 한 구덩이에 파묻힌 시신 중에서 금니(치아)로 신원을 확인해서 찾아내고 초상을 치렀다. 사상이 뭔지도 모르는 사람들을 죽인 것은 너무나 억울하다고 말한다.

(채록일: 2008.10.20 ㅣ 채록 장소: 한림리 자택)

1

한림중학생 네 명
전교생 앞에서 가격했어요

제가 한림국민학교 6학년 때입니다. 중학교 들어가기 전에 4·3사건이 났습니다. 그다음 해인, 1949년도에 중학교 들어갔으니까, 6·25 땐 제가 중학교 2학년이었습니다. 그때 분위기는 어릴 때니까 잘 몰랐어요. 4·3이 터진 거는 어떻게 아느냐면, 아마 1948년돈가 보리가 익을 때쯤 됩니다. 겐데 우리가 저 동네 살았어요. 한림 면장이 김일욱 씨라고 있었습니다. 그때 그분이 우리 동네 살았는데, 밖에서 칼을 맞았어요. 칼 맞아 죽었어요. 그때부터 '아, 이제 사건이 일어났구나'. 어린 마음에도 그게 감지가 됐어요. '이거 뭔 일이 났구나. 오죽하면 면장님이 칼을 맞았나'. 밤중에 지나가는 행인이 목격헌 겁니다. "칼 맞았다" 해가지고, 보니까 면장님이라. 이게 이곳 4·3의 시초랍니다.

보리 익을 무렵

또 보리 익기 전이구나. 보리 익어갈 적에, 그때 한림에 습격이 들었습니다. 두 시간 동안 아마 지서 성 쌓았는데 순경 네다섯 명허고 그 총, 엄청난 총격전이 붙었어요. 우리는 이불 쓰고 집 안에서 누워서 죽는가 해 있었어요.

여기서 기관총 갈기고 총도 갈기고 해서 두 시간 동안 어떻게 했는지 아마도 경찰 기동대하고 모슬포에 주둔한 9연대가 있었는데, 그게 지나가다가 폭격을 하니까 퇴각한 거 아닙니까. 그게 한 번 있었고, 이것이 4·3 시초였거든요.

그래서 그해 한림에 얼마 없어서 소개가 내렸지요. 2000미터(해안선 5 킬로미터 적성지역으로 간주한 것) 우에 사는 분들 다 소개령 내리지 않았습니까? 그래요. 그게 4·3 시작이지요. 4·3이 나온 게. 한 2, 3년 끝은 걸로 생각됩니다.

농협 위서 학살 목격

국민학교 다닐 때 선생님들 성함은 잊어부런. 제가 소학교 3학년 때 해방이 됐으니까. 일제 패망으로 해방됐으니까.

사건 터지니까 처음엔 학교도 다닐 둥 말 둥 했어요, 그게 아마 얼마 없어 나중엔 여기 이제 2연대가 주둔해서 사름덜 잡아다가 안에서 막 취조하고 심하게 했어요. 농협 뒤에는 사형장이었습니다. 그니까 우리가 공부할 적에 잡아가서, 기관총을 갈겨서 죽이는 걸 목격했으니까. 내가 교실에 앉아서…… 그 당시는 농협 외엔 집이 없었거든요. 국민학교에서는 먼 디까지 다 볼 수 있어요. 그니까 그 밧(밭)이 지금 뭐냐면, 농협 우(위)에다가, 아마 집은 안 지었던 걸로 봅니다. 이게 이렇게 비스듬한 밧인데, 거기다 세와놓고 죽이는 걸 제가 목격했거든요. 우리 반 애들도 다 보고.

어떤 사람들이냐면, 지금 생각하면 군인들이 잡아다가 용공분자라 해가지고 죄 없는 사람은 석방시키고, 죄 있는 사람은 막 죽인 걸로 봐요. 그래도 억울허게 죽은 사람도 그 안에 있을 게고.

우리 제주도, 우리 제주도에 왜 이런 큰 사건이 발생했는지, 난 이제도 이유를 모르겠어요. 육지에 하고 많은 데 내버려 두고. 물론 여수, 순천 군인들 사건도 있었는데. 제주도도 군인이 많이 있었지요. 이건 남로당의 폭동이다 해가지고. 것도 반은 맞는 말이 아닌가 해요. 그중에 광주사범이다 일본대학이다 명치대학이다 공부한 사람들이 중학교 선생을 하다가 4·3 나가니까 막 피해서 말이야. 굉장히 일본에 많이 넘어갔거든요. 왜냐면 이거는 우리 제주도의 배운 지식인들이 남로당원이 많았거든요. 거 동조를 한 겁니다. 그니까 그분네는 속아 넘어간 겁니다. 죄 없는 사람들이. 난 그렇게 생각을 해요.

한림중학생 네 명 전교생 앞에서 가격

그니까 중학생 네 명을 전교생 앞에 묶어놓고 교정에서 가격을 했다 말입니다. 우리 형, 우리 형님네 중학교 다닐 때, 전 국민학교니까 잘 모르지만, 국민학교 6학년에 있었어요. 중학교도 같이 있었는데 중학교는 좀 떨어져 있었어요. 지금 없어졌습니다만. 거 총소린 들었어요. 다 죽은 거예요. 중학생인데. 죄가 있었는지 건, 아, 저로선 모르겠어요. 죄 없는 사람들이…….

우리 저 7촌급 친족들은 호에도 안 올랐어요. 호적에도 못 오른 어른입니다. 화전이에요, 화전민인데 마누라도 없고 자식도 없고, 굴에 강 숨었는데 듣기로는 그 동네 사람한테 죽었다고 합니다. 고인이 됐지만, 듣기로는 그분은 어느 굴에 숨은 걸 군인이 잡아다가 "이건 폭도다" 해가지고 국민학교에 붙잡아 와서 죽도록 두드리고, 사형시킨 거예요. 듣기로는.

그분 성함이 임원칠 씨, 우리 저 7촌급인데. 이분은 아무것도 모릅니다. 공산주의도 글도 모르고. 이런 분이 어떻게 용공분자 노릇을 하겠어요? 그런 분도 많죠.

반면에, 이걸 교사한 사람도 있어요. 배운 사람들이, 공산주의 아는, 막스, 레닌 아는 사람들이. 전 그렇게 생각합니다. 제주도 사람 다 억울하다는 건 아니에요. 정부에선 "용공분자를 가리라". 지금 이제 이렇게 나오죠. 가려야 됩니다.

학련

학생들 사이에서도 학련이다 뭐다 그런 것이 아마 있었던 거 같습니다. 제가 보기로는. 학생들도 교사받아서, 선생님이라고 배운 사람한테. 아, 공산주의 이념을 배운 거 아닙니까. 그러면 나 이거 이 운동을 실천하자 해서 나온 게 우리 피해를 당한 거 아닙니까. 그니깐 나 말은 뭐냐믄 배운 사람이 많다 이거거든마씸. 못 배웠으면, 공산주의 이념을 몰랐으면, 이거 애당초 가입 안 한다 이 말입니다.

공산주의? 뭘 압니까? 글도 모르는, 하늘 천, 따 지도 모르는 사람이 어떻게 압니까, 허지만 우리 제주, 제주 사람들이 대다수 배운 사람들이 교사를 한 거예요. 이거 이 공산주의 좋다. 넘어간 게 불쌍한 글 모른 주민들입니다.

그땐 스물다섯에 중학교 들어간 사람도 있었거든, 한림중학교는. 근데 그분들은 책을 읽으면 납득이 가거든요. 그렇지 않습니까. 막스, 레닌 책 읽으면 납득이 가거든요. 아, 그러면 "와, 이거 주인이 이거 공산주의니 이거 좋은 주의야. 돈 없는 사람은 이 주의를 택해야 된다". 이렇게 해서 걸 터득한 다음에는 자기가 실천을 한 겁니다. 외부에도, 거 포섭을 한 거예요. "이건 좋은 사상이다", "이 공산주의를 해야 우리가 산다 앞으론". 이렇게 나가게 한 거 아닙니까. 그렇게 해서 학생들을 왜 죽였는지 모르겠어요. 학생 몇 명을 죽였다는 건 전 잘 모르겠어요. 그 학생들이 나한테 3년 선배들인데 교정에서 참, 거 묶어놓고 2연대 군인이 갈겼거든요.

죽여서 가마니때기 딱 씌워 내부렀다 합니다. 애월중학교는 장운생 교장선생님이라고 해가지고 여러 학생들을 살렸는데, 한림중학교는 4명을 죽인 거예요. 왜냐믄 교장이 이북 선생이었단 말입니다. 게 "죄잇이믄 죽여라". 이래 죽였단 말이요. 들은 말로는.

그러니까 장운생 교장선생님은 애월분이니까, "왜 교내에서 일어나는 건 교장이 잘못이지, 학생이 잘못이냐" 해가지고 살렸다 합니다. 그런 말도 있어요. 그러니까 억울하게 죽은 학생도 많고. 그러니까 배운 사람들이, 우리 제주 사람, 배운 사람들이 교사를 한 거예요.

거칠었던 이북 선생들

그러니 조천읍에 피해가 많거든. 그렇지 않습니까. 북촌 같은 데는 뭐 어디 교정에 모아놓고 그냥 갈겼다 합니다. 이러니까, 이런 경우도 있었거든요. 그냥 배운 사람들 선동에 넘어간 거예요. 배웠으면 교사 하지 말고, 다른 걸 했으면 되는 건데.

2연대 군인들이 한림국민학교에 주둔해가지고 군인들이 왔다 갔다 하는 건 볼 수 있죠. 그때는 군인들이 거칠었어요, 이북 사람들, 우리 제주도에 와가지고 아주 거칠게 놀았거든요. 선생도 그래요. 우리 중학교만 해도. 1949년 들어가면서 이북 선생님이 한 네 명, 전부 엄해요. 사람들이 거칠엇주마씸.

미군들, 경찰관들, 군인들 못되게 놀았죠, 들은 바로는. 어떵 무신 일 뭐 트집 잡아서 거 막 때리고 그러고. 그런 일이 허다 있었다 합니다. 나는 그때 열두 살, 열세 살 때니까 잘은 모르지만 이제 생각해보면, '아, 그때는 아주 못된 짓을 했구나' 서북평민이라 해가지고 지금 평안도를 말하는 거 아닙니까. 서북이라고 하면은. 그 사람들이 순한 사람들이 없었어요. 다 거칠었거든. 사람들이.

이 서북경찰들 온 다음에 우리는 뭐, 난 농민의 자식이라 신변의 위험까지는 몰랐습니다. 우리 집안에도 왜냐면 아까 말한 7촌분이 안덕면 동광에 살기 때문에. 우리 할아버지도 동광 살다가 백 몇 년 전에 한림 와서 살았어요. 우리는 한림 본토박이가 되고, 이분은 동광 그냥 살아서 피해를 당한 거죠. 우리는 임칩(임 씨 집)이라고 해가지고 피해를 많이 당했습니다. 동광이 많이 당했어요. 한두 사람 아닙니다.

동광리 5촌 임문숙 형 산증인

임문숙? 우리 5촌 형입니다. 그분이 산증인, 증인입니다. 그분이 이제, 그분도 동광 살다가, 어머니, 마누라, 가족이 다 서귀포 정방폭포에 가서 그냥 죽어 시신도 없는 거를 '헛묘' 한 겁니다.

게니까 그분이 산증인이고, 동광 가면 김여수 씨라고 그분도 방송에 자주 나와요. 산증인이거든. 한 일흔 여든, 아홉쯤 났는데. 그분이 아마 증인될 겁니다.

그분한테 들어야 돼. 산증인으로 난 생각합니다. 문숙이 형님은 여기 온 지가 막 오래돼가지고. 그분도 구사일생으로 살았습니다. 정말로. 잡혀서 누가 조금 석방운동을 해줘가지고 그분도 간신히 살았주. 안 경혜 시민 흙 돼불 사람인데. 그래서 지금은 여든세 살인데 살고 있습니다만. 헌데 그분 고생 많이 했어요.

한림 소개 후

한림 그때 사건 나고 이제 소개 내려오는 사람도 많이 있었죠. 거 2000 미터(해안선 5킬로미터)? 우에 있는 사람은 다 소개시켜 불을 다 질러버렸거든요. 그니까 이제 갑자기 소개령을 내리니까 가질 것 다 못 갖고 내려왔죠. 근데 식량은 어느 정도 지고, 구루마(마차)에 싣고 내려온 거 같은데. 그때는 어릴 때니까 나도 잘 모르지만, 그런대로 보리죽도 먹으멍 살다시피 했죠.

집이 없으니까 남의 집 방 하나 빌려서. 쉐(소) 외양간 있으면 외양간 고쳐서 사람 살게끔 해서. 이제 목숨만 건진 거죠.

우리 집에도 금악에 우리 어머니 편으로 친척이 할머니, 할아버지와 살았죠. 살다가 나중엔 "올라가도 좋다" 해서 허가령이 내리니까 올라갈 수 있었지만. 우리 집에도 방 하나, 저쪽 동네 살 땐데, 방 두 개 비워 본 적이 없어요. 다 소개민이 살아가지고. 그분들 친족인데, 길에서 잠을 자라고 할 수 없어가지고, 방 다 내줬지.

소개해 온 사람들 중 2연대 군인이나 경찰한테 끌려간 사람? 소개해 온 사람들 중에서도 조사하다가 끌려간 경우도 있는 걸로 보거든요, 그분도. 조사하다가 누군가 밀고해서, 그 사람 혼자 하면 뭐 끌려가서 그 길로 돌아오질 않았으니까. 이런 판국인데……

너무나 잔인하게 취조받고 총살

내려오라 해서 내려온 사람들인데 조사하고 잡혀가서 죽은 사람이 한두 사람이 아니었거든. 끌려간 사람들은 다 군 주둔소에 가서 취조받는 거. 그런 사람이 많이 있는 거 같습니다. 왜냐면 그 당시 한림 1중대는 지역에 2연대 1중대 들었는데, 여긴 한림국민학교 관할이니까 아마도 애월, 한경, 한림 방장이 아닌가. 연대본부는 또 제주시에 있었고. 그래서 그 본대 가서 조사받고. 거기 끌려가서 죽은 사람이 허다해요. 또, 운이 좋은 사람은 석방돼 나온 사람도 있었고.

끌려가 취조받고 죽는 사람들은 1중대 관할. 거 사형장이나 마찬가지니까. 여기저기 끌려가서 누군가 지적하면 죽는 거예요. 이렇게 보니까 이 새끼줄 하나로 묶어가지고 줄줄이 앞뒤로 숲 있는데 몰아가서, 일일이 일렬종대로 세와가지고 그냥 총 쏘는 걸 봤거든요.

'아, 이거 잔인하다.' 난 어릴 때부터 그렇게 생각했거든. '이렇게 잔인할 수가 있느냐. 저분들이 무슨 문제가 있는고.' 이제는 일흔이 넘어 뭐 황혼기에 접어들었지만, 지금 와서 생각해도 어이가 없거든요. 무슨 죄가 있어서 저렇게 죽여. 여자고 남자고. 여자들이 공산주의에 대해 뭘 압니까. 아, 어른들이 보기만 해도 알 거 아닙니까. 그분 얘기만 들어보면 알아요. 이분 학식이 있는 분인가, 없는 분인가. 그런 사람들을 일렬종대 세워놓고 그것도 아니고 기관총으로 "다다다다다" 갈겨 죽이는 거예요.

계절은 잘 모르겠어요, 왜냐면 여기 한 2년쯤 군인이 주둔해신가 아닌가 그렇게 생각이 들어서. 근데 우리가 중학교 올라가자마자, 그 군인들 어디로 철수했는데. 그다음에는 한라산으로 산사람들 다 올라가니깐 군·경·민 합동으로 토벌을 가한 거예요. 토벌을. 점점 끝에 가서 산사람들 많이 죽기도 했지만. 그때부터 토벌 시작한 거.

경찰 지휘하의 토벌에 대한 생각

난 그땐 어릴 때니까 토벌 안 가죠. 우리 집은 아버지도 일제시대 전쟁 중에 돌아가셨으니까, 어머니만 있어서 토벌 갈 사람이 없었거든요. 형도 중학생이었으니까, 없었는데 그냥 어른이고 남자면 다 토벌대로 가고, 한라산에 올라가서 군인 지휘하에, 경찰 지휘하에 토벌한 걸로 봅니다. 그땐 토벌을 많이 했거든요.

그냥 마을에서 차출을 하거든요. 청년들을. 우리같이 나이 많은 사람은 뭐 가봐야 쓸모가 없으니까 청장년들 동원해서 이건 의무적이다 해가지고 토벌한 걸로 봅니다.

선전용 삐라? 그건 본 적 없습니다. 어릴 때니까 그런 거 보면 무슨 의미 압니까. 그때 한글만 공부할 때니까 모르죠.

근데 그르후제 『태백산맥』 같은 책을 봐가지고 대강 '아, 이렇구나, 전라도도 이런 곤경을 당했구나' 한 걸 알아서 오늘도 이렇게 답변을 하는 거지, 거 모르면 답변을 못 하지 않습니까. 저 들은 기억들은 풍월, 삼개 풍월이라 해가지고 하는 건데, 하여튼 피해는 참 컸죠.

예비검속에 작은아버지 희생

마지막 검속이 1950년돈가. 그때 마지막 검속해가지고 모슬포 송악산에 가서 죽였다는 말이 있거든요. 한림읍 사람들이죠. 멀면 아마 한경면일까 애월면일까 하지만. 내가 한번 여기 올라가서 비석을 보니까, 우리 작은아버지가 그날 돌아가셨는데, 마지막 예비검속으로. 그 이후에는 사형당허거나 그런 법은 없었죠. 그때는 이제 4·3이 정리가 됐으니까 그게 마지막 예비검속이죠.

내가 중학교 1학년 땐가 기억이 나요. 작은아버지가 끌려가서 모슬포 송악산 구덩이에 파묻혔다 해서 그걸 어머니가 가서 찾아냈어. 난 안 갔지만. 우리 어머니가 가서 찾은 게 기억이 납니다.

이제 가서 보니까 그분들이 요 우로 올라가면, 또 우리 한림읍 사람이 60명이던가, 송적비를 세웠는데, 그 비석을 보니까 우리 중학교 선생님 두 사람이나 돌아가 부럿어요. 우리 선생님도. 다 한림 사람들이거든. 나 비석을 봐가지고 그 몇몇 사람 이름, 내가 아는 사람을 봤지만 거기 우리 선생님도 있었죠.

어머니가 시신 찾으러 갔는데 어떻게 찾았냐면, 우리 어머니가 우리 시아주버니는 일본에서 금니를 박았다는 걸 생각해냈어요. 앞니 쪽에 금니가 있다. 이걸 목표로 해서 찾은 거 같애요. 우리 작은아버지는.

다 찾아왔죠. 찾아와서 그 당시엔 그냥 묻고 그랬는데 다 찾아왔죠. 작은아버지 봉분에 있습니다. 두어밧듸 묻었다가 철리(묏자리를 한 곳에서 다른 곳으로 옮기는 일)해다 공동묘지에 묻었어요. 작은아버지가 나이는 서른다섯에 돌아갓주만, 참 억울하게 돌아가신 거지요.

작은아버지가 남의 모함을 당했는지 그 가입을 해서 활동을 했는지 나로서도 종잡을 수가 없고, 어릴 때 일이라 잘 모르니까. 가서 60명 돌아오지 않아서 이상하다 했어요. 근데 어느 날인가 한 구뎅이 파가지고 죽여서 묻었다고 허는 겁니다. 좀 있으니까 "찾아가라" 해서 어머니가 가서 찾아왔지요. 그래서 이제는 저녁에 초상 치르고 성복제도 한 기억이 나요. 내가 거기서 파다가 관장한 걸로 봅니다.

작은아버지 때문에 연좌제 피해를 당한 건 없었죠. 작은아버지는 작은아버지고 나는 남이니까. 헌데, 뭐 우리 집안에도 작은아버지 하나뿐이고 나머지 친족들은 다 동광에 살아서……. 동광분들은 피해가 많았거든요.

맨발로 고산까지 갔다는 세 살, 다섯 살 조카

동광 소식? 동광은 솔직허게 말하면 들으나 마납니다. 한 가족이 세 넷도 잡아다가 죽여분 판인데. 지금 살아 있는 사람이 한 몇 있습니다만. 다 죽였는데 뭐. 그 당시에 엄마, 아버지 죽어부니깐 세 살, 다섯 살 때 맨발로 고산까지 갔다는 우리 조카애도 하나 있었고. 여러 가지 있었죠. 하난 죽고, 하나는 살아 있고. 하나는 죽었는데. 그러니 많죠. 뭐 전멸하다시피 했거든요, 우리 문중이.

왜 동광이 싹쓸이당한 건지. 거야 모르죠. 우리 아저씨는 한림으로 와서 죽였는데, 왜 한림에서 죽였냐 허민 알(아래) 동굴에, 알 동굴에 들어가 숨어 있는 거를 1중대가 잡아서 한림읍으로 내려오고. 웃 동굴에 문식이 형님네 가족 숨었다가 아마도 3중댄가 어딘가 남군 관할이죠. 당장 그 중대서 잡아서 서귀포로 잡아가고. 아니면 한림으로 잡아올 것을. 이런 거 같애요. 이제 우리 아저씨는 알 동굴에 숨으니까 1중대가 잡아다가 아마도 그냥 여기서 죽음을 당한 거 같아요.

알 동굴이 어딘지 모르죠. 저 어둡기 전 1년에 한 번 벌초 갈 뿐. 동광이라는 데는 별로 다녀보질 못하고, 친족이 많다는 말만 들었지. 저 할아버지, 아버지 여기서 낳고, 나 여기서 낳았으니깐 우리 완전히 한림 본토박이거든요. 120년도 더 되거든요. 할아버지 오신 지가. 그러니까 동광 실정은 잘 모르죠. 친족들 얼굴이나 이름은 알지만, 그니까 동광에 딱 한 사람 살고. 지금은 안 삽니다, 우리 친족들이. 다 제주시나 서귀포나 다 뿔뿔이 흩어져 가지고 살죠.

이제 4·3이 뜸해졌다고 생각한 것은 1951년 정도. 그때까지도 폭도가 한라산에 살아 있다는 소문도 있었지만 그때는 어느 정도 질서가 잡힌 때죠. 이때부턴 다 자기 부락에 올라가고 이제 집, 뭐 움막 닮은 집 지어서 집을 다 불태워부니까, 집을 짓고 들어가서 살기 시작한 거죠.

그때쯤 되난 좀 편안하지, 우리야 농민 자식이난 부모님이 돈 주면 이제 학교나 가고, 그래서 공부 안 하면 제주시 가서 공부도 하고. 그래 편안했죠 뭐. 국민학교 죽 뎅겼죠.

공부는 그런 난국에다가, 사람 죽어가는데 공부가 뭐가 필요 있겠어요. 다만 학교 가고 그 정도였죠. 근데 2부제라 해가지고. 2부제로 공부헌 기억이 나거든요. 왜냐면 교실을 군인이 점거하기 때문에. 군인 숙소, 군인 사무실, 취조실, 이런 걸로 썼기 때문에. 학교가 될 리가, 공부가 될 리가 있어요? 없죠. 그니까 2부제로 해서 공부한 기억이 나거든요. 우리 반에 한 60명 정도 될까, 건 확실히 모르겠어요. 여자반이 있고, 남자반이 있고.

고등학교는 제주농고 진학했어요. 그 학교가 제주에선 젤 첨이니까 뭐 있어야지. 늙은 하르방 공부해봤다고 헌들 뭐합니까. 거기서 어린 사람들이야 4·3이 이렇다 저렇다 할 건덕지가 없거든요. 자기네 집안에 피해가 없었으니까 그렇게 그런 말할 건덕지도 없고 아는 바도 없고.

고등학교 들어갈 나이가 되니까 완전히 이건 기세가 잡힌 거야. 이건 뭐 산사람들이라는 건 완전히 전멸하다시피 했어요. 내가 1953년인가 1954년인가 고등학교 들어가니까 완전히 질서가 잡힐 때거든요.

졸업하고 또 그 웃학교 조금 다니다가, 학교병 입소해서 군인 간 거죠. 1957년에 갔나.

강원도서 군 생활

완전히 학도병은 아니지만 강원도로 가 있었죠. 군인 가서는 전라도 아이들 여수·순천 아이들도 있고. 걔네는 우리보단 더 피해가 크지 않습니까. 여수·순천 반란사건은. 심지어는 여학생이 다 칼빈총 잘라서 치마에 숨겨가지고 다니니까.

군인 가서도 우리 제주 출신이 똑똑하긴 했죠. 어디 가도 요망지고(똑똑하고). 무식한 사람도 없고. 여기 육지 사람들은 가면 글도 모르는 사람 있어요. 제주 사람들은 대강 다 글은 알고. 큰 공부 못 한 사람뿐이지, 문맹자가 드물었거든요. 어디 가도.

4·3을 생각하면, 억울한 사람은 억울한 사람끼리 우리가 생각해줘야 되고, 피해를 준 사람은 피해를 당헌 사름덜 생각을 해줘야 하지 않습니까. 배운 사람들이란 말입니다.

친족 다 가물어버렸어

4·3평화공원은 아직 못 가봤습니다. 아들 제주시에 사는데, 언제 봐서 "아버지, 제가 가보겠습니다" 해도 바쁘니까 못 가봤는데, 거기 우리 아저씨 이름이 올랐는가 안 올랐는가 그건 한번 강 확인하고 올 참입니다. 지금 제사를 하나 안 하나 그 파(혈족의 무리)가 완전히 다 가물어부니까 누구 하나 거들어볼 사람이 없습니다. 정말로 불쌍한 분입니다.

이분 제사? 안 하죠. 누구 흔적이 없으니까. 우리 할아버지가 네 형젠데, 웃 할아버지가 네 형젠데 이제 두 파가 완전히 가물어버렸거든요. 두 파가 죽음을 당한 겁니다.

나도 이걸 하지 말자 한 이유가, 문직이 형님이 신청서를 갖고 와서 이 사유 초안을 짜는 걸 제가 해줬습니다. "아시(동생), 영영 헴시메 영영 이거 초안을 잡아보라(이거 이렇게 하고 있으니까 어떻게 초안을 잡아봐라)", "예, 알앗수다" 허연. 우리 동광 가족은 제가 대번 초안 짜줬습니다. 그래서 "아시도 신청허라" 했거든. "이만저만해서 원칠이 아저씨 있는데 이제 내불 거냐?" 이렇게 나온 거라. "아, 난 안 허쿠다 안 허쿠다 이제", "경혜선 안 된다" 해서 부득불 하소연해서 이거 올린 겁니다.

난 올리지 말라고 허는 겁주. 뭐냐? 그냥 경찰청에서 왔는데 이분 조사해보니까 호적에 안 올렸던데, 그랬을 겁니다. 이분은 완전히 화전민이라 이거. 게난 저는 "빼줍서" 했더니, 아저씨가 "안 됩니다" 했어. 읍 사무소에서 "무조건 안 됩니다." 전화 온 거라. 나한테.

이분 제사도 안 해주는데 내가 뭐하러 올리냐고 말이야. 억울하지만 거 어쩔 수 없다. 어떻게 했냐면 이분이 죽어가지고 남의 집에 완전 공동묘지 닮은 데 가서 묻혔어요. 묻으니까 이제는 거기서 "떠나가라" 이 겁니다.

그때는 목재상 한다 해가지고 육십 몇 년도 동해안에 가서 살 땐데, 이젠 우리 공동묘지로 옮겨 온 겁니다. 친족들이 자식이 없으니까. 남의 관장에 가서 이 삼촌 일러다가 우리 공동묘지에 묻어서 벌초는 우리가 하고 있습니다. 벌초는. 다른 친족들은 안 해요. 원족(먼 친족)들은 안 해주거든요. 우리가 근족(가까운 친족)이니까.

우리가 벌초를 하고 있습니다. 해마다 가족 공동묘지 안에 드니까. 그러니까 할 사람이 없으니까 우리가 해야죠. 거 골총 만들어서 공동묘지 내분다는 건 남이 봐도 부끄러운 일이고. 게난 우리 벌초를 해마다 하고 있습니다. 어떤 때는 우리 아들 해 년마다 기계로 하고 있는데, 단지 제사만 아닌 거뿐이죠.

동광으로 올렸으니까 나도 한번 평화공원 가서 보고 싶은데. 이름을 올렸는가 안 올렸는가. 아저씨 제사도 안 하지만.

일제시대 선생님

나가 국민학교 3학년 때 해방됐죠. 국민학교 5학년 때가 3·1기념시위가 관덕정에 있었는데 그때는 어릴 때니까 장난만 하고 중학교 가야 공부했죠. 고등학교 올라가니까 철이 든 거죠. 이거 저 책도 보고 남이 지은 글, 그걸 나가 보고 소화시킬 줄 알고 하지. 그 전에 뭐 압니까. 이 귀로 들으면 이 귀로 나오고 그리할 판인데, 이제 고등학교 가니까 철이 들더군요. 책을 자세히 볼 수 있고 해서. 책 읽기는 좋아합니다마는 노래엔 취미가 없거든요. 노래하고 체육은 취미가 없으니까, 어떻게든 빠져요.

해방 전엔 일본 선생이 얼마나 엄했다고. 그냥 갈겼는데, 이제 선생님이 때렸다 하면 큰일 나잖아요. 그때는 선생님이 엄해서 맞아봐야 부모가 사정도 못 합니다. 선생한테. 당장 퇴학시켜버릴걸.

일본 선생은 엄해도, 주입식 교육이라도 공부는 잘 가르쳤어요. 철저하게 가르쳤으니까. 주입식으로 담으라면 담아야지. 안 하면 맞으니까. 근데 이제 해방된 선생님들은 사람들이 좀 우유부단하다 할까, 조금 다르죠.

일본 선생들은 그게 아니에요. 때릴 땐 그냥 갈기고. 참 대통령보다 더 무서웠으니까. 그렇게 엄했어요. 선생님들이. 그러고 또 한국 선생님이 광주사범 나와서 선생님을 했었는데 그렇기 엄할 수가 없었어요.

우리 어머니 같은 분은 학교가, 학교 교장이 동으로 붙었는지 서로 붙었는지 알지도 못했거든요. 일만 하느라고. 그런 실정이었거든요. 요즘에야 잘살 때니까 부모들이 일거일동 자기 자녀 감시하지. 옛날에 어디 어림도 없는 소리.

우리 집도 그런대로 사니까, 형님도 중학교를 나오고 저도 대학교 나오고 했습니다. 못살았으면 못 했을 건데, 부모덕을 봤죠. 우리 형님하곤 나하곤 세 살 차인데. 단형젠데 그저 공부시키고 한 거죠. 올해 일흔셋. 형님은 돌아가셨어요.

4·3 생각

4·3으로 가족 피해는 아까 얘기했던 7촌 먼 친척분, 그분 하나하고 작은아버지하고. 나머지는 파가 여러 파가 있는데 그 여러 파 있는 다른 파 친척이 피해가 많죠. 우리 근족으로서는 우리 작은아버지하고 또 이분이 우리 아버님 6촌 동생이니까 뭐 나이가 칠순. 이분 정돕니다.

임○○ 씨는 서귀포 사시는 분. 거기는 어머니, 아버지, 누님 한꺼번에 죽었어요. 저 사형장에서 이 한림 위에서. 한림 살다가 딴 데로 가서 지금은 서귀포에 삽니다만.

자기가 이제 죽기 오 분 전인데 가족 생각나겠어요? 여기서 콩밥 먹으면서 할 땐디. 간신히 살아남아서 한림에 와서 동광도 안 올라가고 한림 있다가 군인 갔다 와서 이제는 말 구루마 하나 끌명 남의 품팔이나 하고 다니면서 이제까지 살아왔죠.

어디 들어갈 곳 없다고 우리 집에 옵니다. 오면 술 내놓으면, 술도 먹고 해서 아주 쓸데기없이 말만 하다가 가고. 경허멍 살주 이제. 그분도 아주머니 돌아가셔 불고 허니까 혼자만 삽니다.

게난 나가 말하는 거는 왜냐, 지금 우리 제주도 사람 현 실정으로는 "4·3에 전원 다 인정해야 된다" 이런 거거든. 난 "건 아니다. 이건 가려야 된다. 나라에서도 가리라" 하고 있어. 어떻게 용공분자하고 억울한 사람

하고 같이 해놓느냐, 지금 4·3 신청한 사람 중에서도 지금 조작한 사람이 많다 이거라마씨. 건 알아야지. 나 말은 그거라. 이건 명명백백 가려야 되지. 자손들까지 나갈 일이니까, 응 이걸 어물딱 불에 담는 식으로 해서 넘어가면 안 된다고 생각합니다.

양만식

1929년 한림 명월 태생의 양만식은 1948년 12월 한림중학교 1학년 때 갑자기 한림국민학교에 끌려갔다. 여기서 주둔해 있던 군인들에게 불붙은 장작으로 구타당하고 물고문을 당하는 등 일주일 동안 갖은 고초를 겪었다. 15일 정도 수감된 후 한림의 병원으로 옮겨 치료를 받았다. 다른 사람들은 총살당했고, 그는 구사일생으로 살아났지만 졸업은 못한 채 군인으로 자원입대했다. 제11사단 제9연대로 입대해 1년 후 제대했다. 6·25 참전 후 제주로 내려온 뒤 다시 경찰학교 25기로 들어가 6개월 근무, 의경 편입을 시키자 그만두고 농사를 짓기 시작했다. 이후 4·3후유장애로 다리를 쓰지 못해 줄곧 병과 싸우며 살고 있다.

(채록일: 2007.4.20 | 채록 장소: 한림 명월 자택)

2

중학생이 불붙은 장작으로 구타당했어

중1 때, 특별중대 불붙은 장작으로 구타

난 이제 일흔아홉이라. 부인은 고사리 꺾으레 가고. 애기덜은 아들 형제뿐이야. 내가 왜 이렇게 다쳤는지를 얘기하지. 나가 여기 안 살고 한림읍 명월리에 살았거든. 열아홉 살에, 중학원 1학년 당시라. 그때가 1948년 12월경이라. 갑자기 군인허고 경찰관허고 나를 불러내는 거라. 왜냐니깐 지서에 돌아다니면서 시위허고 삐라 안 붙인다고. 그러면서 심어갔거든(붙잡아 갔거든). 지서에 심어가서 취조했어. 한림국민학교에 특별군대라고 해서 군인들이 있었어. 지서에서는 대강 취조만 허고. 군인들이 주둔헌 국민학교 가니깐 12월에 교실에 난로 피우고 있는 거라.

잘 보니깐 여러 사람들 심어강 있고 취조도 막 받고 있고 나도 취조받았어. 난로 피우는 장작으로. 그땐 장작 불 살랑 군인은 앉아서 여기 손을 이렇게 막 때려가니깐 가죽 벗겨져 부러서. 막 피가 잘잘허연. 그리고 불붙은 나무로 "이노무 새끼 손발 모두 동그려불켄(손발 모두 잘라버

리겠다)". 또 손에 이거 피가 잘잘해가니깐 발을 때렸어. 이 다리를 때리
난 뿐질러져 부럿어. 이거 봐요 이거. 게난 여기서 아래론 죽어부런. 게
난 걷지 못행. 그때 병원은 없고 의원. 거기에 가서 깁스했지. 그때 병원
에 가니깐 살았지.

거기 학교에 있는 사람들은 전부 총을 발사해부러서. 다 죽언. 학생들
도 몇 개 죽고. 난 병원에 가니까 살았어. 군인덜도 철수해불고 경헨 흐
꼼(조금) 산사람들 진압돼가난 소개해서 올라갔지.

"바른말 허라" 일주일 고문으로 다리 부러져

난 한림중학원 다녔지만 졸업도 못 했지. 졸업도 못 허고 군인 가부런
(가버렸어). 지원했어. 순경 무서워서. 막 순경들 심어갈 거난. 지원해서
우리 동생하고 나하고 두 살 밑엔데 집에 있으면 순경한테 죽을 거니까
군인 지원허영 가자고 해서 군인 가부럿주.

그때 가족은 어머니하고 부인이 있었지. 결혼했으니까. 열일곱 살에
결혼해서 열여덟 살에 4·3사건이 났으니까. 부인하고 동생뿐이었어. 그
때 한림중학원 동기들은 많이 죽어불고. 이 산간사람은 몇 사람 없어노
니깐. 우리 동네는 다 죽었어. 없어. 소개허멍 집이 다 불타 부럿주게. 게
난 재산도 없어. 홀어멍 혼자. 아버지는 어릴 때 돌아가셔 부난.

그땐 애기는 없었어. 지서에 잡혀갈 때는 건물 안에 학교 학생은 없고
딴 사람들이 하낫주(많았주). 왜 나만 데리고 갔냐면 학생 오야(우두머리)
가 하나 있었어. 좌익이라. 그 학생이 도망쳐 부난 걔를 심으러 왔다가
자고 있는디 날 심어갔어. 그땐 명월리가 소개당헌 후라. 막 사태가 험
악헐 때지. 소개헌 다음에. 소개해서 명월 하동에 살았어. 소개 간 그때
12월 달이라. 그땐 정월 멩질(명절)이 양력으로 허니깐. 그때 잡혀간.

집에 가만히 있는디 시위 안 했냐고. 난 별다른 거 몰랐주기(몰랐어). 갑자기. 그때 잡혀가서 보니깐 지서 사람들도 많았어. 나랑 같이 간 사람들, 한 열 몇 사람 갔는디 거줌(거의) 죽언. 살아 나왔다가 작년에도 죽고 금년 3월 달에 오성욱인가? 같이 있던 그 사람 하나도 죽고.

지서에서는 대강 그렇게 했는디 저물어가난(가니까) 한 10시경에 몬딱 심어다가 군인한티 넘겨부런. 지서에서도 취조받고 특별중대, 군인신디 강 더 취조받았어. 거기 가보난 군인이옌 헌 것이 서북청년이라. 취조받는 사람도 많았고 취조허는 사람도 많았지. 군인들 중대난 "바른말 허라" 하고 때린 거주. "이노무새끼. 학생이" 허멍 팔허고 다리 무조건 동그려불고 군인들도 서북청년 특별중대라고 군번도 없는 놈들 군복만 입혀가지고. 4·3진압 허렌 서북청년들이. 진짜 군인이었으면 해도. 특별중대라고 해가지고 말이야. 아고.

난 안 다녔는디 뭐. 삐라 안 붙이고 어제 봉화 안 올렸냐고 막 취조허는 거라. 난 모른다고만 했어. 동네 사람이라도 같이 다녔으면 도망이라도 쳐불건디 몰랐주게. 막 어릴 때니까.

그때 정월 멩질(명절) 닥쳐올 때 심어갔어. 한 일주일은 감금했다가. 난 부상당해서, 병원에 가부난 몰랐는디 나중에 퇴원헹 보난 막 총살덜도 시켜불고 난리가 아니라.

일주일 동안 수감된 때 부상당해도 치료 안 해줬어. 다리 때리니까 피가 잘잘허고 다리 분질러젼 업혀 간 거라. 물고문도 당허고 많이 맞았어. 군인들이 호남의원이라고 국민학교 앞에 있는 의원이라. 한 500미터도 안 되는 거리에. 그러니 거기 가니깐 살았지.

그땐 취조허는 거 보니깐, 전기취조는 안 해도 나도 막 코로 물 취조당했어. 다른 사람들 들고 때리고 허멍. 거기서 죽언 나가는 사람은 별로 엇고(없고). 나중에 취조했어. 매 무서워서 아니렌 헌 사람은 학교 곁에 데려간 전부 쏘아 죽여부럿주게. 열여덟인가 죽엇젠(죽었다고) 했어요. 한림 밧(한림 밭)에서.

고문받을 때? 국민학교 학생 책상 있잖아. 책상 우에 손 이렇게 놓고 불붙은 장작으로. 여기 몬딱 찢겼었지. 한 일고여덟 번은 맞아졌을 거라. 여긴 피만 난. 피 잘잘허난 다리로 일어서는디 다리 단박에 분질러져 부런. 서서 책상 위에 손 놓고 이시난 피 잘잘 나니깐 다리 강 탁 허난. 쇳소리가 막 나. 쇠소리가 막. 이거 부러지지 않았으면 죽을 뻔했어.

옆에 병원 시난에(있으니까) 산 거주. 손에 피 잘잘하고 다리가 흥갈흥갈허고. 특별중대에서 데려다준 거지. 어머니가 간호했어.

병원 치료는 그냥 깁스만 했어. "이거 한 달은 있어야 됩니다" 허곡. "나가면 죽는다" 허멍 병원에 있으렌. 병원비야 내야지. 그때 닷 마지기 밧(밭) 팔았어. 농 앉지 말라고 주사도 맞고. 그때 병원엔 나 말고 엇언(없어). 난 어리고 바른말 허라고 허멍 더 두들겨 패고.

자원입대 1년 후 제대, 다시 경찰학교로

경찰들은 병원엔 일절 오지 안 헨. 병원에 한 달 있다가 퇴원헌 다음엔 무서워서 군대 지원헨 가부럿주게. 호끔 절뚝거려도 다쳤다고 안 했어. 무서왕 지원허였는디. 그땐 막 지원받안. 6·25 터졈 군인 하나라도 더 뽑지 못헨 허는디.

신체검사? 그것도 전부 한림국민학교로 모여가지고 부산더레 실어갔어. 부산서 또 대구. 열차로 방적회사에 가서 9연대 조직했어. 난 11사단 9연대 들어갔지. 부산까지 배 타고 갈 땐 제주도 동기덜 하낫주(많았지). 거의 7천 명. 제주도에서 몇 만 명 갔지. 9연대 있다가 강원도로 갔어. 거기 강원도 간. 그듸 가서도 총 맞안. 군대 강 꼭 일 년 만에 여기도 파편으로 조금 맞고. 이거 신체검사 몇 번 해봐도 6급밖에는 안 나왔어. 팔 써진 덴 했어. 손가락만 움직거려져. 강원도 9연대 있으면서 제주도 소식도 들었지. 제주도서 산에 폭도들 전부 진압됐다고. 9연대서 다친 거 때문에 일 년 만에 제대헨. 스물한 살에.

따시(다시) 나오자마자 또 경찰 25기로 들어갔어. 무서왕 또 당허카부 덴. 경찰학교 25기로. 근디 산에 폭도 열여덟인가 스물 남앗젠(남았다고). 경헨 모슬포 근무해났어.

경찰학교 들어가기 전 훈련받은 데가 관덕정 앞에 도지사 관사 있잖아. 거기서 받았어. 이제는 노인대학원. 거기가 경찰학교. 북국민학교 옆에 있었는데.

거기 경찰훈련 받을 땐 빨리 산에 폭도들 진압허라고 해서 한 달도 채우지 못헨 모슬포로 파견 갔어. 그때 훈련시킨 사람은 경찰서장 함○○ 이라고 있었어. 또 김명감은 보안계 차석. 경찰 해도 그때는 부락에 파견했어. 모슬포에서 근무하다 소 습격 들엉 거기로 파견됐어. 나 모슬포 있을 때. 모슬포 근무 중에 습격 들어부니까 주둔소 파견헨.

주둔소에선 순경들이 곤란해노니깐 마을 사람들이 돌아가면서 식사 시켯주게. 이 집에서 식사허멍 돌아가면서. 그러면서 근무했어. 경허다 가 진압해버리니가 순경허면서 난 졸업하지 못했다고 의경으로 편입시 켜불잖아. 의경을 헤니깐 그만두겠다고 치와뒁 집에 와부럿주게.

경찰 허다가 의경으로 헌 것은 그때 폭도들 하노난(많으니까) 폭도 진 압허젠 모집헷주게. 그땐 한 달에 몇 번씩 일주일만 교육받아서 가고 막 보내고 보내고 헷주게. 지금은 경찰이라고 해도 그때 의경은 전투경찰 이나 마찬가지. 그때 경찰학교를 졸업 안 허영 바로 명령에 의해 의경이 된 거라. 경허난 쌀로 주기도 했지. 부식비 2000원허고. 경찰? 한 6개월 했는가?

산에서 습격 들언 파견해도 산에 폭도가 18명인가 20명 남았젠. 그때도 봉급이 쌀로만. 쌀로만 해가지고. 그 알량미 쌀로 ᄒ꼼이라도 더 먹으려고 보리쌀로 바꿔당 먹고. 부식 배급헌다고 우리 의경은 2000원인가 주고. 에고, 그러니깐 때려치워 버렸어.

산에 폭도 진압허니까 순경헐 사름은 더 허고 안 헐 사람은 의경으로 허라고 허는 거라. 집에 강 농사라도 짓지. 해 도망쳐 나와부럿주게. 다른 직장도 ᄒ꼼 다니다가 내불고.

농사, 후유증의 세월

경찰 때려치우난 농사짓고. 쉰 넘어가난 아프기 시작해 걷지 못허연. 걷지 못허는 게 제일 속상허지. 병 걸리고 허여가난 다리는 기운 엇엉 점점 마비돼가고…… 병원에서 협착증 말고 대장암 수술도 했어. 서울서도 허고 제주대학병원에서도 허고. 지금도 여러 가지 약 먹어. 다리 아픈 건 늙어 죽을 때까지 먹어야 헌다면서 이건 신경 안정젠가 뭐. 또 허리 수술해나니까 허리에 약해, 혈압 약 자꾸 먹고.

서울대학병원 가서 암 수술받았는디 또 재발헌. 3년 후에 제주대학병원에 가서 수술받고 좋았어. 다리도 막 알려났거든. 막 아프니까 부산 강 MRI 찍었어. 그땐 제주도엔 없어서 부산 가서 찍었어. 협착증이렌. 등, 배, 뼈 세 마디가 눌려부런.

그래서 피 안 돌아서 여기 아프다고. 거기 수술하니까 알린 건 좋고 이제 다리는 마비돼부런 이건 고치지도 못헌덴. 그때부터 이젠 약 먹고 있지. 한 달에 한 번씩 타다가 계속 먹엉. 게난 약으로 살아. 약으로 살아가니깐 막 붓언(부언). 이거 살찐 거 아니라 막 붓은 거라.

아프고 수술허난 신경이 올라완 이 허리꺼정 이젠 이 변소, 오줌이나 변이나 흐꼼 마렵다 하면은 참지를 못해. 경허난 여기서 변소 가젠 허면 어떤 땐 막 잘잘 나와불주게. 기운이 엇언. 게난 어디 놀러 가젠 해도 함부로 못 가. 이젠 정신도 잊어불고. 후유장애증 받고.

면담자: 혹시 도에서 얼마 돈도 나완마씸? 후유장애로?

그전에 한번 돈도 나와나서. 360만 원인가? 2, 3년 뒘서. 기분? 몇 개월 약값도 안 되는 거.

생활이 뭐, 점점 늙어가고 아내도 늙어가고. 가족 중엔 4·3 때 다치거나 피해 본 사람은 나뿐이라. 요새도 제주대학병원에 한 달에 한 번 가. 물리치료는 동네병원서 받고.

6급 장애인증하고 4·3후유장애인증허고 겹쳐지난 혜택은 6급으로 받아. 병원치료는 무료라. 4·3후유장애인증은 아무 소용없어. 저 2년에 한번씩 종합검진이나 받지. 6급으로는 매달 돈이 조금씩 나와.

4·3 복구주택 그 뒷얘기

그러니까 이젠 명월에 살지 말자 해가지고 4·3사건 복구헌 주택이라 해서 여기 왔거든. 여기 와서 한 2년 있으니까 병에 걸려서 후유증으로 시달리고 있지.

재건허영 올라갈 때는 명월에 가기는 싫었고, 그냥 중근동에서 살안. 거기서 죽 있당 이제 어머니 따라서 명월에 간 재건했어. 집마다 불 부쪄부난 어떡헐 거라. 여기가 4·3사건 복구주택. 여기가 원래 상대리 지경이고, 이 근처에 마을도 '케왓'이라고 이젠 없어져 부런.

4·3사건 당시에 엇어져 부럿어. '케왓'은 엇어지고 나중에 4·3 복구마

을이라고 해가지고 여기. 처음에는 우리 열 가구 들어왔지. 그때 혜택? 쌀, 집 지을 나무 조금 보조받았을 거라. 돈은 안 받았을 거라. 그때 들어온 열 가구 중에 저 동산에 태풍으로 집 두어 개 불려나가 불고. 사라호 태풍으로. 그 사름덜은 다른 디로 가부럿주게. 명월 저 아랫집도 명월 사름이라.

이거 600평인데, 네 사람이 사서 나눈 거야. 여긴 집 안 짓어난디. 케왓 있었던 자리도 아니고. 처음 들어올 때부터 땅은 내가 샀어. 이 마을은 '모커리(곁채)'엔 불러. 그때 4·3 때. 일본으로 도망쳐 분 사름덜 많지. 학교 선생들이영 문딱.

그땐 학교에 다닐 뭐가 있나. 우선 살고 보자 해서 군대 들어가 분 거지. 난 신체도 막 약해났어. 키도 막 작고 농사도 힘들어서 허지 못했으니까, 순경도 들어가 봐야 ᄒ끔 다니다가 치와불고. 동생은 군대 갔다가 무사히 돌아왔고.

4·3에 바라는 거? 정부 보조나 있으면 하지 뭐.

현공숙

현공숙은 1933년 한림 상대리에서 태어났다. 그의 6남매 중 큰형은 한국 전쟁에 참전해 행방불명되었다. 아버지는 광주형무소에 있다가 정뜨르 비행장에서 학살당했다는 둘째 형의 시신을 찾아다녔고, 그는 아버지 대신 성 쌓는 데 동원되었다. 어린 조카도 옹포 소개 때 큰조카를 홍역으로 잃어 후사가 없다. 4·3으로 비극의 가족사를 품게 된 그는 제주시에만 가면 비행장 쪽을 보게 되어 가슴이 미어진다고 했다. 그는 18세에 군 입대하고 20세에 결혼해 23세 되던 해에 제대했다. 온갖 수난의 시기를 헤쳐왔으나 살아났기 때문에 직업을 목수 쪽으로 택해버렸다. 그 또한 인덕이라고 생각한다.

(채록일: 2007.5.2 | 채록 장소: 제주시 노형 월산마을 자택)

3

형님 둘,
우리 또래 아이덜도 심어단 죽여부럿주

일제시대 공출

난 일제 때는 학교를 다니지 못헷주. 우리 성님도 학교를 못 다녔고, 형편이 어려와서 학교를 못 뎅겻어. 저 서당 같은 한문 허는 디 그런 디 다니면서 그 지경을 당해불고. 어머니가 일찍 돌아가 부니까는 우린 학교에 뎅길 능력이 없었어.

일본놈 시대에 일본놈한테 고통 많이 받았지. 일본놈들이 미국허고 전장(전쟁)을 했잖아. 일본놈들이 쫄려가니까(밀려가니까) 전부 제주도에 군인들이 와가지고 제주도에 사름, 제주도 사름보단 일본 군인이 더 많았어. 그러니깐 일본 군인들 때문에 농장에도 마음대로 못 다녔고. 또 못살게 군 건 소낭(소나무) 잘라가지고 숯 구워서 공출허렌 헌 거. 나는 차 운전을 했어. 숯 구워서 공출허렌 허난(허니까) 이녁 밭, 놈의(남의) 밭 엇이(없이) 그것들 다 간 쫄란(잘랐어). 육지서 그 노무자들 왔더라고. 숯 굽는 사름. 기술자들이 와서 낭(나무) 자르면서 다 했어, 불태우멍 허단 보니 이젠 뭐 나뭇가지 하나 집에 가정강 불 때젠(불 때려고) 해도 불 땔 나무도 엇엇고. 또 한 가지는 옛날엔 가집 있잖아. 가집에 그 새(띠)를 해다가 지붕을 이엇주. 제주도 사름덜은.

물 멕이젠(말에게 먹이려고) 헌 그 새왓(지붕을 일 띠가 자라는 밭)을 다 파괴시켜부런. 경허난 비가 오민 비가 새는 집들이 천지만지 잇어낫어(초가지붕을 제대로 올리지 못해서 비가 새는 집들이 많았어).

새(띠) 공출한 것이 아니고. 새는 저 일본놈들이 타는 물덜을 가정와낫주게(갖고 왔었지). 또 구루마(마차) 해서 저 양석(養食)을 옮기고, 한림이나 제주시나 항구에 그 식량 실은 배들로 꽉 차낫어(차 있었어). 경허믄 그건 이제 열다섯 살부터 마흔 정도 난 사름덜은 전부 나가서 그거 배엣 거 퍼서 저 한라산 우에(위로) 전부 날라갔거든. 군인덜이 하다가 버친 거는(힘든 건) 전부.

그때 난 어리니까 우리 셋성님(둘째 형님)은 집에서 일허고 내가 열여섯 살에 가서 그 배에 쌀을 퍼냈어. 성님 대신으로. 허허. 그런 예가 잇어나서. 그때 저 가마니에 담은 쌀이 80킬로그램이라. 배에 있는 쌀 80킬로그램을 열네 살에 퍼냈어.

둘째 형 정뜨르 비행장서 학살

4·3사건 때 얘기를 하지. 우리 형제는 6남맨데 이젠 3형제뿐. 나중에 제주에 오란 셋성님 신체 찾으러 다녔지. 정뜨르 비행장에서 죽었다고 허지만 촛다촛다 포기했어. 큰성님도 그때 군인 강 행방불명돼불고. 여기서 간 것이 아니고 어디 부산 가 있다가 갔어. 어린 조카도 그때 말라리아로 죽어부니깐 후사가 없어. 그러니 무슨 연금이나 그런 신청도 못했어.

'한산이왓'. 지금 상대라는 부락이 있잖아. 거기가 큰 부락이엇는디 소개를 시켰어. 소개를 허렌 허난(하라고 하니까). 그 명령받으난, 이 밑에 부락 사름덜이 전부 가서 도와줬어. 저 구루마 있는 사름은 그것 가전간 실었지. 여자고 남자고 헐 거 엇이 등짐 지고. 우리 아버지가 저 부락에서 책임도 잇어낫는디, 어디 집이 엇이난 그 부락에 그 향사, 옛날엔 향사라고 했죠? 향사 집에 가서 이 물건들을 전부 거기다 쌓앗어. 그날 저녁에는. 아, 밤 되니깐 우리는 형님이영 아버지영 쌀이여 뭣이여 가져간 것덜 정리허고 있을 때라.

시계가 엇이난 모르지만 밤이 깊었어. 아, 근디 동민들이 와서 나오렌 허는 거라. 아버지가 보이니까 아버지한테 "너 말고 아들 있지 않으냐!" 하는 거라. 형님이 그때 얼른 어디로 곱아부럿어도(숨어버렸어도) 못 잡아갈 건디. 아, 그만 몸을 보여버렸어. 몸을 보여버리니깐 그만 심어가부럿어(잡아가 버렸어). 그 밤중에. 그때 한 서너 사름이 죽창. 죽창을 가진 거 보이더라고. 경헷는디(그랬는데) 우리 형님은 그놈들 말 들언 가지 말아보젠 그놈들허고 상대를 했어. 그놈들을 몇 대 두드려 패부럿어. 우리 형님 원체 빠르고 힘도 세어낫어. 그냥 모가지 심엉 확 흔들었어. 형님은 말을 잡기도 헤난 사름이었어. 원래 빨랐어.

경헌디 아, 바깥에서 '와닥탁 와닥탁' 허는 소리가 났는데, 이젠 형님이 '화닥닥' 집으로 들어오더라고. 집으로 들어오멍 방에 들어오지 못허고, 향사 집이 너른 집이었는디 마당이영 넓었어. 아, 북쪽으로 형님이 튀어서 도망가 불더라고. 경허난 도망가 부럿어. 그러니까 '저놈들한테 안 잡혔구나' 했어. 경헌디 뒷날 아침에 간 보니까 바깥에 대문 잇어낫는디(있었는데) 그 대문 바깥에 막 피가 벌겅해 있었어.

우리 형님은 밤새낭(밤새도록) 아버지허고 찾으러 다녀도 찾을 수가 엇언. 게난 허는 수 엇이 이젠 뒷날은 밝아도 안 나타나고. 이제 또 그날은 그날대로 어중어중 허다 보니까는 하루가 갔어. 그 뒷날은 또 알러레 (밑으로) 내려오라는 거라. 밑으로. 또 소개허젠 헌거라. 경허난 또 밑에 사름덜이 구루마들 가지고 올라가서 짐들 다 실어서 내려왔어. 내려온 디가 어디냐면 한림읍 대림이라. 대림 간 우리 아버지는 밤이고 낮이고 집이 안 붙어서 살그머니 도망가서 산으로 형을 찾으레 갔어. 경헤도 찾을 수가 없었지.

성 쌓기

또 한 이틀 있으니까 성을 쌓으라고 했어. 성 싸렌 허니깐 갔어. 여자고 남자고 구별 없이 그자 다 나가라고 막 몰았주게(몰았어). 집에 있는 사름은 산 폭도옌 해서 심어당 죽이겠다고 해노난 집에 있을 수는 없다 말이여. 여자고 남자고 다. 우리 아버지는 성에 가는 척허곤 동네 사름 들헌티 "나 아들 간 춫아오켜" 허멍 나갔어.

경헌디 나는 그냥 거기서 성 쌓는 일을 허였는데, 아버진 형을 찾으러 가면 찾을 수가 없어. 매일 성 싸레 간다고 허여놓고, 형 춫다춫다 힘드니까 이젠 그냥 들어앉아 버렸지(안경을 벗고 소매로 눈물을 닦으면서),

한 1년 넘으니까 우리 셋성님이 집에 와났어. 집에 왔을 때 형님을 만났어. 밤에. 그때 조금 풀어질 때니까. 형님 몰골이 뭐 사름 꼴이라. 사름을 모르게 됐어. 누겐지. 경찰서에 면회 갔던 걸로 생각허믄. 그자 한 달 이상은 됐어.

어떻게 왔느냐 허믄 산에서들 자수허려고 내려왔는데, 제주시에 경찰서가 있었어. 경찰서에 있는데 아, 거기에 좀 아는 어떤 어른이 있었어. 경찰 서 밥해주는 사름이지. 그 죄인들 밥해주는 사름. 그 사름이 시에서 연락 오기를 "우리 형님이 그디 와 있다" 허는 거라(울먹이면서). 경허난 "한번 와서 만나라" 연락을 부쳤더라고. 어떻게 아는 사름이 있었냐면 경찰서 앞에, 관덕정 앞에, 옛날에 저 제주차부였어.

제주차부 부사장이 차표를 갖고 뎅겨났어. 어떤 때 시에 가려면 차를 타서 가고 했어. 그 차표 있으니까 아버지한테 그 부사장이 차표를 하나 줬어. "이거 갈 때영 올 때영 차 타집니다" 허난, 그걸 가져서 제주시 가서 찾아간 데가 제주차부 사장이라.

제주차부 사장이 대림 사름이라. 대림 사름인디 그 사름 덕분에 연락을 했어. 제주차부 사장은 김덕보라고. 식사 들이는 사름이 그 제주차부 사장을 아는 사름이난 우리도 알고 그디도 아니까 영 정 헨(이렇게 저렇게 해서) "누게 오란 싯젠(누가 와서 있다)" 헌 거라. 게난 그땐 차가 많지 안 헐 때니깐.

그 사장한테 사정을 말하니깐 보통 사름덜은 면회를 안 시켜줬는데, 좀 만나게 해준 모양이라. "이젠 살아집니다" 했어. 면회허연 집에 왔는데 아, 별안간 형님이 집에 왔어. 어떵 허연 왔냐니깐, 같이 숨엉 살았던 사름덜이 있으면 강 데리고 와서 귀순시키라고 했다는 거라.

그렇게 몇 사름을 보낸 모양이라. 우린 가지 말라고 했어. 그러면 이제 같이 온 사람들이나 거기 있는 사름덜 거짓말시켜버리민 그 사름덜 다 죽게 된다고. 기어이 가는 거라. 갔는데 오늘 가고 뒷날 넘어 또 뒷날은 여기서 심어단 경찰서에 있다가 광주형무소로 보내부럿다는 거라. 이틀 만에. 우리 형님은 갈 때 "삼 일만 되믄 집에 틀림없이 와집니덴" 허연 간 사름인디 광주형무소에서 문 열어가지고 난리굿 허난 광주놈들도 다 죽여불고 이디 놈들도 이거 다 죽여부러야주 안 되겠다고 해서 비행장에 몰아다 놘 죽여부럿잖아.

그니까 귀순공작 일을 시켜가지고 나왔다가 광주(목포형무소 탈옥사건을 가르키는 듯함 — 채록자 주)에서 사건 나니까 "너네도 죽여버려야 할

놈이다" 해서 같이 죽여부럿주게. 그 귀순공작대로 해서 살 뻔헌 거를 우에서 터져부난. 그래서 정뜨르 비행장에서 총살당했다는 거라. 그냥 경찰서에 있을 때 죄인 몸이었으니까 그때 광주에서만 안 그랬으면 한 2, 3일 있다가 나올 수 있었어.

제주시 가면 비행장 쪽에 눈길

이번 유해 발굴헐 때도 그것이 조금 잘못된 모양이라. 그때 희생자 신고 용지가 부족해서 용지를 우리대로 만들어 사실을 쓰고 비행장 굴속에서 총살당했다 헌 거를 썬 보냈는데. 그런 말이 없어. 그런 것이. 종이가 빠져분 모양이라. 신고헌 곳에 같이 들여보냈는데, 동사무소에 보냈는디.

그것이 없어. 나 생각엔 아, 그 비행장에서 이렇게 했다고 헌 사름덜이. 어디 저 광령 있는디 그 사름덜은 사유를 썬 보낸 놔두니까 비행장에서 죽은 사름덜, 총살당한 사름덜은 별도로 또 불러난 모양이라.

경헌디, 나가 직접 들진 안허고. 누게 딴 사름 말이 어디 그듸 강 왔다고 허길래 금년 난 후제 전화를 했어. 그러니깐 저 총무가 받안. 총무도 "나도 노 형이우다" 영 허멍 말을 허는디, "문서를 보면 알아지겠는데, 나 지금 밧(밭)이 와 잇수다" 허는 거라. 경허고 이젠 또 회장한테 전화허니까 "그건 관계엇수다" 해버렸어.

형님은 비행장이 틀림없거든. 그때 광주 문 열언 난리들이 터지난 여기 사름덜도 심어단 비행장에 간 굴속에서 죽여부럿다는 거라. 뭐 하루도 지나지도 안허고. 그날 그렇게 해버렸다고. 그때 들었어. 그땐 아침에 몇 사름이 와서 한 사름이 하나씩만이라도 가서 심어오라고 허니깐 세 사름 심어가 불고. 세 사름씩 데리고 가분 때야.

그러니까 성과를 올려서 "그 사름덜 못 나오더라도 아마 우리는 틀림없이 나옵니다" 허명 갔어. 그랬다가 그 모양이라.

그땐 비행장에 들어가지도 못허게 했어. 난 지금도 저 제주시에 가믄 비행장 쪽으로 보게 돼. 비행장이라부난 잡인들 못 들어갔잖아. 지금도 경허지만 그때부터도 못 들어갔어.

제주차부 사장넨 피해 안 당했어. 그 사장 동생은 돌아간 지 오래됐주. 다들 돌아간 지 오래됐어. 나이가 많은 사름덜. 경허난 내가 열여덟 살에 군인 가난 열일곱 살까진 목수 일허레 돌아뎅겻주게. 돌아뎅기다가 군인 가버리니깐. 스물세 살 나도록 군대 생활허단 그 후에 여기 와서 보니깐 어디에 집을 지었었는지 모르겠어.

행방불명 큰형님 찾기

큰형님은 열네 살에 일본 간 살았어. 해방돼부니깐 일본 살지 못허난 제주도 집을 왔어. 집에 한 1년 살다가 철공을 배웠어. 철공소에서.

우리 형님도 그해 8월 달에 군인을 갔어. 나도 저 단기 83년도(1950년)에 8월 달에 육군으로 갔는데, 그때 뭐 전체적으로 그냥 막 밀려서들 갔어. 젊은 사름덜은. 나중에 보니깐 나가 군인 간 대구에 있었는데, 우리 중대허고 형이 그 미8군사령부에 있었다고 허는디, 미8군사령부를 찾아보니깐 저 11사단 전투에 가서 그 부대가 완전 전멸당해부럿다고 허는 거라.

나는 군인 가서 저 평양 대동강 다리까지 넘어갔었어. 거기서 연락병 교육을 받았어. 통신학교 가서 교육받고 연락병으로 갔어. 대동강 다리를 곧 넘어간다라. 가서 남의 집 빌어서 1분대 아홉 명이 한 2주일 동안 살다가 후퇴했어. 헌디 또 이젠 어디로 오냐면 저 서울 삼각지 국민학교에 부대가 있을 때에 평양을 갔던 건디, 후퇴명령 내리난 이젠 삼각지 찾안와 보니 부대가 셔(있어)? 전부 후퇴해버려서 없어.

옆에 대대도 다 철거해버리니깐. 그때 뭘 물건 실으러 차가 와 있더라고. "우리 부대는 어디 갔냐?" 허난 "너네 부댄 부산 갔다" 허는 거라. 경 허연 부산에서 하룻밤 하루를 군인 차 아닌 민간 차 조금씩 빌려 타면서 갔어.

게난 부산 내려와서 검문소에 탁 오니까는 우리를 찾지 못해서 부대에서들도 한참 죽거나 살거나 화륵헌 거라. 경허는디, 검문소에서 이러이러한 군인들 오면 우리 부대로 연락을 해주라고 헌 거야. 그디 오니깐 "너네 어디 저 통신대 516부대 통신대 아니냐" 통신대라고 허니까 이젠 차에서 내리라는 거라. 그땐 군대 차 중간에서 심언 탄 갔는디 내리라고 해서 내렸어. 전화허니깐 중대에서 쓰리쿼타 보냈다고 해. 그걸 타니까 영도국민학교에 간 거야.

경헌디 거기서 이젠 한 두어 달 사니깐 또 어떤 교육을 받으라고 우리 중대에 명령이 나왔느냐면 무선통신 교육받으라는 거라. 그 무선을 우리 대한민국에서 제일 처음 교육받았어. 거기서 미군한테. "한 달포 이상 사니까 무선교육을 받으러 가야 된다" 했는데 한쪽으론 제주도 강 교육을 받나, 한쪽으론 일본 강 받나, 한쪽으론 미국 강 받나, 이게 세 개로 나눠 교육받으러 간다고 허드라고.

우리는 제주도만 가게 되면 좋다 했어. 제주도 사름이 대여섯 있었어. 우리 중대에. 다 사무장, 사무원으로 있었어. 경헌디, 하루는 난 그때 중대 연락병이니까는 좀 그래도 보통 전우답진 않았지. 부산 사름이 나이도 막 많고 나보다 스무 살 정도 위인 늙은 하르방이랏주게. 헌디 군인을 간 우리 중대에 있었어. 부산 저 영도섬 곧 넘으면 부둣가라. 부둣간데, 거기 살고 있다는 거야. 해서 일요일에 외출 좀 보내주라고 나한티 부탁허는 거라.

　그러길래 "그러면 중대장한티 말해서 경허쿠다(그렇게 하겠습니다)" 했는데, 중대장한티 그런 말 허니깐 "너가 안 오믄 책임져" 말을 그렇게 허드라고. 경헨 "그렇게 허겠습니다" 허난 "그러믄 너 같이 갈래?" 허드라고. 중대장이.

　"아니, 같이 갈 필욘 없고 연령도 많고 그 사름 경헐 사름 아니까, 그냥 그 사름만 보냅서" 했어. 해서 "외출증 해줍서" 헌 거라. 외출증이 외박이주. ᄒ룻밤(하룻밤) 자는 거. 그걸 해줬던 건디, 아 그 사름이 이젠 ᄒ룻밤간 자고 뒷날은 저물어가난 왔지. 와서 허는 말이 "너네 성(형) 잇어(있어)?" 허는 거라. "어떻게 알아요?" 허니까 군인이라도 우린 너무 연령 많으니까 "예"도 썼지. 허허(웃음). 그러니까 "아, 저 그런 게 아니고. 성이 있으면 너 반가운 소식인디, 아니면 반갑질 않은 소식이다" 허면서 말을 해주겠다고. "너네 큰성 현공석이 아니?" 현공석이가 맞주게. "아, 현공석인 어떵허연 아냐?" 허난, 너네 성도 군인 가서 행방불명돼 있다고.

　우리 형수가 마산 사름이라. 마산 사름인데, 자기네 집 옆에 사는 형수가 말하기를, 형이 철공소 허다가 철공소에서 불난 후 몇 개월 안 된 때에 군인 가버렸다는거야. 그 철공소 불이 나서 속이 뒤집어지니까. 그때 방위대 무슨 소대장인데 전부 밀련 가가니까 연령적으로 가게 안 됐었지만 갔다고. 마흔 넘은 사름인데 안 됐다고.

　겐디 갔다가 그렇게 됐다는 거라. "아, 그러면 우리 형수님을 지금 만날 수 있냐" 허니까 만나진다고 허는 거라. 경허길래 중대장한테 그 얘길 허니깐 중대장 차 빌려주멍 같이 가서, 형수 만나고 오라는 거라. 이젠 뒷날 아침엔 그추룩(그렇게) 해서 이젠 중대장 차 빌언 타서 간 보니까 형수가 맞아.

　집은 다 불에 타불고 원 아무것도 없이 살고 있었어. 난 가끔 형수한테 도움도 주곤 했는디, 어느 날 형수가 무슨 우동장시 하느라고 또 어디 갔어. 어떤 아주머니 하나허고 둘이 허단 아, 나중엔 또 그 '보말도백'이라고 그걸 틀어먹을라고 도둑 들어가지고 다 털어가 부럿잖아. 털어가 부런. 참 거 울고불고허는 거라. 그럭저럭 한 며칠 엇언 이젠 우리 교육 끝나니까는 또 이제 대구로 올라가 부럿어.

대구 올라간 이젠 쉬면서 잠시 동안 어떤 학교 닮은디 사무실에 가서 살았어. 아, 그 옆에 보니까 미8군사령부라고 헌 것이 있었어. '하, 이건 미8군사령부로 갔젠 헷는디 여기로구나'해서 미8군사령부 간 보난 뭐 미8군사령부 존재가 엇어져 부럿어. 미군도 있어서 통역관 있었는데 그 말 허니까 서류도 없고 못 찾으겠다는 거라.

옹포 소개 때 큰조카 홍역으로 잃어

형수님한텐 아기가 엇엇어. 아기만 셔부럿더라면(있었다면) 덜 억울하겠는데, 셋성님도 아들이 하나니까. 우리 형님 열여덟 살에 결혼했어. 아들 하나 셨던 거 그거허고 또 우리 형수 그 잘못해가지고 아기가 죽어부런.

우리 형수도 나이도 어리고 시어멍도 싯곡(있고) 살 만했지만 본 동네가 소개받안 한림읍 옹포로 소개 가게 된 거라. 동네 사름덜이 아무리 잘해주고 해도 잘 친허지도 안했어. 그때 아기가 그만 저 말라리아 걸린 거라. 그 홍역 허는 걸 몰라가지고 애기 아프니깐 어멍이 업언 가부럿어. 시어멍은 "애기 죽이젠 헌다" 허난 어멍은 후닥닥 허난 이젠 또 되돌안 집에 왔지만 아긴 와서 죽어불더라고. 어린 조카도 희생자로 올렷주만 원래 그냥 이녁 집에 살아시민 죽지 안했을지도 모르지.

형수도 나중에 재혼해부런. 나 군인 갔다가 출장중 해서 와서 보난.

통신대는 제주도 저 한라산에 있고, 모슬포에 있고 해낫주게. 지금 어승생악, 옛날엔 불도 켜면서 그듸도 흔 3개월 동안 있었고. 모슬포도 흔 2개월 잇어나곡 했는데. 모슬포에 군인으로, 저 모슬포 파견돼 살 때. 소까이(소개)해서 한림읍 대림리에 여러 해 살앗주. 난 대림서 군인 갔는데, 5년 6개월 군 복무했주게.

한산이왓

나는 스무 살에 결혼해서 스물세 살 나니깐 제대했어. 그때까진 아버지가 대림 살았고. 제대헌 후에 귀덕으로 가부럿주게.

'한산이왓'은 그때 사름덜이 왜 재건을 안 했냐면 그때 살단 사름덜이 다 늙은 사름덜이었고, 그럭저럭허다가 4·3사건 끝나가니깐 더러 죽어버렸어. 이제 아들들도 거기서 그 지경 당헌 거는 정말 몸서리나서 거기 가고 싶지 안허다고 해서 딴 데들 살고. 그렇게 해부럿주게. 경헌디 거기 살아난 사름도 상대리 지금 재건헷주만, 한산이왓 사름이 흔 세 사름밖에 상대 안 살암서. 다 다른 데 사름덜이라.

상대리 사름덜이 강구리에 많이 살지. 원랜 강구리 자체도 옛날부터 있었어. 한림 삼구라고. 옛날부터 호수는 몇 개 안 됐어. 호수는 몇 개 안 됐고, 4·3사건 끝나난 그때 지금 저 남군 사름덜, 저 한라산 맞붙은 디 사름덜도 이쪽으로 내려온 사름덜은 다 강구동 근방에 살았고. 상대도 더러 간 살고.

우린 강구리에 안 가고 대림에 정착해부럿주게. 한산이왓은 갈 생각을 안 했어. 아버지도 상대에 가서 살켄 했던 건디, 그때는 우리 동네 사름덜이, 대림 사름덜이 많았어. 다른 사름덜은 집 다 오고셍이(그대로) 놔두고, 살림만 갖고 나왔는데, 우리 집은 지은 지가 흔 15년밖에 안 된 집이었어. 근디 집도 믄딱 틀언 나무덜을 다 대림 실어다 줬어.

집이 세 거린디 큰 집만. 두 거리(두 채)는 내불고. 큰 거리만 뜯은 거 믄딱 놔뒀다가 또 집 지어서 살려니까 그 대림 사름들 믄짝(전부) 시꺼당(실어나가) 길 옆에 저 공지 있는 데 쌓아둬낫어.

아버지가 그걸로 해서 상대 가서 집을 짓겠다고 했지. 나가 군인 간 있을 땐디, 난 상대는 징그러원 안 가켄 해서 거기 대림에 집을 샀어. 집 사서 살다가 대림에 살아도 마음이 안 붙여지고 허니까 또 귀덕으로 내려와 부럿어.

또 바닷가에, 그렇게 살다가 여기도 어떻게 우리 집 어멍이(부인) 일찍 죽어부런. 허난 귀덕도 살 수 없을 것 같고 아이덜이라도 편하게 해주고 싶어서 제주시로 왔어. 동문통으로 와서 살다가 그 집 적당허질 안허니까 팔고 여기 사고 새로 지언 살고 있어.

본적은 상대. 근디 내가 살던 디가 귀덕으로 돼 있어. 본적을 옮견 신고해부럿어. 같은 중산간이라도 이 금악에 산사름덜이 일어나분 모양이라. 저 금악 서쪽에 '알톨이'라는 곳(수풀 우거진 곳)이 잇엇는디 거기 주로 산사름덜이 살아난 모양이라.

경허고 우리 사촌이 없어. 우리 큰아버지가 있다가 일찍 돌아가셔 부니깐. 우리 아버지도 세 살 때 할아버지가 돌아가셔서 아무도 없고. 이제 참 나밖엔. 우리 집에서도 대수도 나가 제일 높아서 하르방뻘 됐어. 허는 건 없어도 그자 그럭저럭 영 허고 살고 있어.

우리 또래도 심어단 다 죽여부럿주

4·3사건에도 나는 편안허겐 살았어. 그 어떤 놈들 덜된 놈들한테 고통은 안 받앗주게. 어떤 사름덜은 우리 연령에도 경찰에 끌려가서 막 두드

려 맞고 벨 노릇 다했는데, 나는 어떻게 그렇게 했느냐면 아까도 말했지만 제주차부 사장 동생이 옛날부터 큰 목수랏어. 목수니까 그 당시에 한림국민학교가 오래된 집이니깐 수선하게 되니까 전부 수리를 맡았어. 그디가 스물일곱 교실인가? 이십칠 교실인가 허는디.

맡으니깐 그 목수 오야지(작업반장)가 "너 거기 가서 심부름허는 척허면 이제 밤에 '성 지키레여, 목 지키레여' 그런 것들도 다 면제시켜줄 테니까 너 거기 가서, 저 학교에 가서 심부름허라고. 경허연 이젠 거기 가니깐 밤에도 집에 오고 싶으면 오곡. 거기 자고 싶으면 거기 학교서 잠자고. 그러니 어디서 무엇을 하는지 도저히 몰랐어. 몰랐는디 뭔 소식 들으면 거기 목수가 열세 사름이 일을 했어. 열세 사름이 일을 했는데, 집에 갔다 와서 누가 어쩌고 저쩌고 그런 말들을 해. 그래도 난 세상 모르게 살았주. 우리 또래 아이덜도 심어단 다 죽여부럿주.

우리 형님 심어갈 때에 같이 심어간 한산이왓 사름이 둘인디 하난 죽언. 이 아랫사름. 우리 셋성님이 그 말은 비밀로 해줬어. 신체를 어디 묻어 놔둬시난 그 사름덜헌티 가서 파오렌 허라고. 그래서 나가 어디어디라고 간 말해주니깐 갔던 그 사름덜이 파단 묻어실 거라. 장 쎈데, 토벌에 죽어실 거라, 토벌에 죽언. 토벌에.

이름 때문에 희생된 외사촌

한림읍 전체로 성을 쌓았지. 중간치기 밧(밭)덜로 그냥 생작으로 나갔지. 한림으로 시작허연 저 어도에서도. 거긴 애월읍이니깐 거기까진 같이 담이 마주 붙었주게. 한림3리엔 흔 듸가 있어. 진동산 부락 우로. 그때는 뭐 사름 미치지 뭐. 일헐 만헌 사름은 전부 동원시켰어. 소개 온 사름은 더 헷주게. 경헌디 저 산에 사름덜헌티 피해받당 죽은 사람은 없주.

경헌디 상대, 고한이 동네엔 헌 디가 있어. 거기도 지금 사름 안 살고 있는데, 것도 참 고약헌 일이라. 이름 때문에 생죽음당해. 생, 생으로 죽었어. 우리 외사촌 장○○이라고 헌 사름인디, 신체도 좋아. 이덕구 심으러 뎅기멍 해나서, 왜 심으러 뎅기냐게? 이름이 다 비슷허다고 해서. 이젠 또 해볼 도리 없으니까 산에서 와서 글렌(가자) 허니까 어디서 죽어신지 지금 행방불명. 그놈덜을 우리 형님이 어떵 패부난 그랬던 모냥이라. 형님이 다친 건 아닌 모냥이라.

그때 산에 가담한 동네 사름은 전혀 엇어낫주게. 경헌디 나이 많은 사름덜 몇 명을 그날 저녁 같이 심어가 부럿어. 셋인가? 넷인가? 그때뿐.

소개허는 날 저녁에 심어간 것이 이 한산이왓 사름 하나허고, 우리 형님허고, 또 우리 종구실 사름허고, 다섯 사름이로구나. 그 사름덜 어디 강 살아신지 모르지.

아버지만 형을 찾으레 그추룩 다녔어. 아이구, 그놈의 시국도 넘으난 넘었지. 순진한 사름덜, 아이구. 우리 아버지 참 고통받앗주. 우리 집에 물(말)이 열일곱 마리 잇어낫주. 쉐(소)들도 흔 몇 마리 있고. 쉐들은 피해 받지 안허고 그 물덜을 산에 가서 내부럿주게. 우리는 소개해서 내려와 부럿고. 그다음에 아버지가 집이 불에 타버린 거 보고, 물도 찾아보젠 가니까 찾을 수가 잇어? 한 번은 간 허탕 쳐서 오고 또 다음엔 그때 경찰이 성 넘어서 나가지도 못허게 해서 못 갔지.

아버지와 말 이야기

헌디 우리 아버진 억지를 쓰는 어른이라. 집엘 간 보니까 무슨 공사판에서 쓰는 철사 있잖아, 반 생철사 그걸로 물을 묶었는디 물이 머리로 저 한 발쯤은 그 철사를 탁 끊언 돌아뎅겸서렌. 물이 어디 묶어놔 둔 거

끊엉 나온 모양이라. 어슬렁어슬렁 불붙어 분 집에 돌아다니고 있더라고 해. 아 경허난 그 물을 이젠 집이 이끌언 왔잖아. 경허니깐 아, 그 물을 그렇게 했다고 그자 좀 내버리면 될 건디, 이거 지서에 이렇게 했다고 신고헌 거라. 경 안 허믄 또 나중에 알면 처벌받을 거 아닌가 해서. 아버지가 이젠 물 모가지 묶은 철사를 벗견 지서에 가서 말을 했잖아. 말을 허니깐 산사름헌테 물 바치고 양식으로 멕여줬다는 거라.

경허난 경찰이 그 철사로 죽게 두드려버렸어. 그런 놈덜이 있나? 경허연 나가 군대 갔다가 처음으로 제주도를 온 때라. 저 모슬포영 한라산이영 저 어승생이영 군대 잇이난 그디 연락병으로 오면서 집에 들렸어. 그때 우린 그 이 무장들 갖고 뎅기지 못허게 헤낫주게. 헌디 우리는 완전무장 허영 뎅기게끔 뒈부럿어. 그 한림지서에 가니까 순경들을 그냥 막 패 두드렸어.

"이디 가서 무슨 장난치키여" 허난, "너, 너무 과허지랑 말아. 경허당 너 사름 상허민 안 돼" 상허민 상허는 냥, 나 총 이거 있으니까. 처음에 갈 때 보난 순경들 여섯 이신 거 닮안게 바깥으로 나와부럿어. 나중에 들어간 보난 세 명만 남았어. 경허난 막 두드러 패곡.

경헌디 우리 부락 사름덜 대림 사름덜도 다 아는 사실이주게. 한림 사름덜도 우리 아버지 친한 사름덜은 "저거 누게고" 허난, "저 아무가이 아들 아니꽝" 허니까, "잘헴저(잘한다), 잘헴저" 춤춰 부런.

그땐 군대에서 아무 관계도 안 했어. 그때야 경찰덜 사름으로 인정했어? 트집, 우선 뭐 이 어승생에 보초 서는 경찰이 육십 명이라. 노무자가 육십 명이었어. 노무자는 보급 운반해주곡 불 땔 나무 해다 주곡 허는 것, 육십 명.

저 통신대가 완전 한라산 꼭대기에 있을 때는 미군이 헬리콥터로 그 보급을 날라다주니까 먹고살았는데, 미군헌티 한국인이 인계를 맡으니까는 헬리콥터를 사용할 수 없잖아. 이제는 어차피 제주시에서 노무자 지원해주곡, 몇 명 허렌 허난 법에서 다 해준 거지. 무슨 제주도에서만 헌 것 아니주게. 육지도 설악산, 비계산, 지리산, 팔공산, 저 구룡포, 거기 순경이 다 보통으로 육십 명 보를 서. 경위, 경감들. 중대장 가면 군인 일등병이 방망이 가져가서 "엎드려뻗쳐" 시키면서 막 패부러. 그런 매 맞을 짓을 허니깐 겨울이 되면 춥긴 추워. 추운데도 죽기 아니면 살기로 참아야지.

큰 깡통허영 민간에 강 숯 구운 걸로 숯불 살라 발 녹이멍 보초 섰어. 경허당 어떤 놈덜은 총을 안고 잠자버리면 어떤 놈은 그 총을 가지고 가. 우린 한 시간씩 근무를 허주게. 밤이고 낮이고. 한 시간씩 근무 끝나면 거기를 순찰 돌아야 돼. 통신소 주변을 돌아야 돼.

가서 보 서다 졸고 있으면 총 가정나오는 거라. 그 총 가져다 내무반에 가져강 경찰 중대장은 경위, 경감들 강 깨우는 거라. 중대장 깨우라 해서 "순찰 왕 돌아보라" 순찰 돌아보민 총 없는 놈도 있잖아. 그때도 와서 "엎드려 뻗쳐" 절 허믄, "엎드려 뻗쳐! 이 새끼!" 두드리는 게 일이라. 힘 엇엉 못 두드렷주게. 육군 본부에 상신을 허는데, 이 통신소에 저 경찰 보내지 못허켄 허는 거라.

매 무서완(무서워서) 절대로 안 가겠다고 허는 거라. 경찰한티 그 산에 가라고 허민 저 사직해버리려 한다고. 게난 구타 좀 덜 허라고 해줬어. 경 안 허민 안 되게 됐어. 안 돼. 경찰들 참말 실컷 매 맞았주. 아이고, 제주 사름덜 경찰헌티 되게 당했어. 좋은 기회다 해서 개 패듯 그냥.

우리는 새로 시작허려니까 재산이라곤 말 열일곱 마리 중에 하나만 남아 있었어. 그것만 해도 큰 재산이었는디. 산에서 전부 심어단 잡아먹어 부런.

자수허레 한림지서에 갔지. 상대리는 현칩(현 씨 집)이 몇 없었어. '고

한이 동네'란 데가 전체 장칩이라. 지금 저 '종 구실' 허는 그 근처가 장
칩이 조금 많아. 장칩 고향이었어.

 난 직업을 목수, 그쪽으로 택해불고. 이것도 인덕이라. 그 사름이 명
이 길면 어떻게 그런 방면으로 들어가게 되는 모양이라.

그리운 아버지

—

변부군

1928년 한림 옹포 출신으로 한림국민학교를 나와 부산에서 중학교를 졸업했다. 이후 제주에 들어와 4·3사건을 맞았다. 4·3사건이 일어난 시기 국민학교 교사를 했다. 1950년 결혼한 남편은 한국전쟁이 터지자 곧바로 서울로 갔다. 큰시누이는 봉성 구물동 습격사건으로 희생당했고, 시어머니는 죽창에 찔렸으나 살아남았다. 친정아버지는 민보단장을 했었는데도 누군가의 밀고로 "산에 원조를 했다" 해서 지서에 잡혀가 대질까지 하고 고문당했다. 아마도 밀고한 사람은 자기가 살고 싶어서 좀 힘 있는 사람, 그의 힘을 믿으려고 해서 그랬다고 그는 생각한다. 그때 변부군도 지서에 들어가 거꾸로 매 맞는 치욕적인 고문을 당했다.

(채록일: 2006.4.27 | 채록 장소: 제주시 용담동 자택)

1

나 한림지서에서 치욕적으로 맞았어

　나 원 나이는 79센디. 호적으로는 세 살 아래여서 76세로 됐어요. 1928년생인디 1930년생으로. 4·3사건 다음 해 결혼했지. 경헌디 우리는 정말 이상한 세대에 태어난 사람이라. 그냥 대동아전쟁 끝난 4·3사건 낭(나서), 6·25 낭 막 그렇게 됐어요.

　한림국민학교, 부산여중 나오고. 부산에서 여중 2학년 다닐 때 해방됐어요. 졸업허고 제주도 오니까 4·3사건 일어났어. 그땐 국민학교 선생으로 직장 다녔어. 그때는 촉탁. 촉탁이지. 처음 발령 나고 그 후에 준교사니 뭐니 했어. 경허니까 난 직장 조금 다니당 그만둬 부런. 살림 사니깐 그만둬 부런.

한국전쟁 시기 결혼

　나 6·25 나는 해에야 결혼했어. 난 결혼헐 때 남편 얼굴도 모르크라. 결혼헨 딱 두 번 만나서 무슨 일인지 서울로 가야 되켄 헌 거라. 그때

6·25 나난 가부런 엇어.

형이 옛날에 금융조합이라고 잇어낫는디. 게난 우리 큰시아주방이 금융조합 이사라. 일본서 다들 학교들 나왔거든. 우리 시아버지가 일본 계셔서 공부를 시켜노니까 일본에서 형이 바로 서울 왔어. 금융조합 이사 시험을 보난 바로 대번에 붙은 거야. 머리들이 좋아.

경허난 우리 집이 막 이상케 된 게. 또 이북에도 하나 간 있어요. 학교 다니단. 이 집이 습격 맞고 누님 죽고. 경허난 이디서 살 수가 엇이난 우리 시아주방이 이제 서울에 사는디 남편을 데려간 거라. 데려간 중학교를 시키는데 방학 때 저리로 밀려가 분 거주게.

경헨 1차로 2000년도에 우리 만났어. 그 연으로 해서 우리 집이 막 그냥 집안이 힘들게 됐지. 이제 이북 간 우리 시아주방이 그 당시에 같이 뛰었거든. 그 시국을 겪언 갔는데, 저기 가니까 또 6·25가 나분 거라. 2학년 때. 중학교 2학년 때. 거기 학교에 나오렌 해서 그리로 몰앙 가분 거 아니? 겐디 살앙 만나기는 헌 거지. 2000년도에.

우리 집 잘도 억울해도 하나도 보상받지 못했어. 유공자로 해서 돈을 타는 사람도 있는데, 우린 하나도 안 탄. 아들들이 허지 맙센. 허지 말라고 해서 우리 시어머니 아흔하난가에 돌아가셨는디. 경헤도 딸 열일곱에 죽어부러도 못 탔어요. 우리 시누이가 하나 있어요. 우리 집이 시어머니도 돌아가셔 불고 우리 하르방(남편)도 이거 신청해둔 지 이젠 2년 뒘주게.

신제주에 사는 고모는 곱앙 이실 때(숨어 있을 때) 어머니한티 창질할 때도(창으로 가할 때도) 같이 잇어나난. 거긴 어려도. 생생헐 거여. 그디는. 어려도 국민학교는 안 갔을 땐가. 경헤도 말하는 거 보믄 알아. 일곱 살인가 몇 살인가 허난에.

4·3 경험

그 당시에는 "왓샤 왓샤" 허멍 내려와. 우리 집 앞이 절집이었어. 게난 절에 가서 부처님 밑에 숨어나기도 허고. 담 밑에도 숨었어. 집집엔 사람 비워부난. 우리 집은 불은 안 부쪈. 게난 길가 집이니까. 영 지나오멍 한림 쪽더레(으로) 넘어오는 것만 봤어요. 그자 "왓샤 왓샤" 소리는 듣고. 곱아 둠서(숨어 있으면서). 해안가에도 막 "왓샤 왓샤" 와 났어. 여기도 '바지부대'[1]가 왔어.

이건 혈 말이 아니라도, 산에 올라간 사름덜이 막 불부쪄 불고. 또 이쪽에서 막 나왕 경헌 거 아니? 경헌디, 산에 있당 내려온 사름덜이 더 큰 소리 하더라. 요즘은. 이렇게 보니까 난 잘 모르겠는데, 우리 하르방이 이게 안 뒈먹었젠. 그때 그 말 하던데. 그 말 한마디는 들었어. 왜 그러냐면 산에 올라갔다가 내려온 사름덜이 이젠 큰소리치는 거라. 여기서 막 총질해 부난. 요새도 말하잖아. 총질해 부난 자기네 다 죽었젠.

똘똘 뭉천 희생자 하나도 엇인 마을이 옹포 마을이야. 우리 아버지가 민보단장을 헷주게. 경허니깐 나 그거는 잘 알아져. 그러니깐 집에 있지 말렌 허고. 저녁때 되믄 우리 보고 밥 일찍 먹엉 피해불렌 했어. 게난 절집에 강 숨어난 것도 알아지고.

민보단장 출신 친정아버지 고문

아버님도 지목 대상이난 집에 못 잇엉 우리 아버지도 막 고통받안. 고

---

1 서북청년단, 바지자루부대라고도 한다. 보리를 담는 자루처럼 헐렁한 모양의 바지를 입고 다녀서 붙여진, 경멸이 담긴 명칭이다.

통 많이 받앙 정말로 죽지 안허고 산 게 용하지. 우리 아버지는 모슬포까지 잡아간 걸 어떻게 할 거야.

민보단장 했었는디도 막 거꾸로 쳐서 고문허고, 우리도 어느 때 죽었다는 소문 오카부덴(올까 봐서)…… 20일 만인가 우리 아버지가 나왔어. 경허난 1차로 굴에서 죽여분 다음에 우리 아버진 막판에 갔어.

굴에서 "먼저 죽였다" 허는 소리가 잇어난. 그 후제(후에) 우리 아버진 막 고통받앙 죽어질 건가 헌디 정말로 운 좋게 살아와졌다는 거라. 우리 다 돌아가셨는가 했는디 살아왔어. 경허난 산에서 굴에서 양쪽에서 막 고통받았어. 모슬포 그 헌병대에 간. 군인들이 잡아간. 헌병대에 갔다 나왔어.

잡아갈 때는 이제 산에 원조를 했다 해서 잡아간 거지. 아버진 아무것도 안 했는데. 대질까지 우리 다 했어. 한림 어디 사름인디 그 우두머리라. 남잔데 "이 사름은 산에 보조했다", "나 언제 했냐". 그것까지 다 대질받고 해서 풀려났어. 그 사름허고. 경허난 그 사름이 잘못했다고 했어. 자기가 살고파서, 살고 싶어서 좀 힘 있는 사름, 그 힘을 믿을라고 해서 그랬던 거라. 그 사람은 죽어부럿어. 그때 나도 그 지서에 들어갔단 나왔어.

건디 그 사름도 1차로 죽긴 했어. 그 사름이 한림 어디 진동산인가. 나 어디 일름(이름)도 모르크라. 아버님이영 친하게 알던 사름이지. 경헌디 그렇게 모략하더라.

한림지서에서 치욕적인 구타

막 취조도 당하고 나오난 몸이 완전 야위었어. 15일인가 20일인가 살 앗어. 그때 난 아버지영 같이 잡혀갔어. 왜냐면, 그냥 우리 집이 옛날에 전기 엇이난 등유 쓰잖아. 등피불. 경허난 그거 불 싸고 해서, 난 이제 신문 들고, 우리 아버지가 촌에 살아도 신문 받아보고 했던 분이었어. 게난 나도 여기 앉아서 신문 보고. 옛날에사 다 그랬지. 그래서 이리 앉아서 신문을 보는데, 그냥 창문에 총부리를 딱 대면서 "나와!" 허는 거라. 나간 보니까 마당에 흔 30명 잇인 거라.

저 지서 있잖아. 옛날은 지서라. 지서 주임이 이북 사름이라. 그 당시. 한림지서 주임이. 나도 같이 나가서 그냥 꿀려 앉안. 아버지영 같이 가서 나도 이틀 밤 살앙 나완. 한림지서에서 나 여기저기 잘도 맞았어. 아버지가 헌 일을 불렌 허는 거라. 막 묶어서 막 때리는디 아이고, 나 말허지 안허켜. 막 챙피스러와. 말도 못 해. 천장에 매달아서. 매달고 여자로서 치욕감. 옷 저 팬티영. 아이, 나 그 말 허여가민……. 하여튼 나쁜 자식이야.

저 이북 서북청년딜. 당시 서북청년딜. 사태 난 후제. 1948년도. 게난 나가 딱 스무 살 때. 그니까 우리나라 나이로 스물한 살 때. 결혼은 안 헌 때. 그때 우리 친구들도 막 여군으로 가고 그렇게 헐 때라. 군인 들어온 건 나중에.

난 이틀 밤. 이틀 살고 나왔어. 그때 아버진 며칠 후에 나완. 우리 아버지도 그때 나는 안 봤는데, 그 취조헐 때 나도 안에 있었거든. 그 취조실에서 아버지가 취조를 당허는디 막 죽는 소리 다 허더라게. 나 그거 다 들었어.

아버지는 이 4·3사건에 들어갔다가 어떤 사람이 힘써서 나완. 그 후제 막다른 골목에 다다르니까 이젠 모슬포로 잡아간 거라. 그건 전쟁 날 때. 6·25 곧 터질 때. 그때 닮아. 6·25전쟁 나난 또 막 잡아 가두는 통에. 그때 닮다게 (예비검속을 말함 ─ 채록자 주).

면담자: 근데 저희도 조사하다 보면 6·25 때 잡혀갔던 사람들이 4·3 때
　　　 는 민보단장이나 부단장 했던 그런 사람들이 막 잡혀갔어요.

응. 그건 몰라. 그렇게 막 수습하고. 아이고 밤에 우리 아버지 집에서
잠도 안 자봤어. 잠도 안 자고 그 리사무실인가 한림 가면……

그 이유? 우리 아버지는 누가 꼭 일부러 그렇게 헌 거 닮덴 허는디. 누
구를 꼬집어서 말할 수는 엇주게. 그렇잖아. 막 억울헌디. 헐 일은 다 해
놓고 나중에는 그런 대가를 주더라고.

이제 말해가니까 생각이 나. 하도 오래돼부난. 나 그거 기억할 것도
못 돼. 이젠 막 몸서리나고 그때 고생한 생각허면. 나가 스물하나면 우
리 어머니가 스물셋에 날 낳았거든. 경허민 계산해보라. 마흔넷이 맞다.
우리 아버지하고 어머니허고 여덟살 차이라. 게난 아버지가 오십 대가
맞아. 52세.

그때도 민보단장 하고 있을 땐디. 게난 그 후제 해신가? 하여튼 막 시
끄러완. 그것도 안 허켄 허난 막 가져다 씌운 거라 그때도 아버진 그런
거 나서는 것도 싫어허는디. 막 강요하니까 하긴 했어.

나 죽을 뻔했는디 어떤 헌병대 대위, 우리허고 같은 종씨가 도와줘서 살
았어.

우리 집

옹포는 옹포 자체만 성을 쌓은 건 아닐 거야. 안 쌓았어. 위에 바로 명
월이 붙어 있어. '낙동네'엔 헌디. '하동'이엔 헌디 붙어 있어. 거리가 조
금 차이지. 원래 성담이 있었어.

명월성 있잖아. 거기 바로 물 흐르는 디가. 그디 절 있는 디가 우리 집

이주. 우리는 그디서 해안가하고는 막 멀어. 왜냐면 명월 쪽에. 동명에 바로 붙었어. 논허고. 그 내, 그 상수도 올리는 물 내리는 디 있잖아. 그디 기와집이 우리 집이주. 이제도 잇주게.

기와집 두 개 딱 있어. 세 개였는디 하난 우리 조카네가 뜯어불고. 사람 안 사니까. 이디 안 살고 서울 살아부난. 비 오민 자꾸 안 좋으니까 확 뜯어불언. 이제 조그만 창고 하나 잇어. 기와집에.

막내 시동생

원래 봉성 구물동 홍 씨가 머리가 좋아. 이제 이북 간 사름도 자기대로 그 말 해. 나 얼마나 요망지냐고. 왜냐면 열여덟에 제대를 했다는 거라. 거기서 제대했는데 왜냐면 통신병으로 잇어낫덴(있었다고). 경허난 이젠 학교 할래? 어디 갈래? 하니까. 학교 가켄. 게난 치대를 2년 헷젠(했다고). 치대를 나오니까 성적이 일등이라. 경허난 거기 간 성공한 사름이주게. 이제 의대를 갈래? 하니까 이제 의대 가켄 헌 거라.

경허난 대학을 두 개 나완. 치대 나오고, 의대 나오고 허니까. 그 종합병원이 어디 잇이냐면 원산. 원산에 있는데 거기에 과장이라. 교수고 과장인데. 나도 만나서 안 들어봤어. 우리 시누이가 오빠 월급 얼마 타? 물으난 백 원 탄덴. 게난 백 원으로 살아? 못 살아. 게난 거기서 거기 사름 허고 결혼헨 처가에서 도움받앙 살앗주.

이산가족 만났을 때? 그땐 한창 텔레비전에도 나오고, 제주신문에도 나오고. 제주도에서는 우리가 처음일걸. 제주 출신으로는. 시동생 하나. 말하는 거 보난 귀덕 사름도 있다 허고. 명월 사름도 있다고 허고. 나가 그걸 알아시믄 이름을 써올걸.

자기가 같은 형님으로 지내는 사름이 있다고 했어. 김○○인가. 같은 이웃이고. 왜냐면 봉성서 내려오면 곽지였어. 경허난 곽지허고 그딘 붙었잖아. 형제간 같이 형님으로 모셩 살암수덴.

동생 거기 가부난 우리는 연좌제엔 헌 걸 안 걸련. 왜냐면 우리 사망 신고도 안 했어. 우리 큰시아주방이 국회의원 지냈어. 민주당 때. 경허니까 시아주방으로 해서 우리도 학교에 그냥 잇어나고.

입이 보통 바른 사람이 아니주게. 유명해. 나이 든 사람들은 다 알아. 칠 팔십 대는. 입이 노시라부난(날카로워버리니까) 못 헌 거라. 입이 노시난. 동문시장 앞에서 막 연설하고 돌아다니멍 했어. 경허난 이 사람을 건드리지 못한 거라. 경허니까 우리는 연좌제에 안 건드려. 만약 연좌제에 건들였다 하면 이 사름 입이 남아나질 않았지. 유명해. 게난 홍문중이 어떤 사람이우꽈. 손을 써서 안 걸린 게 아니고 그 입이 무서와서. 연설 잘한다고 소문난 사름인데.

옛날에는 일본서 벌었어. 일본에서 시아버지가 먼저 갔다가 아판 들어와서 밭도 많이 사고 막 새 부자라고 했는디 시아주방이 선거허멍 다 썼어.

남편

우리 남편은 서울농대 중등교원 양성소를 다녓주. 우리 큰시아주방도 일본서 대학 나오고. 이분도 일본서 모모야마 중학교엔 유명한 학교라. 천황폐하가 다 다녀가고. 이제는 대학뒈부런. 게난 하르방 몇 번 갔다왔주게.

왜냐면 그 학교가 유명한 학교난 한국 사름이 학교 전체를 털어서 12명밖에 없다는 거라. 졸업생이. 우리 남편까지 해서. 게난 남군에 국회의원 해난 사름 있어.

우리 시아주방하고 같이 국회의원 했어. 4·19 이후에. 그 형제가 모모야마 중학교를 나오고 우리 남편하고는 동기는 아니로되 동문이라. 경헌디 강 조사하니까 충청도 어디 장군도 지낸 사름인디 한국 전체에 12명밖에 없다는 거라. 그 학교를 나온 사름이. 경허니까 정말로 우리 집이 이제 일본책으로만 꽉 찼지. 누게 전해주젠 해도 일본글 아는 사름도 없고. 하르방 잇인 때는 일본 잡지 ≪문예춘추≫를 돌아가실 때까지 받았져 우리. 그거 게난 버리젠 허난 아까와서.

그때 불타진 않아도 일본서 완 이디 오지 않고 바로 서울 형이 사니까 왜정 때니까 소화 18년도(1943년)에 졸업허고 와서 20년도에 해방되잖아. 경허난 거기서 국민학교 선생헷주게.

서울에서 이디 와보지 않았어. 이젠 소화 20년도에 해방된디 말을 몰랑. 일본서 크고 이듸 동창이 하나도 엇주게. 일곱 살에 일본 국민학교 있잖아. 일본 국민학교 들어강 거기서 중학교까지 나완 거기서만 살아부난. 말 모르니까 이제 선생을 못 한 거라. 경허난 자기대로 독학했다고 했어. 자기대로 독학하고 이제 중등으로 왔주게. 처음에 곧 왕 임시로 하귀중학교에 있었어. 결혼하기 전이라. 그다음에 농고 있다가 애월 가실 거라.

6·25 넘엉 왔주게. 1·4후퇴 때 온 사람이라. 1·4후퇴 때 서울서 걸언 부산 오난 꼭 보름 걸려낸. 걸엉. 게난 삼랑진 오난 기차가 다녀렌.

경헹 성산포로. LST로 올 때. 그걸로 성산포에 오고렌.

후유증

나 그때 매 맞았던 후유증? 게난 그 다리가, 이 다리가 땡땡 붓더라. 이것이. 그냥 땡땡 부엉 시커멍허난 그때에 몇 년 동안은 막 아픈디 이젠 하도 오래난. 아픈 것이 그거 때문에 아프는 건지, 다른 거 때문에 아프는 건지 몰라.

게난 아무도 없으니까 우리 집에서 이거 신고허난 우리 집 하르방 이름으로 용담으로 나오고 그 책자에 보난 이름 나왔어. 신청하기를 용담으로 신청하니까 용담으로 됐어. 신청한 데로 나오드라. 어도리에 그때 희생당한 큰시누이 이름 나왔지. 그전에는 용담으로 나왔다게. 사름덜이 다 자기 동네 가서 하니까. 가만 있자 어도리 큰 마을이난 잘도 많아. 150명?

이젠 시어머닌 이디 왕 돌아가션. 죽창에 여덟 군데나 맞안. 그 표적? 다 있주게. 이디. 이디 막 창자가 다 나완게. 경허연 헌디 아무래도 아들이 막 똑똑허난, 다른 사름 같으면 그 시절에 죽엇주만, 홍○○이 어멍이옌 허면 어떻게든 살았다고 했어. 여덟 군데나 찔러부러신디. 경혜도 살안게. 경혜도 90세까지 살면서. 막 오몽을(움직이지를) 못해. 시어머닌 막 쑤시는 아픔을 겪었지. 그런데도 아무런 보상도 받지 못했어.

면담자: 이제 나중에 4·3특별법 신고받으멍 후유증 잇인 사름 신고받았주마씨. 보상금, 치료비 무료. 병원서 무료로 치료해주고 잇수다.

그 시누이는 결혼을 그때 안 허연. 우리 시아버진 어떻게 그 후유증이라 할까 뭐라 할까 빨리 돌아가셨어. 62세에 돌아가션. 시누인 사혼시킨 셍이라. 근디 그디도 아무도 엇언. 경허난에 우리가 신청을 헌 거주게. 신청할 사람 없으니까.

산은 누가 소분이나 하고 있는지 어떻게 허는지. 나중에 어도마을 가까운디 그디 묻었던가. 그디 묻엉 이신가 어디 묻엉 이신가 난 그걸 잘 모르크라. 겐디 우리 시누이는 알 거라. 게난 같이 합장을 할까. 아무도 엇어부난. 경혜도 합장이라도 해노면 이디서 관리는 해줄 거 아닌가 허는 거지.

김명복

1950년 한림에서 태어난 김명복은 유복녀다. 예비검속으로 아버지가 제주시 도두동에서 돌아가셨다고 하지만 시신을 찾지 못했다. 4·3 시기 이모부와 사촌언니가 희생당했다. 특이하게도 아버지가 꿈속에 나타나 어머니의 목숨을 구했던 경험이 있다. 만삭의 어머니에게 먼 친척 할머니가 와서, 자신의 꿈속에 아버지가 나타나 절대 밭에 가지 말라고 암시했다는 것이다. 또한 김명복 자신도 꿈속에서 너무너무 슬피 우는데 아버지가 나타났으나 말 한마디 못 한 안타까웠던 기억을 전하고 있다.

(채록일: 2006.4.6 | 채록 장소: 제주시 이도동 자택)

슬피 우는 딸 찾아
꿈속에 온 아버지 그립습니다

아버지 끌려간 날짜

난 1950년 10월 8일생입니다. 아버지 돌아가신 날짜도 모르고, 그냥 아버지가 끌려간 날짜로 해분 거 같습니다. 옛날이니까 출생신고도 정확하게 안 했을 겁니다. 한번 도청에서 전화가 와서 "이건 아버지 돌아가신 날허고, 태어난 날이 연도가 틀리다" 게난 "난 들은 바 없습니다" 했습니다. 누구 뒤에서 얘기해주는 사람도 없고, 그런 걸 구체적으로 그때 당시는 알려고도 안 했거니와. 무슨 연도가 틀린 거까지는 우린 생각 못 했습니다.

출생이 문제가 아니고 사망신고를 잘못했을 수도 있고. 게난 어디가 잘못인지 모릅니다. 나는 정확하게 모르기 때문에 그렇습니다.

우리 언니네도 미국 살고, 서울에도 사는데도 얼토당토 안 헌 게 일본 거주지로 나오고예. 호적등본이영 다 해서 보냈는디 그게 그런 게 자꾸 세밀허지가 안 헤마씸. 제멋대로라. 미국 주소 해서 다 거기 보냈는데,

일본 거주헌 걸로 나와가난. 이건 어디다 두고 헌 거냐 한번 내가 너무 너무 화가 나서 도청에 한번 갔다 왓수다게. 아무것도 아니주만 이걸 명확허게 해야 허지. 아무 근거 엇인 일본 주소로 나오니까 말입니다.

꿈속에서 만난 아버지

어머니한테 들은 얘깁니다. 제가 뱃속에 있을 적에, 그 어머니가 옛날엔 불 지피멍 밥을 허지 안 헷수과. 밥허는데, 어머니 배는 이만큼 불었는데, 좀 먼 친척 할머니가 오셨다고 해요. 그 할머니 허는 말이 "오늘 어디 갈 거냐?" 허니까 밧(밭)에 보린가 뭐 조 허레 갈 거라고 우리 어머니가 얘기했던 모양이라마씨. 게난 아버지가 그 친척 할머니 꿈에 나타낭 "오늘랑 절대로 밧에 가지 말렌 우리 애기 어멍한테 가서 얘기해줍서". 왜냐면 오늘은 나 아무 죄도 엇인디 끌려왓수다. 나 무슨 죄를, 내 죄를 말허라고 허니까 눈부터 쏘웁디덴. 눈부터 맞안 쓰러졋수덴. 게난 절대로 우리 애기 어멍한티 오늘 밧에 가지 맙센 꼭 얘기해줍센. 꼭 부탁해줍센예. 산 사람같이 왕 얘기허렌마씀.

그 할머니가 이제 아침에 어머니 밥허고 있으니까 그 얘길 와서 하더랍니다. 경허난 그 후로 밧엘 안 갔덴 헙디다. 겐 그거뿐이고, 나가 이집 짓고 와서 한 8년, 7년쯤 됐구나 그 꿈 본 때가. 저가 잠자면서 꿈을 예, 좀 심각한 꿈을 꿀 때는 저도 모르게 막 진짜로 흐느끼면서 꿈을 꾸면서 잡니다. 그러면 남편이 막 흔들멍 깨우는디. 다른 거는 잊어버렸는데 그 아버지 꿈만큼은 잊어불질 안 해마씀.

한 7, 8년 뒷수다. 막 흔들어 깨웠는데, 깨나고 보니까 너무너무 생생헌 거라예. 일어낭 보니까 막 그냥 얼굴도 다 젖고 옷이 다 젖언 있어요. 이제 가만히 앉앙 생각해보니까 너무 기가 막히고 너무 이건 현실 같았어요.

왜냐면 이제 저 밑에서 너무너무 슬피 우는 여식이 있어서, 바다에 용왕님이 우리 아버지를 불러내 온 거라마씀. 간 데련 나완. 저 밑에서 너무너무 슬피 우는 자식이 기다리고 있으니까 강 만나서 오라. 그니깐 용왕님이 간 우리 아버지를 불러온 모양이라마씀.

용왕님은 안 보입디다게. 겐 아버지만 그냥 영영 허멍(걸음 걷는 모습) 그냥 걸언 나오는디, 그 옛날 아버지, 난 아버지 사진밖에 모르난, 그게 아버지 사진 그냥 그 얼굴이라마씀.

젊을 때 그 얼굴 그냥. 옷은 작업복 차림 같은 거 입고 있어요. 하여튼 검정 옷에다가 좀 초라한 옷입디다. 근디 고무신 신었든가, 나오면서 나는 처음 보는 아버지니까 너무너무 반가워서 "아버지!, 아버지!" 막 부르는데, 그 아버지는 아무 말도 없는 거라마씀. 그냥 덤덤허게 걸어만 가시는 거라. 겐 나 혼자만 처음 보는 딸인디 그래도 "너가 누구냐" 한 번이라도, 말이라도 좀 건네고 갔으면 좋을 건데. 어떻게 저렇게 무심히 갈 수가 있는가 싶어서 너무 막 실망했어요.

아버지를 만나고도 아버지하고 대화를 한 번도 못해서 그냥 지나쳐 버린 게 너무 슬퍼서 더 울어진 거 같아마씀. 게니까 나중에 얘기해보니까 주위 사람들이 죽은 사람은 얘기를 허문 안 된다고 해요. 죽은 사람은 얘기를 허문 안 된다고. '아, 그렇구나' 해서 그걸로 끝나십주게, 그게 지금까지 가슴에 맺히는 거라마씨. 그거뿐이우다(웃음).

나 지금도 '아버지'라고 부르는 사람 보면 너무너무 부러워마씀. 게난 시아버지를 진짜 친정아버지같이 생각해집니다게.

나의 아버지

아버지 얘깁니다. 그냥 집에 있으니까 끌려갔는데. 지금 외도 굴속, 그 속에. 소문에 의하면 그듸 끌려갔다고 헌 모양이라마씀. 그 당시는 한림 교회로 가는데 고모님이 살았어요. 그때 당시에는 군인용 트럭으로 사람을 그냥 하나씩 실러 나르더라고 말핸마씀. 경헌디 차에서 무슨 암호 닮은 것을, 무슨 말을 막 한 모양이라마씀. 우리 고모님은 오라방이 끌려간 걸 보진 못허고 끌려간 소식을 알고 허니까 집안에서 애가 탔지요. 겐 고모님이 간 보난 군인 차가 싹 지나버리더라고 헙디다. 겐디 이젠 어머니하고 오빠하고 그 한 며칠 동안을 그 도두봉 굴속엘 갔어요. 몇 번을 찾았어요. 막 무서왕 못 갈 것 같다고 해요. 찾아도 못 찾안. 한 열흘도 더 다녔다고 헙디다. 찾으레. 겐디 시신도 못 찾고 그냥 그대로 있습니다.

도두봉에서 희생됐단 소식만 듣고. 차 하나씩 해서 거기에 싣고 갔덴마씨. 한 차씩. 아버님 연세가 한 45, 46세 됐는가. 아버지 성함은 원 자 석 자입니다.

한림 농협에서 저쪽 명랑동으로 가는디 그때 당시는 할아버지는 장사했었는디, 장사한 것도 다 망해버리니깐 그때 당시 나가 태어나기 전까지는 농사지어났던 모양이라마씀. 내가 막내지요. 위에 언니 셋, 오빠 한 분 계시고.

우리 아버지 형제지간은 피해 없고, 우리 이모 아들 외사촌 오빠도 돌아가시고. 이제 이모부님도 돌아가셨는데, 4·3사건 때 나보다 한 살 우에 사촌언니가 있는데. 그 언니도 애기 때마씀. 나서 몇 개월 안 된 때. 그 이모부님은 지금 살아 있으면 장관급이렌 헙디다. 장관급인데 그 이모부님도 끌려가 가지고.

이제 우리 사촌언니를 우리 이모님이 그 애기, 몇 달 된 애기를 업어서 한 일주일인가 열흘을 도시락인가 만들어서 가져갔덴마씀. 그때까지는 계속 한 일주일까지는 받았덴마씀. 게난 그리로 끌려간 후에 "그냥 죽여놓고, 도시락은 계속 받은 거 같더라" 이런 말을 헙디. 근데 이제 일주일 넘어가니까 "이제랑 도시락 가져오지 맙서. 이제랑 도시락 가져오지 맙서" 영 했덴마씀. 그땐 나중엔 돌아가신 거 알안. 우리 이모부님 그래서 시신이라도 있으면 무덤이라도 잇주마는. 저는 아버님도 시체도 없지. 그러니까 그냥 비석만 하나 세왓수다.

돌아가신 이모부는 장용문 씨. 어머님도 3년 전에 돌아가셨어요. 한림에 계시다가 길에서 쓰러졌다고 연락받앙 가보니까 뇌출혈 일으켠예, 여기 완 한 9년 모셨다가 돌아가셨습니다. 아버지가 한림에서 뭐 유지급으로 계셔난 모양입디다게.

끌려간 날로 제사

제사는 아버지 끌려간 날로 해서 지내다가, 우리 집에 아들이 없으니까 이제 한 몇 년 전에는 이제 친정에 아무도 없어버리고, 또 어머니도 여기 와 계시고 허니깐. 제사를 또 친정 제사를 지내지 못허지 안헙니까? 시댁 어른들 보기 미안해가지고. 그러니 이젠 성당에서 지냅니다.

어머니가 아프시기 전에는 성당 다녀나니깐. 성당에 강 미사로 들이다가 이제 친정어머니 돌아가시니까, 이제 시댁에서 시어머니 시아버지가 "그러지 말고 집에서 명절, 제사를 해라" 해서 돌아가신 1년은 또 성당에 간 허다가 아무래도 시아버지네도 보기가 또 안 좋았는지 "집에서 그냥 모시라" 해서 작년부턴 여기서 그냥 한꺼번에 날 하루 잡아서 지냅니다.

그니까 어머니 돌아가신 날로 같이 모십니다. 그전에 모실 땐 아버지 돌아가신 날로 6월 12일 했습니다. 음력 6월 12일은 아버지가 잡혀간 날입니다.

예비검속 그런 말도 합디다. 우리 사촌오빠 처음 그 뭐 내용을 쓰렌, 보증인 내용에 그런 말 헙디다. 예비검속. 제주시 쪽으로 끌려간 거 닮수다. 그거 강 보민 거기에 다 있으니까 자료. 난 옛날 말이니까 뭐가 뭔지 하나도 모르지만 뭐. 꿈에도 어머니한티 말했어요. 그러니 울기만 허지 뭐라 헙니까.

오계아

1931년 한림읍 명월리에서 태어난 오계아는 1948년 5·10선거를 피해 오름으로 피난해서 쫓고 쫓기는 세월을 보내야 했다. 한림 시내에서의 3·1시위, 문맹퇴치에 힘을 쏟았던 오용범 선생에 대한 기억이 강렬하다. 옹포리 공장에서 소개 생활을 하기도 했고, 4·3 때 여자대한청년단 활동을 했다. 선거운동도 해야 했으며, 아버지 대신 나가 성담도 지켰다. 둘째 오빠의 정신적 혼란 증세를 목격해야 했고, 스무 살이 안 된 큰조카는 4·3에 연루되어 인천형무소에 수감되었지만 행방불명되었다. 4·3 와중이어서 그녀는 약혼 4년 만에 결혼했다. 현재 귀덕에서 농사를 지으며, 시인으로 활동하고 있다.

(채록일: 2007.9.28 | 채록 장소: 애월읍 귀덕리 자택)

3

아버지 대신 성담 쌓고 보 삿주

오용범 선생에 대한 기억

나가 열다섯 살에 해방된 거라. 난 호적에는 1932년생으로 돼도 원래는 1931년생. 나 열두 살에 오용범 선생님이 그 학교를 세왔어. 1942년에. 열여섯 살에 그 선생님한티 배왔던 건 확실허고. 난 육 남매 가운데 막내라. 오용범 선생님보다 우리 오빠가 더 나이가 위니까 나를 누이동생처럼 생각했지. 오용범 선생님도 친척인디 흐꼼 촌수로 멀고. 가까운 친척들은 지금도 있지.

그때는 기억력이 확실히 좋았어. 나가 '기역' 자도 모르는디, 오용범 선생님이 그 학교를 세울 때 선생님 말씀 들언 나가 들어갔어. 처음은 '가갸' 자도 몰랐지. 우린 상급반 하급반 두 반으로 나눴어. 그때 난 연령으론 상급반이 돼야 했어. 상급반에 한 15명쯤 있는디, 일 년 허니까 나가 젤 앞서갔지.

나가 처음 배울 땐 '가갸' 자도 일본글을 안 배웠는디, 책을 한 줄 읽으민 어떤 글자가 어느 몇 줄차(째)에 써진 걸 다 기억을 했으니까. 이제는 원, 손에 쥔 것도 잘 잊어불고. 이렇게 잘 잊어불 수가 없어.

나는 오용범 선생님 말씀이 너무 좋았어. 너무 듣고 싶어 했는디, "언젠가는 우리도 해방이 될 때, 우리나라가 풀릴 때가 있으니 너네도 나라 사정을 알라" 해서 말해줬어. 1943년 봄에 그 말을 들었어. 그땐 나가 3학년 되는 때라. 처음엔 2학년으로 배우니까. 게난 나가 가정 사정으로 배우질 못하고 딱 1년 배우고 나왔어. 더 배왔으민 일본글이라도 흐끔 더 트일 건디. 게난 그 선생님 말씀이 "언젠가 해방되면 나라를 위해, 조국을 위해 싸워사 흔다" 헌 말을 헷주. 1943년 봄에.

일제시대 글을 잘 가르쳤으니까 해방돼도 한글을 배우고 싶엉 가니까 선생님이 경헷주. "난 이제 이 시대관계 때문에 남북이, 이제 남북통일을 시키는 것이 더 급허니까 가르칠 수 없고, 여기 김창하라는 사름헌티 가라" 허는 거라.

선생님은 "이 동네 아이들 야학을 거기서 헐 거니까 거기 강 배우라"고 했는디. 그때 나는 김창하 선생한테 꼭 배우게 되길 바랫주. 겐디 지금도 흔적이 있는디 못에 찔련 농 앉는 바람에 배우러 뎅기지(다니지) 못허고.

명월의숙에서 처음 기초는 오용범 선생님이 혼자 했어. 워낙 문학을 좋아허던 분이니까. 원래 공부는 안 해도. 일본 간 일본글을 배우단 왔으니까, 이젠 이 동네 아이들이 너무 어두우니까 일본을 위해서가 아니고 우리 동네 아이들 장래를 위해서 저 동네에 그 글방을 세완. 조금 허겠다 허니까 물론 마을 사름덜이 협조해줬지.

그때는 아무래도 눈을 떠야 헐 건디. 우리나라 말은 글도 막 폐지해분 때니까. 한문서당도 다 폐지허고. 일본글만 배우라 헐 때난 일본글을 가르친다 허연 오용범 선생이 가르치멍 허는 말씀이 "우리나라는 이제 늡(남)의 나라 종으로 되었지만, 이렇게 허니까, 언젠가는 해방될 때가 있다" 허멍. 선생님이 그런 말씀을 막 했어.

선생님 집에 사름덜이 막 모연. 이제 나보다 두 살 위 여자도 한 서너 명, 남자들도 한 열 명 모였어. 거기 가고 싶엉 가민 나는 끼워주지 안 허는 거라. "아직 어리니까 너는 김창하한티 강 공부 배와야 헌다."

노래 가르치는 사름이 노래만 쪼끔쪼끔 가르쳐줬어. 난 선생님한티 배우고 싶은디. 나중에 선생님이 사상에 걸련 어디 1946년쯤에 나가실 거라. 막 잡으러 뎅겨가난. 아, 그때야 "사상운동 허면서 어리다고 끼워주지 안 허였구나" 알앗주게.

「명월의 노래」 원작자 논란

명월에서 난 오용범 선생님 지은 노래를 들었어. 오용범 선생님 지은 다른 노래는 해방 후에 안 불려지고 「명월의 노래」만 불려젓주. 아, 선생님이 지은 노래를 이렇게 다 동네 사름덜이 이젠 알았구나 허였는디.

작년에는 명월에서 오용범 선생 사건으로 허연 비석 세울려고 했어요. 경헌디 "김창하가 지은거다" 해서 대립했어. "오용범 선생이 지은 게 아니고 김창하가 지은 거다." 그나저나 막 말썽이 많았지. 오용범 선생님이 노래를 지었는디, 그 노래를 나는 선생님한테 직접 배운 게 아니고, 그때 사상운동 허니까 거기 뎅기는 사름한티 나가 들어서 외웠어. 그다음이 그 선생님이었어.

그 이유를 나가 판단허기론 오용범 선생님은 직접 가르친 것이 아니고, 그 사상운동 허는 사름덜헌티 가르쳔 전파된 걸로 아는디. 그걸 들은 사람은 몇 사름 없고 나가 젤 확실헌 거지. 선생님 사촌 누이가 글을 가르치니까 그 사촌 누이한테 들었으니까 확실해. 오용범 선생한티 배운 거 다 알아.

그 사름덜은 사실 김창하헌티 배운 것이 사실이주. 용범이 선생한티 배운 것은 나 혼자뿐이라노니깐. "김창하가 했다" 우기는 사름을 나쁘다고는 생각 안 허지. 그렇게 생각헐 수밖에 없지만. 나는 어디까지나 김창하 선생한테는(노래 배운 것은) 「명월의 노래」 하나뿐이라. 다른 건 사상에 걸려부니까. 노래로 발표되지 안 허난 모르고.

「통일의 노래」, 「농민의 노래」, 「제주의 노래」, 「명월의 노래」. 이것을 다 배운 후제(後에) "김창하가 야학을 한다" 해서 갔어. 가서는 「명월의 노래」 하나만 아이들이 외웠는데. 지금은 다 "김창하한티 배웠다 배웠다" 해노난. 김창하네 친척은 "어떵허난 다 김창하한티 배웠다고 허는디 저 누님만 용범이한테 배웠고렌 헴수게" 허난. 나가 이걸 써도 그 사름 믿어주지 안 허연.

김창하 선생님은 노래도 잘 부르는 분이고, 일본에서 오셨으니까 사상에도 관계엇고, 아이들 가르치기만 허니까. 아이들은 그 선생님한테 영어도 배우고, 또 노래도 배우고 허멍 다녓주만. 나만 못 다닌 거라. 나가 발 아파부난. 경허단 이제 명월에 오니까 그 동네 사름덜은 "아, 우린 김창하한티 배웠는디 무사(왜) 용범이한티 그 노래 배웠어?" 경혜부난 김창하네 궨당은 "이거 어떵허난 이추룩 된 건고?(이거 어떻게 해서 이렇게 된 것인가?)" 헌 거지.

작년에 용범이 선생 동생이 허는 말이 "그렇게 알아지면 법원에 가서 공증을 받아달라" 했어. 이거 썬(쓰고) 법원 가니까 난 어떵 쓸 줄도 몰라서 물으니까, 거기 사름이 이 정도민 잘 되었젠 공증을 받아완. 원본은 명월향회에서 뭔가 타협시키려고 해서 이거 하나 가져다가 다 등사허연 사름덜한테 내줘실 거라. 이거 보렌. 이 사름 영 헌 거 보라고 헌 거지.

그 노래? 지금 부를 수 있을까? 여기 노래, 노래 가사도 몇 개 실 거라(있을 거라). 지금은 정신이 느려서 알아지는 것도 늦고 생각도 빙빙.

「명월의 노래」

노래? 「명월의 노래」는 이렇게 불러.

우리 명월 좋은 데라 청산 깊으고
들에는 어미 소가 아이 부르는 노래
오라고 부르는 건 푸른 나무 맑은 물
모이자 동포들아 우리 월대로

그렇게 해서 4절까지 있었는디. 오용범 선생이 지은 것이 그때 우리
나라의 노래가 '백두산 뻗어내려 반도 삼천리' 헌 노래가 있었는데 그것
에 비유해서 지었는지 모르지만 '한라산 뻗어내려 영주 사십 리 무궁한
제주도에 먼동이 트네' 허멍 그렇게 헌 거 닮고.

'한라산 뻗어내려 영주 사십 리' 백두산 뻗어내려 헌 것이 그거야. '우
리 명월 좋은 데라 청산 깊으고/ 들에는 어미 소가 아이 부르는 노래/ 오
라고 부르는 건' 이건 후렴일거라.

두 절만 해놓았어. '모이자 동포들아 우리 월대로' 헌 것도 닮고. 또
'농민의 노래' 곧 해방된 때 제일 처음 들은 것이 농민의 노래. '울어라
노래, 불러라 농민의 깃발은 휘휘 날린다 논밭을 빼앗기어 36년간 우리
들 얼마나 설우었던가' 그런 노래. 그런 노래했어.

또 좌익운동 허니까 '민중의 기 붉은 깃발은' (웃음) 나중에 또 '높이
들어라 붉은 깃발을, 그 밑에서 전사하리라. 비겁한 놈들 갈려면 가거
라. 우리들은 붉은 기를 지킨다' 그렇게. 그런 노래 다는 몰라도 쪼금쪼
금 그런 정도야.

한림교서 3·1절 기념식

"왓샤 왓샤"는 1947년도 3월 1일 한림국민학교에서 우리 막 데모허멍 "왓샤" 했던 생각이 나고. 한림국민학교 3·1절 기념식에 마을에서 다 모이라는 거라. 저 옛날도 3·1운동 했으니까 3·1운동 허러 가야 된덴 해서 한림 시내를 막 돌멍 한림국민학교를 간 거라. 그때는 제주시 사름도 거의 같이했어. 1947년에는 아무 일도 엇이 그냥. 우린 어디서 이거 잘못되는 건지도 모르고. 그냥 우리나라를 찾고 반가우니까 기념으로 우리나라 사름덜이 다 헌다 생각했는데, 그때 1947년도에 선생님이 어땠는지는 몰라. 그때는 47년도라. 주목자 주목자 허멍 그 집에 막 심으러(붙잡으러) 뎅겨가니까.

깃발 들고 뭐라고 외쳤지만. 어릴 때난 뒤따라간 것뿐이주. 나는 기억이 없지. 그땐 경찰, 한림면 서기도 같이 허였는디. 다음은 차츰차츰 갈라졌어. 좌익 우익으로 갈라전. 우익은 좌익을 반대하고, 좌익은 적극적으로 이제 우리는 "싸우자" 허고.

우익은 저 이승만 단독정부 세워가난 그쪽으로 돌아불고. 약헌 사름덜은 그 말에만 매달리단 보난 어떻게 헐 거라 우린 그냥 아무 죄도 없이 선생님 말씀 들으난 그럴듯허연 허단 보난. 이녁은 죄에 걸려서 그냥 '덫에 든 쥐' 되고. '기역 자'도 모르고 나가지도 안 허는 사름도 다 그거 좌익이라고 허연 다 죽었주. 아무것도 모르는 사름덜. 우리 마을 사름은 거의 갔어.

5·10선거의 기억

1948년 4월 3일, 우리 아버지가 "하늘에 불이 벌겅했다" 해서 나간 보난 오름이 막 벌겅헌 거라. 경허난 "하이고, 저거 하늘 무서운 줄 모르고 법이 이제 젊은 것들이 저러다가 큰일 나켜" 허멍 했어. 그다음 날부터 경찰관이 우리 동네에 막 돌아다닌 거라. "사름덜을 심어갔져.", "심어 가당 때렸져." 어린 때니까 다른 건 모르고. "누군 심어간 막 두드려 맞았져", "누겐 메다쳐서 죽었져" 허는 소리만 나고.

며칠 있으니까 밤에 누구가 동원했는지 모르게 다 나오렌 허연. 길에 나가니까 어디론가 막 몰아갔어. 몰아가서 거기서 연설허는 거 보니까 그날이 5·10선거 날이렌. 그러니깐 5·10선거 날은 산으로 간 살았지.

나가 어린 때고 선거권도 없는 때지만 집에 있는 사름은 투표했다고 해서 이제 다 죽여버린다는 거라. 투표했다고 경찰에서 와서 다 죽여버린다고. 다 집 밖으로 피허라고 했어. 우린 투표가 뭔지도 아무것도 몰랐어. 어린아이가 투표권도 없는 아이가 뭘 알아. 아기 등에 업으멍(업으면서) 사름이 하나도 없이 나갔어. 우리 어머니는 무릎이 불구자라 못 걸으난 우리 아버진 "병신 마비된 사름 하나만 나뒹 가민 안 된다. 안 가겠다" 했어.

우린 새별오름이렌 헌 쪽으로 가실 거라. 동쪽으로. 망오름은 서쪽으로 올라강 상명 부근인디. 눈오름, 눈오름 쪽으로 간. "이달봉 곁에 갔다 왔져" 허는 말을 들엇주. 밤에 몰아가신디 날이 밝앙 보난 엄청 사름덜이 많아. 어디 사름덜이 경(그리) 많이 가신지 막 모여놔네 연설허는 거라. 결국은 투표허지 못허게 헌 거라. 게난 "우리는 선거 반대로 이렇게 왔다" 허는 거라. 5·10선거 반대허연. 오늘이 선거허는 날, "이승만이 단독정부 세우려 허니까 그 선거 이제 허지 못하게 이추룩 몰아왔다" 허는 거라. 청년들이영 연설허는 거 보난 그럴듯허지. '아, 그렇게 했는가' 생각했는디.

그 날 비가 왔어. 비가 축축했어. 저물어갈 때 오다 보니까 한림으로 기관총 소리가 나니까 무서완 들어오진 못했어. 길가로 흩어지난 놈들은 오는디 난 올케언니허고 절에 들어갔어. 문수동 절에서 밤을 자고 뒷날에야 온 거라. 우린 산에 강 왕 보난 (가서 와서 보니까) 우리 부모님넨 집에 잇엇는디 사름 하나도 안 다니고 그날 아무 일도 없더라고 허는 거라. 아버지네 말이 누구 하나 뎅기는 사름도 없고 아무 소식도 없었다고. 아무 일도 엇언. 그냥 아버지 말이 소한티 촐(꼴) 주고 그자 그냥 살았다고.

경혜도 선거는 그대로 허고. 뭘 막으려 했는지 어떻게 했는지 이승만 정부는 섰어. 그때부터 그자 명월은 집중적으로 주목받은 마을이라 해서 저기 경찰관만 나타나민 죽을 걸로 알고 허난. 사름덜은 일자무식헌 사름도 남자는 다 잡혀가니까 곱으레 뎅기고(숨으러 다니고).

그때 여론을 처음 선동헌 사름덜은 조직망이, 그 선이 있으니까 그렇고, 어디서 탄압 오는 걸 아무것도 모르는 사름덜은 "잡혀간다" 허는 말을 들었주게. 경 잡혀가민 죽고.

그 사름덜은 어디로 오민 다 연락망이 있으니까 경허고. 아무것도 모르는 사름은 일허고 있으면 오란 심어다가 "좌익운동 허는 죄인"이라고 허멍 "죽엇져, 죽엇져" 그런 소리만 막 들렸어.

그다음부터는 막 잡으러 뎅기고 했어. 연락했던 그 조직망에 든 사름덜은 다 도망가 불고. 우리는 지목된 사름은 엇이니까 그때 살앗주.

둘째 오빠

4·3사건에 대해서? 지나보면 할 말이 많은 것 같은디. 현재 그렇게 탁탁 생각은 나지 않고. 그냥 4·3사건 때 제일 기억나는 것이 우리 오빠가 미쳐서 막 동네 사름덜헌티 "이제 이놈들은 나가 죽여도 죽지 안 허민

저 개놈(경찰)의 손에 다 죽을 거난 나가 이놈들을 먼저 죽여두고 나 죽겠다"고 허멍 막 난리를 치니깐 묶어버렸어. 경허난 그냥 질 거라고 확신헌 거지. 그때 오빠가 서른다섯쯤 됐을 거라. 나보다 나이가 월등허연.

우리 둘째 오빠는 그때 막 정신 돌안 옷 벗어두고 뎅기고. 완전 정신 돌아부런. 경허난 이건 완전 정신 돈 사름이렌 허연 정신이상자로 내부럿는디. 게난 사름덜은 우리 오빠가 조금 활동허고 지식도 있고 허니까 좌익 쪽으로 몰아가려 허고. 이녁은 도저히 아니니까 미쳐버린 거지. 말 들어서 생각해보면 남들은 미친 척해서 산으로도 안 붙고 죽지도 안했다고 말들 해. 그때 막 힘도 세고 키도 크고 음성도 큰디 막 다 죽이겠다고 허멍 길에 막 나다니고, 옷 벗어두고 다니곡 하니까 뭐.

하다 하다 힘드니까 사름덜 어떻게 모여들엉 묶어놓으니까 그때 그냥 묶기 전에 그 부인도 이 송아지, 쉐(소)라고 허멍 이 쉐도 잡아먹엉 나 죽겠다고 허멍 귀도 끊어져서 본치(상처, 부스럼 따위가 아문 뒤의 흔적) 있는 채 그냥 죽고, 부인이 워낙 좋은 사름이난 말 없이 했어. 경허멍 해가니까 막 묶어놓았어.

이 시국에, "좌익을 그렇게 떠들어도 이번엔 이기지 못헌다" 그런 말을 입으로 막 퍼부었어. "우리 동네 사름덜 좌익운동 허당 다 망헌다" 허는 거라.

그 소개 당시는 1948년. 소개 당시는 그 병이 완전 좋아분 거라. 완전 좋아전. 저 옹포공장에 우리가 소까이(소개) 가니까 그땐 뭐 민보단장인가 뭐 책임허고 동네를 통솔허연. 마을을 통솔허연 살아나고.

오빠는 철저허게 사상 연구를 하거나 큰 공부는 안 해도 이녁 앞가림은 허고. 그런 세상사를 다 생각허는 분이었어. 그냥 농사만 경작하지 아니허고.

오빠가 정세를 정확히 파악했어. 우리 오빠는 뭐 『정감록』인가 그거 보고 허니까. 이번은 우리 저 좌익운동 허당 이 산간이 몰락당한다고. 그러니까 절대로 안 된다고 허고. 젊은 사름덜이 막 떠들어가난 "이놈도 죽이켜 저놈도 죽이켜" 칼 들어서 뎅기당 옷 벗어두고 춤추고 해가난 "이건 정신 돌았다" 허연 막 묶어분 거라.

1947년도에 그렇게 허고 1948년 돼서 선거 반대허고 헐 때는 정신이 조금 돌아완. 그때 선거 반대하러 같이 갔다 오고 했는디. 그때 무슨 꿈을 꾸니까 '산으로 굿인물이 내려왔다' 하는 거라. 우리 발등까지 물이 차니까 옹포 갔어. 물이 해변더레 갈 걸로 생각했어. "옹포 가야 살아진다" 허멍 소까이 갈 땐 우리가 옹포로 갔어.

옹포에 가니까 그땐 "나가 알았져" 허멍 오빠가 그 말 허고 그때덜은 아, 그때 꿈을 봤젠 해도 '이거 진정 시국을 안 거다' 했지. 우리가 간 곳이 옹포니까. 그땐 그냥 마을 책임허고 살멍 우리 동네에 그 먹을 것들은 묻어두고 갔주.

이제 잠시 가는 걸로 갔다가 다 굶엉 죽게 돼가니까 자기네 소낭밧(소나무밭) 하나 희사해서 옹포 사름덜 땔감용으로 주고. 통행해제 받안. 동네 사름덜 간 마을에 곡식들 가져단 먹었어. 명월 중동에.

경허난 그 오빠는 산으로 가는 사름을 적극 반대해버리니까. 우리 조카가 지금 있는디, 아버지에 대한 기억을 하나도 몰라. 조카가 나한티 "우리 아버지에 대한 기억을 조금 써줬으면 헙니다. 보고 싶으우다" 허연. 아직 조카도 안 줘보고 이거 나가 오라버님에 대한 기억을 써놔뒀어. 이거 조카가 "정리허영 놔둡서" 허난 정리했주만 아직 주지도 안했어. 그냥 쓰기만 했어.

조카, 인천형무소에서 행방불명

난 막내난 나보다 위에 조카가 잇엇는디 한림 저 누님네 집에 가 있었어. 경허니까 누구가 "저 산 폭도 왔다" 해버리니까 심어갔어. 인천형무소로 징역 보내버리난 우리 작은오빠는 조카 만나러 1948년 여름에 나가버렸어.

그땐 도피자나 그런 사름 있는 집은 도피자 가족이라고 해서 워낙 고통을 많이 받는디. 경허난 우리 집은 도피자도 없고, 주목된 사름이 없었지. 우리 오빠도 잇어시민 주목자로 해서 막 힘들었을 건디. 우리 오빤 조카 면회허려고 가버렸으니까.

인천 간 조카는 무소식이라. 행방불명이지. 그 조카는 큰오빠 아들이고. 큰오빠는 사건 전에 돌아가셔 버리고. 몇 년에 돌아간지도 모르고. 4·3사건에는 요 조카 하나 행방불명됐어. 경허난 우리 사름덜은 조카가 나이가 어리고, 시국에 큰 죄를 안 지은 거니까 곧 나오게 됐다고 했어. 누가 밀고해도 아직 스물 전 미성년이니까.

경헌디 8월 15일 광복절에 석방을 헐 건디 6·25가 터져부난 소식이 없어버린 거라. 이젠 어떻게 됐는지 몰라. 조카가 빨리 결혼허난 그 부인은 작년에 죽언. 이제 일 년도 안 되고 그 딸이 이제 아빠 소식을 들언. 들으니까 이산가족 신청해서 나뒀다고 해. 딸 하나만 있었으니까. 지금 팔십 둘인지 팔십 하나인지. 작년에 지 어미가 죽으니까 이제도록 청과부로 살안.

딸 하나 믿어서 살단 죽으니까 무당은 와서 하는 말이 "아방도 같이 질(길)치라고 했어. 이제 빌어야 헌다" 허난 딸이 우리도 그것 전혀 생각 안 헌 땐디, 그 죽은 우리 오라버님 딸들도 "이런 기회에 아버지도 같이 무당 빌고 허자" 했어.

그 딸 말이 "우리 아버진 살안 잇수다. 살안 잇이난 이산가족 신청허 엿수다. 경 신청헨 잇수다" 경허난 그땐 그냥 아, 그랬구나 허연 어디로 소식 들었는지. 우리 집안도 4·3사건에 상당한 피해를 봤어.

옹포 동화물산 공장에 소개

옹포에선 동화물산 그 공장에 있었어. 집단 소개. 우리 명월리 사름은 그 공장 밖에 나가지 못허게 허연. 그 안에 뭐 몇 가구가 살았는지 많은 사름이 살았어. 일단은 그냥 집단 소개로 허연 가둬버린 거주게. 한 넉 달인가. 거기 물은 안 나는 디고. 누구가 맷돌 갖고 가서 그거 밤낮 돌려. 다 저 번호 써서 누구 다음 누구 허연. 맷돌은 노는 시간 없이 쌀을 갈았어. 이제 소도 몰고 간 사름 있었어. 소 먹을 것도 하나도 없으니까 다 잡아먹어 버렸어.

집? 이제 "오늘 내려가지 않으면 집이 다 불탄다. 가라" 허난 이제 소까이를 허면 살고 경 안 허민 다 산에 있는 "산폭도로 취급헌다" 허니까 임시 먹을 거만 등에 짊어젼 명월 하동으로 처음 내려갔어. 다음은 옹포 공장으로 보내버렸어. 일차 명월, 하동에서 한 보름 있었어.

옹포공장으로 가니깐 그땐 먹을 건 임시 한 열흘이나 한 달 살암시민 집에 갈 수 시카(있을까) 생각했지. 많이 짐을 갖고 갈 수가 없었어. 경헌 디 다 굶어 죽게 되었어. 그때에 마을 유지들이 의논해서 우리 오빠가 옹포에서 명월 팽나무를 땔감으로 주면 자기네가 통행해제를 시켜서 그 곡식을 가져다 먹겠다는 거라.

팽나무는 불도 안 붙는 거고 나 소낭밭 내놓겠다 했어. 우리 오라방이 "소낭밭을 내놓을 거니까 해제해 달라" 허니까. 우리 오빠는 소낭밭 하나지만 좋은 소낭밭이라. 그걸 내놓으니까 그 부근 소낭밭을 다 해가버렸어. 해변 사름덜은 마음 놓고 그냥 다 베어 눕혔다가 말리난 끗어당 막 짓고 그 펭계에 우리는 묻어둔 곡식을 파단 먹언 목숨은 살안.

우리도 소 가져갔다가 그듸(그곳)서 잡아먹고. 우린 소 한 마리는 가져가고 닭 같은 건 가져갈 생각 안 했어. 이녁 기르는 거니까 이제 갔당 오랑(갔다 와서) 당장 밭 갈아야 헌다 해서 가정갔는디 잡아먹어 불엇주게. 소 먹일 것도 많이 가져가지 못허고 허니까.

암송아지나 이상헌 것들 들에 내버린 사름덜은 씨가 전해지고, 좋은 쉐들 큰 쉐덜 부리는 사름은 아까와서 가져갔당 다 잡아먹어 불엇주.

옹포마을에선 책임자가 오빠한티 자유대장이렌 했는가. 민보대장이렌 했는가 몰라. 청년은 우리 오빠밖에 없었지. 몇 분 있었지만. 좌익을 반대허는 사름 몇 분 거기 의논허멍 들어갔어.

아버지 대신 성담 쌓기

명월 하동 위로 성담 쌓는 일도 살면서 했어. 성담 쌓으라고 해서 가구당 나오라고 허면 나는 아버지 대신 나가고. 오빠는 오빠네 가구대로 가고, 난 아버지 가구로 해서 아버지 대신 나가고.

이 동네도 요 동네 밖으로 쌓았어. 여기 왕 보니까 이 동네가 하도 폭도가 잘 들어서 소까이 가겠다고 지원했다고. 나중에도 그러니까 아래가 위험해서 받아주지 안했어. 경허연 다 자기들이 지키겠다고 아래서 올라와서 여기 성담 서서 지켰어. 그 폭도 지키러 오곡 성담 쌓으러 오곡 헤났젠. 경허난 이것이 제주도 일대 빙 돌아가멍 쌓은 건 닮아. 게난 우린 명월 하동보단 알로(아래로). 그냥 옹포 위로 쌓았는지 어떻게 했는지 매일 제주도 장성이라고 해서 우리가 쌓았어. 난 열세 살, 열네 살에도 일본시대에 군본 일 허라고 허민 아버지 늙어부난 아버지 대신 군본

일 가고. 그듸 성담 쌓으레 가렌 허민 성담 쌓으레 가고 허면서 살안. 일제시대 땐 공출허멍.

통행이 조금 해제되니깐, 집단 소개에서 해제되난 다시 명월 하동으로 올라간. 또 살단 1950년 봄에 재건허연. 재건해서 우리 동네로 갔어.

대한청년단 훈련과 보초 서기

옹포에서는 한 넉 달 살았어. 초대 국회의원 선거헐 옹포서 양병직이 그때 의원 선거 나올 때. 내가 명월 하동에서 훈련허러 뎅겼으니까. 대한청년단이라고 해서 훈련받으러 다니고. 그때 야학허연 한 스무 날쯤 배웠는가 한글은 한 달 정도 베왓주(배웠지).

명월 하동에서 한글은 한 달 동안 야학해서 좀 배우고. 훈련허면서 기합받고 "엎드려 쏴 총!", 뭐 16동작 "우로 어깨 총", 17동작 "좌로 어깨 총 엎드려 쏴 총" 허멍 그런 거 다 배우고 저 군대식으로 허연 기합도 받았어.

토벌은 우리보단 연령이 높은 사름덜 어디 남자 토벌댄가 와가지고 동원해서 산으로 간다 헐 때. 그때 우리는 옹포공장에 있을 때지. 그땐 우리 저 소까이 간 사름은 몇 사름 없으니 옹포 주민들이 토벌허러 갔던 거 닮아. 토벌 가라고 해서 막 몰아서 가구당 나갔어. 우리 소까이 간 사름덜은 죄인으로 가둬불고. 갈 만한 젊은 사름이 엇이난 원주민들이 토벌허러 간 거 닮아. 거 토벌 간 보난 산에서 누구도 봤는디 죽었져. "저 쏘는 거, 총으로 쏘는 거 눈으로 봤져, 어떵했져" 허는 소문도 막 들렸어.

1950년 봄에 명월 중동에 와서 마을만 동글락허게 성 쌓았어. 경허니까 난 무슨 불침번 서는 목적을 다 외우라고 허니까 외우면서 있었어. 처녀니까 성담 지키렌 해서 성담에 강 암호로 허면서 지켰어.

한번은 지키는디, 이상헌 걸 머리에 쓴 사름이 으스락 으스락 허연 "여보시오. 여보시오" 허연. 여자들은 길이 나쁘거나 그 폭도 같은 거 들어오지 않을 것 같은 디로 맡겼지. 처녀들은 '밤에 이런 디 오는 건 절대 폭도가 아니고 이거 우리 비밀 조사허러 온 거구나' 생각했어. 다른 사름덜은 다 나가분디 나만 그 돌을 막 주워서 저 "누구냐 누구냐". 그땐 "누구냐" 허멍 막 던져가니까 암호를 대는 거라. 암호를. 나중에 보니 이장이 그거 조사허러 뎅기는 거라. 경헨 나한테 막 착허덴 허멍 이제 용감허게 일등 잘 싸왔덴 했어.

그 보초막은 여자 담당만 아니고 남자도 있었어. 여자 네 사름 허면 남자 두 사름. 보초 말로 "요쪽으로 남자 하나 감시, 좌쪽으로 하나, 우쪽으로 하나" 허멍 앞앙 불침번 서는 목적이여 뭐여 외우고. 경허멍 했어.

그때 젤 힘든 건 흉년 들어서 먹을 것이 없었어. 우리가 집을 지을 때도 그 살아난 터에 가니까 집을 새 걷어두고 간 사름은 이런 것이 남으니 또 지을 수 있고, 낭을(나무를) 뜯어두고 간 사름은 다 불태워부런 없었어. 낭을 뜯어놓고 간 사름은 그 낭을 세워서 또 짓는디. 이제 우리 사촌오빠들 하나 그거 목수 일허멍 이제 큰 대만 세우민 우리는 또 나허고 같은 연령 조카도 있는디 여자들은 흙질허곡 했어.

위에 올려서 무슨 그 작은 서슬이렌 해서 준낭가지(작은 나뭇가지)로 막 엮어놓고 허민 이제 그리로 흙질허멍 임시 살 곳을 만들어놨어. 우리 사촌오빠들이 그 봄에 가서 집을 열 거리(열 채)를 지었는디, 여름에 6·25 터지난 예비검속으로 간 죽어부런. 갯거리에 묻혀 있어. 그 아들은 하나 있어서 사회활동 허멍 살고 있어. 몇 년 후에 찾아당 묻을 때에 나도 갔다 왔어.

명월 중동으로 갈 때는 각각 움막 만들엉 자기 살던 집으로 들어갔어. 자기 살던 집터에 이녁만씩 다 자기만씩 들어가서 나무 있는 사름덜은 나무허고 소낭밧(소나무밭) 있는 사름덜은 소낭 베어다 임시 살 걸 지었어. 우리 소까이(소개) 갈 때 그냥 옹포로 몰아가도 그 집은 그대로 있었으니까. 성담은 명월 하동보단 알로 옹포 위로 쌓아난 거 닮아. 하동은 소까이를 시켜부니까. 집은 안 태왔으니까 하동인가 어디로 해서 우리가 성담 쌓으레 가고. 맨날 지키레 나가고. 옹포 원주민들이 갔주. 여기는 뭐 호당 한 명씩 가서 며칠 내에 다 쌓아버렸을 거라. 명월 하동 살 때는 남의 집 빌려서 살았어.

여자한청

여자한청 훈련허멍 불렀던 노래? 아이고 막 불러난디 잊어부런. 잊어부럿어. '우린 대한청년단' 허멍 한청 노래를 막 불러났는디 잊어부럿어. 그거 잘 기억이 안 나. 누가 해가면 '아, 그거구나' 허연 생각날 것 같지만. 나가 한청에서 청년단 부대장인가 헌 사름덜 막 동원시켰어. 동원 잘 안 시켰젠 허연 기합받고. 꿇려 앉으렌 해서 꿇고 했어.

글은 몰라도. 경허난 그때 선거운동 허라고 해서 무조건 우익운동을 하라는 거라. 경허민 막 동네 사름덜한테 허라고 했어. 소까이 강 재건헌 때에. 재건헌 때에도 난 선거권이 없었지. 우리는 그때 그 선거를 명월이 아니고 상명으로 가서 했어. 투표허레 가는 동네 사름덜한티 "일로 찍어줍서" 허영 부탁허는 체허는 거라. 경허민 "기여, 기여(그래, 그래)" 막 허는 눈치만 주십사 부탁허는 거라. 아무 디나 찍어도. 경허난 그때 또 한청 단장, 부단장한테 상 받고 했어. "선거운동 잘했다" 해서.

난 밤에 다니면서 다 선전했어. 다른 사람은 그 안에 접근허지 못해도 우익은 그 안에 들어가서 얼마든지 표 부탁헐 권이 있주게. 경허난 그걸 조금 내가 알 때니까 미리 동네 사름덜한티 다 약속해서 허는 척만 해줍센. 찍는 건 아무디나 찍어도 좋다고 그랬던 거라.

"시국 끝나거든 결혼하자"

1950년 겨울에 결혼했어. 여름까진 훈련받고 성담 등에 지러 가고 막 그렇게 다니다가 뭐 시집만 가민 그게 다 해방이라 했어. 1948년에 헐 걸로 약혼을 허였는디. 소까이 가게 되니까 이집에서가, 그때 시집 온 집이 이집이지. 여기 아버님이 이제 소까이 허게 되난 우리 집으로 연락 허연 "이제 이 시국 끝나거든 허자" 약속허연. 우리가 명월 중동에 재건 헌 후에 곧 중동에 들어가니까 "겨울 들민 잔치허자" 허연 여기서 통보 가니깐 스무 살에 했어.

시댁은 성담이니까 그렇게 피해는 없었다고 해. 심어강 두드령 맞고 그런 건 해도. 자꾸 심어가고 뭣해도 그렇게 큰 고생은 안 헌 모양이라. 여기는.

아무튼 귀덕 사름덜 습격 때문에 고생했어. 이 동네는 일곱 번인가 든 디 이 집은 한 번도 안 들었덴. 경허난 이 동네 막 습격 오란 불타고 쉐 몰앙 가불고 헌 집이 막 한디(정말 많은데) 이 집만은 피해가 없었어.

남편은 신체가 워낙 약해노난 군대도 안 갔다 오고. 신체검사허니까 '정'종 맞아부런. '정'종. 경허난 군대도 안 갔다 오고 방위도 안 섰어. 그 냥 집지기로 살아부난. 그분은 너무 약해부난 뭣을 모르고. 이 마을에 폭도가 들어났다고 허면 마을 사름을 다 동원허는디 어린 걸로 알아서 거들떠보지도 안허난 욕을 안 봤다고 해. 경허고 그 밑에 동생은 키가 크니까 이것도 사상에 떠드는 놈이렌 경허명 막 해가난 일본으로 떠불 고. 밑에 동생은 별로 욕을 안 본 산 모양인게. 이 집에 와서 보니까.

우리 큰시아주버니도 있는디, 시국 위험해부난 일본 가불고. 우리 큰 고모부가 일본에 간 잘사니까 그 관련으로 그리 다 가부런. 우리 남편은 다섯 형젠디 삼형제가 일본으로 가고. 하나는 그때 나보다도 더 어린 사름이니까. 그 시동생이 열여덟 살에 나가 왔는디 아무 탈 없이 허연 제주대학교 나중에 했어. 이 집은 별로 탈 없이 살았더라고. 시집 완 보난.

오ㅇㅇ에 대한 기억

우리 저 올케언니는 기절허연 어디 실려가고. 그 둘째 오빠 묶어놓은 곳에 부름씨(심부름)허는 사름은 나뿐. 우리 올케언니가 막 울적허니까 이젠 물이라도 찾으면 주는 사름은 나뿐이었어.

질긴 베로 묶어노난 이제 그 빨대로 해서 먹였주게 '물' 찾아서 가져가면 막 "누구 불러오라 누구 불러오라" 하도 야단을 했어. 안 불러오면 "씹어먹으켜" 묶어놓으니까. 그때 오ㅇㅇ이렌 헌 여자가 여성동맹위원장인가 한림읍위원장인가 몰라. 제주도위원장인가. 그건 모르는디 오ㅇㅇ이라 헌 분이 왔어. 겐 "오라버님 ㅇㅇ이란 사름이 여성동맹위원장인디, 오라버님이 하도 우리 클럽을 불럼젠 허니까 왔수다" 했어.

왜 왔냐고 허면 나가 오빠한티 가니까 "아이고 누이야 잘 오랐져. 느 오난 나 이제 살아지켜. 이제도록 이 세상에 아니 뭐 어디 헤맸는디 살아지켜" 허멍. "말 들으라 누이야. 저 너희가 허는 일이 나쁜 일은 아닌디. 지금은 때가 아니여. 우리 동네가 역적으로 죽는다. 우리 동넨 역적으로 몰리게 됐으니까. 나가 이 말을 허려고 그 사름덜을 경 애타게 오ㅇㅇ야, 누구 오라, 누구 오라. 막 불렀주" 허는 거라. 옴짝도 못허지만 나한티 하도 그 말을 허니까 그 말을 전달허니까 남자들은 하나도 안 오고 그 여자 한 분이 왔어.

그 여자가 오니까 "때가 아닌디 이제 이렇게 허여가난 우리 동네 이제

몰락되게 되난 난 경허연 미쳐졌젠". 그땐 조금 정신이 돌아온 때라.

오빠가 "송아지를 쉐(소)로 알아서 나가 잡아먹었다" 허니까 이제 오
○○이란 분이 허는 말이 "뭐라 해도 우리는 마음 돌리지 못허쿠다. 오
늘 승리해지카부덴 허는 것이 아니고, 이제 몇십 년 후에나 몇백 년 후
에 나라가 분단된 때에 그래도 나라를, 조국통일을 위해 싸왔다고 허는
사름이 셔 낫젠 허는 말을, 그 말을 위해서 우린 싸우고 잇수다. 오늘 이
기려 허는게 아니고. 우리가 이렇게 안 허민 자손들한테 무엇을 남깁니
까. 우린 오늘 죽어도 이렇게 허다가 걸려서 죽어도 후대에 나라가 분단
된 때에 나라를 위해 싸운 사름이 있다고 허는 그것을 위해 우린 싸왐수
다" 헌 말을 했어. 나 그 사름 フ른 말이 제일 확실하게 생각나는걸. '아,
그랬구나' 헌 걸 나도 이제 나이 많아가니까 '그것이 조국을 위한 혁명
이로구나' 생각을 허는 거라.

오○○이라고 헌 분이 말한 거. 그분은 죽언. 저 한림서 죽여부난 어
디 명월 와서 그 집 여섯 식군지 하루에 죽으니까 묻어버렸지만. 그분
이, 여성동맹위원장이랜 헌 분이 그렇게 말했어.

"후제(후에) 언젠가 이제 나라를 위핸 싸운 사름이 있었다고 헌 역사
에 남길 일로 우린 헴수다" 헌 걸 아 이제 벌써 그걸 깨달아지는구나. 그
만큼 사상이 철저했구나 헌 사름덜은 다 죽어불고. 그 사름 때문에 우리
하르방도 죽고, 삼촌도 죽고, 그 사름 세상에 떠들어부난 "우리 동네 망
했어" 허는 사름만 살았어.

아, 젊은 사름덜, 더러 생각허는 사름덜 물론 있긴 있겠지만. 동네 안
에 사는 사람은 이제 강 보민 인식이 그거라. 한림엔 그때 당시는 조직
있어서 피해 본 사름덜도 있는 반면 일본으로 피허지 안해서 끝까지 남
겠다 허는 사름덜이 있었던 거지.

오용범 선생이 뭐 헌 거 셔(있어)? "동네나 망허게 했다." 동네 사름덜

막 부추겨 선동허연. 동네 망허게 했다는 그 소리나 들은 거지. 아, 이것이 이 동네 여론이구나. 이거 비석 세우민 안 되겠구나. 비석 세우민 부숴버리겠다고 허는 말을 들어지는 거라.

공부허고 배우는 사름덜은 어느 때라도 나라가 문란허민 혁명이 일어날 수가 있다고 헌 걸 아는 사름덜은 알지만.

작은오빠

작은오빠도 조카 면회 강 엇어부난 도피자 가족으로 잡아들일 때 다 피할 수 있었던 거지. 우리 작은오빠는 일본 강 살고. 해군 군함에 뭐 선원으로 뎅기고 허니까 눈치를 잘 알아. 자기가 떠버리면 자기는 주목자로 해서 이제 우리 집이 다 어떵 손해 볼 거 아닌가 해서 소식을 일절 끊어버린 거야.

소식을 딱 끊었는데, 한 10년 후에 소식이 완. 그때 어떵 살았는고 허니까 조카한티 면회허고는 월남허연 왔다고 허는 거라. 여기 마누라 있어도 이리로 소식 안 전하고 마누라 얼언 그렇게 부상당한 사름덜 사는 디 인천에서 살아부런.

겐 막 시국이 안정되난 저 작은오빠도 죽었는디 죽으난 이리로 연락왔어. 그 시체들은 아들이 여기 가져다가 공동묘지에 묻었어.

큰오빠 아들은 그렇게 가부니까 없고. 둘째 오빠 조카만 있어. 둘째 오빠네 아들은 형젠디. 이제 명월에 살고. 장손이 없으니까 아버지 돌아간 때도 우리 둘째 오빠가 '상제도 어신 영장'이렌. 아버지헌티 그렇게 해나서. 장손이 없으니까. 아들도 없고 딸 하나라도 남자라면 대를 이었을 건데. 딸이라부난 큰오빠네가 대가 끊어졌어.

뒤늦은 시의 세계

난 글이란 걸 몰랐다가 배워보니 너무 좋아서 그것에 푹 빠졌어. 그저 '시부모 종사만 최고다' 허연 살았는디 일흔 살이 나고 시를 배워보니까 다시 그 속으로 빠져든 거라. 일흔 나야 말이지. 시는 일흔두 살부터 시인 선생님한티 배우기 시작했는디 그 선생님 말이 그렇게 어릴 때 기억이 있으면 그걸 써오렌. 써오렌 허연 어릴 때 살아난 걸 나가 쓰기 시작했어.

옛날 사진은 어디 있는지. 이 근래에 늙엉 찍은 건 이번에 침몰허연(태풍 — 채록자 주) 다 젖어불언. 상 타난 것 같은 것도 몬딱 침수되언. 더러 주워서 앨범에 담는 모양이지만 그것도 다 요즘 거라. 옛날은 무슨 사진이라? 우린 결혼사진도 아니 찍을 때 그때. 식도 안 허고. 가마 타고 가마에 말. 말 가마 우에. 나보단 먼저 결혼헌 사름도 우리 친정에선 보민 사진 찍고 허는 것도 봤는디. 우리는 소까이 해버리니까. 아이고, 나 사진 안 찍으난 좋다. 사진 찍엄시민 우리 남편이 나보다 족아부난(작아버리니까) 부끄러울 건디.

오술생

1922년 한림읍 명월리에서 태어난 오술생은 열여덟 살에 금악리 박 씨 집으로 시집을 갔다. 산에 오르는 것을 반대하다가 죽창에 맞기도 했던 남편은 한때 순경으로 들어갔으나 모략에 의해 재판을 받기도 했다. 이때 부인의 예지와 도움으로 무고죄로 풀려났다. 서북청년단에 쫓겨 아이들과 피신을 하던 중 세 살, 일곱 살 된 두 딸을 잃었으며, 자신도 다 죽었다가 3일 만에 살아난 특이한 경험을 가지고 있다. 위험한 사태를 직감한 남편이 미리 서울로 떠나버린 상황에서 홀로 남은 그는 1948년 가을, 남편 어디 갔냐며 지서에 잡혀가 쇠좆매로 죽도록 맞았다. 옹포공장으로 소개 가서도 끌려가 매를 맞았다. 온몸에 새겨진 그 후유증으로 밥보다 약을 더 먹고 살았으나 후유장애를 인정받지 못했다.

(채록일: 2008.6.27 | 채록 장소: 자택)

4

애기고 어른이고 사름 씨 그치젠 헷주기

지금 87세(2008년). 4·3 땐 한림 금악 동카름에 살아낫어. 옛날에야 무신 학교. 야간 나완, 야간. 그자 유치원생도 헐 만큼만 했어, 이녁 이름 알 만큼. 전화번호 알고 그자. 그때 우리 일본글 배울 때난. 국어책 읽곡, 조선어 책 읽곡. 이제 흔 80년 넘어가난 잊어부런. 조선글 배우곡, 일본글 배우곡. 그때 일제시절이난. 우리 클 때가. 야간 강습받을 땐 그자 여름엔 안 허곡, 겨울 들민 밤에 야간 했어. 밤에 그 집이 강 배우곡. 여름엔 밭에 뎅기멍 일허곡, 해 쫄르곡(짧고) 허니까. 밤이 흔 6시에 강 대략 10시까지. 친정은 명월. 친정 쪽으론 피해는 엇언, 우리 오칩은 어떵 안 허연.

일제시대에 결혼

일제시대 때 공출? 아이고, 정말 힘들었어. 게난 공출허는 거 말도 못 허여, 말도 못 허여. 먹는 거 금악 간 후제가(후가) 더 심헷주기. 보리 갈

앙 보리 다 털어가민 흐꼼이라도 먹엉 살젠 마방에 강 땅 팡 항에 놔두난 몬딱 벌러진 물 우떵(물 묻언) 못 먹고. 감저 줄기(감자 줄기) 허영 바치라. 원, 농사헌 건 다 줘부난 형편엇어난. 식게 멩질허는 놋그릇도 다 바치고. 일제시절에 막 못 견디게 살았어.

결혼은 일제시절 열여덟에 헷주. 옛날은 하르방덜이 향교에 강 앉아서 "느네 집이 뚤 시냐(있냐)? 허면서 골랏주. 옛날은 우리 아버지가 향교 출입만 했어. 이제 같으민 국회의원 돌아뎅기듯 사회 일을 했어. 향교에 강 앉으민 회의허면서 하간 말(여러 가지 이야기)허당 구했어. 옛날엔 연애도 안 헷주.

난 결혼해도 친정에 오래 살안. 살단 아기 낳아 가난 스물부턴 시집이 강 살아젓주기. 사태 나젠 헐 때 마을 분위기? 시집에 강 흔 3, 4년은 산후제라. 뒤숭숭허다뿐이라, 우로 삐라가 탕탕 떨어지난.

남편

남편은 박칩. 박성주. 죽은 지 오래뒛주. 육지 간 죽어부런. 그때 시절에 서울 강 학교 해서. 그동안은 한문만 배우곡. 외아들이난 글청에서만 살고. 공부 하영(많이) 했어. 금악서 공부 최고로 헌 사람이라.

이제 같으믄 국회의원 이상 공부 머리 담아진 사람이엔 헌다. 잘도 머리 좋은 사람이엔 헌다. 옛날에 한림 소까이(소개) 간 때 이 사름 머리에 담아진 글씨를 보민 이거 이 글씨를 못 써먹엉 어떵허코 해났어. 누게가 무신 필적 써주렌 헹 써주난 "야, 이추룩(이렇게) 배운 사름 어디 시니(있나)?" 했어. 머리 좋으난 서울 간 학교 해서 오고. 육지서 공부헐 때는 대학 공부주. 여기서 나간 땐 국민학교 허고 어느 중학교 했는진 모르지. 나 결혼헌 후에 간 공부허연. 일본에선 공부 안 오른다고 서울 간 헌 거

라. 이녁대로 간 거라. 남편은 공부허레 서울 학교 가부난 난 더 친정에 살앗어.

4·3사건 땐 똑똑허난 동네에서도 산에 안 오른다고 더 몰아댔주. 남편은 머리가 너무 영리허난 절대 이건 반대헷주게. 홈치(아예) 이듸 금악 앉앙은(금악에 있다간) 다 죽는덴 허멍 미릇(먼저) 아무도 생각 안 헐 때 나갓주기.

한동안 막 삐라가 떨어져라게. 집 마당에 삐라 같은 거 위로 팍팍팍팍. 4·3사건 나젠 허난 삐라 길에서도 시민(있으면) 주어당 그거 보곡. 미릇 돌아나부난 4·3이 뭣 산디 무신 삐란지 다시 볼 생각을 안 헷주.

학교 헐 때 제주도 조천 사름 하나 있었던 모양이라, 학교 헐 때. 시국 영혜가난 여기 '금악은 살앙 안 되겠다' 허연 뒤숭숭 시작헐 때난 튀엉 (뛰쳐나가서) 일본이나 가카(갈까) 허연 나가단 잡현. 일본 가는디 배에 종선에서 심지난(잡히니) 제주도 들어완. 수용소에 ᄒᆞ끔 있단 나오난 시에서 여관에만 곱안 살앗주기. 여관에만 사난 거기 촌에 발을 안 들여놨어. 그 사름은 이 산에 오르는 것에 당최 반대했어. 게난 죽창 맞기도 했어.

이제 밤에 ᄒᆞᆫ번 금악을 구경허려고 여관에 살단 여기 왔어. 산사름덜이 옆에서 싯단(있다가) 자기네영 같이 산에 안 올랏다고 허면서 말이라. 이듸 죽창으로 찔러부난 요만이 찢어졌어. 경허난 나가 수건으로 막안 명월 우리 처갓집일 보낸 거라. 친정아방 옛날에 벌 질루멍(기르면서) 막 야속허주기. 하르방대로 몬딱 주언(상처를 전부 기워줬다는 뜻). 아까징끼(소독약) 바르고 해서 곧 시에 가렌 헨 시에 강 그거 치료허면서 살았어. 그거 흉터가 이만큼 헤낫주기.

경허난 자기를 죽창으로 찔른 사름을 한번 복수허젠 일부러 순경 시험 봤어. 일부러 제주시에 숨어 여관에 살멍. 육지에서 학교 같이 헌 사름한티 간 졸업장 빌련. 그 졸업장 가젼 시험 봔 들어갓주. 우리 저 아들

이 나 서른에 나난 스물 한 일고여덟 때 경찰관 되언. 모략해도 그것에
는 어떵 안 허고 그대로 순경으로 다니단 해방되난 다른 계통에 들어갔
어. 4·3사건 훈 2, 3년 끌어신가.

순경 남편 무고죄 풀려나게 해

경헌디 그 순경으로 사는디 금악 사름을 몬딱 심언 포위헹 심어가난
어떤 사람이 이름까지 거느리멍 "자기네영 같이 산에 올라나신디(올랐
었는데) 어떵 허난 그 사름은 순경 뒈시니(되었나)" 허멍 모략해분 거라.
자기네허고 산에 갔다 왔는디 왜 그 사름은 살았냐고. 자기네영 같이 심
어오지 안했냐고 모략해부난 심어간 거라.

금악 살아도 4·3사건에 안 죽언. 4·3엔 걸린 디 엇어. 이녁이 튀언 미
리 나오고, 이디 맞은 거뿐이랏주. 경헌디 모략해부난 경찰복 입은 채
수용소에 들어갔어. 경허난 나가 강 재판했어. 나가 강 스무여드레까지
재판허난 파면은 안 되엇주기. 그것덜은 모략으로 경헌 거난.

그때 나가 보증도 다 허게 해서 나중엔 무고죄로 빼냈어. 경찰에서 조
사받고 재판받으멍 헐 땐 나가 사식 증명을 받안 사식을 들였어. 나가
관덕정에 살멍. 옛날에 도시락 싸는 벤또에 사과를 갈아서 담아노난 아
니 먹언. 이젠 차로 하나썩 폭도덜 막 심으멍 죽이레 나갈 때엿어. 그러
니까 남편도 죽어진덴 걸 안 먹는 거라.

다음에 사식을 들이젠 허믄 요디 정문 다섯 곳에 돈 줘사 들어가는 거.
그거 들이젠 해도. 다 봉투 줘야 들어가는 거. 게난 이거 가서 전해달라
고 써서. 한번은 백지에 글 영영 '하늘에서 비가 와도 땅이 마른다' 허연
암호로 이만큼, 실만큼 가늘게 만들어 도시락에 꽂안 들였어. 남편이 그
거 풀언 봔 몬딱 먹었어. 영 헹 도시락에 꽂아진 걸 봤던 모양이라. '비가

와도 땅이 마른다' 렌 써 잇엇주게. 하영 쓸 수가 있어?

그 말 뜻은 뭐냐면, 나가 밖에서 재판허염시난 당신은 살아날 수 있덴 헌 뜻이주게. 거 먹은 다음엔 도시락을 자꾸 싸멍 들였어. 경헌디 주먹밥을 안 먹어. 그 도시락 싸서 주민, 다른 폭도덜은 머리덜이영 풀어헤쳐진 채로 저 사름 주먹밥은 우리한티 주렌 허멍 앙앙앙앙 허주게. 거기 그 밥을 들여보내젠 허믄 다 돈을 줘사 들여보내는 거. 경허난 재판허레 들어가서 28일 만에 재판해서 나왔어. 증인을 잘 세우니까 산에 간 흔적이 없어서 모략인 걸 안거야. 그러니 경찰복 벗지 말고 그냥 들어가라 했어.

남편은 이젠 이놈의 순경 더러운 거 안 허켄. 남편을 대꾸헌 사름도(모략한 사람도) 못 죽여보고. 게난 우린 4·3에 걸려진 건 요만이도(요만큼도) 안 헤낫주기게.

그러니깐 경찰 내부러뒨 병무청 뎅겼주. 이제 시국이 편안허여가난 안덕면 병사계 뎅겼주기. 그리 다니단 육지 강 회사에 다니멍 살단 죽어부럿져. 마흔여섯에. 죽은 지 오래됐어. 남편이 나보다 두나(두 살) 아래. 쥐띠. 금악은 그대로 살아시민 옛날 흙 됐어.

금악 분위기, 1차 구타와 두 딸의 죽음

금악은 "왓샤 왓샤" 허는 거 없었어. 그자 사람 하도 죽여가난 들아나는 게 우터레(산으로) 들아나단 보난 폭도 되언. 우터레만 들아나부난. 배우지도 안 허고, 밭에 강 일허당 오라고 해서 오면 죽여불고, 발 갈레 가는 것도 죽이고 쉐(소) 보레 가는 것도 죽이곡 했어. 그자 집이 앉아 이시민 죽이난. 곱안(숨어서) 산에 간 살아가난 폭도 되엇주기게. 원래 곱안 가는 것이 경 되는 거라. 살젠 허난. 경 머리 쓰멍 산에 진득헌 사람도 싯주만은, 대갠 농부한이난 무식허주기게. 금악은 농부한이만 살았주게.

경헌디 검악(금악) 간 이태 봄이라. 이제 다 닥모루로 총 매고 탄압 와가민 우터레만(위쪽으로만) 달아났어. 집에 와서 그 탄압으로 막 사름 죽이레 온 땐 서북청년들이난 그자 이제 저 촛불 켜서 시위허는 것처럼 길목 가득덜 와낫주게. 길목 가득 저만이 가면 밋밋 많았어. 금악오름에 하나 가서 망을 보는 거라. 절로 사람 온다고 허면 서청들이 오람젠 허민, 벌겅헌 기 들어서 막 우터레덜 곱으레(숨으러) 달아났지.

난 도망가단 아이 두 개가 오꼿 있을 때난 힘이 너무 부친거라. 에라, 이제랑 양에왓에 강 숨으려고 곱았어. 둘지 못헨(달리지 못해서). 아이 두개 데련 도망가지 못허난 우영(텃밭)에 막 양에(양하)가 돔방헌디, 우영이 막 넓었어. 집이 요듸 하나, 요듸 하나, 세밧듸 짓어진 집이난. 안거리, 밧거리, 모커리. 양에왓듸(양하밭) 강 영 곱안 아기 하나 안안 이렇게 있으니깐. 요레 트멍(틈)더레 숨언 있으니깐 몬딱 끄집어내언. 동네 사름 하나 없어 심엉 죽이레 오랑 보민. 하나씩 둘인가 폭폭 허난. 집이 와르르 허게 들어오민 이제 잃어분 사름 춫듯 총으로 몬딱 영 휘젓지 안 허느냐. 아이 하나는 외할망 집에 데려당 놔두고, ㅎ꼼 철 든 아기 업고 일이라도 허젠, 일곱 살, 세 살 난 거 두 딸을 데련갓어. 총으로 오란 마당에 시난(있으니).

봄이라. 양에 번짝 오를 때난. 흔 4월쯤. 그 날에, 아이고, 동네 사름 이듸 저듸 죽은 거, 각 처로 죽여불언. 하루에 죽어지는 거 아니. 하여튼 양에가 돔방한 때난(싱싱할 때난). 사름 구경이 어려와 그때 우트르선. 사름 하나 구경허는 것이 어디 새 하나 나는 것만이. 다 죽여불고 다 돌아나불엉 마을에 아무도 없었어. 무서우난 살지도 못허여.

아이고, 끌어다간 마루에 놓고 죽이난 정신 엇었어. 달아나는 사름도 죽이고 몬(전부) 죽여도 나이로 육십 바깥은 안 건들었어. 할망이고 하르방이고. 젊은 것만 그랬어. 이젠 할망, 하르방덜이 집이 오란 보난. 이젠 느랏이 죽어시난 하르방은 우영에덜 갔지.

하르방 둘은 구뎅이를 파고, 임시라도 묻어보젠 파고. 할망 둘은 이디도 짚어보고, 쑥도 해다가 이디 싸매고. 이 마당 너럭지에 피 허벅으로 큰 다락으로 하나 비운 것만큼 했어. 이 사람 소곱(속)에서 난 피가. 경 허난 하르방넨 구뎅이 팡 들이쳐 붇자 허거니, 할망덜이 이딜 만져보난 복장이 옴찍 안 허난 놔둬보라고 허연 3일 후에사 목숨 돌아완. 그때 나가 3일 만이 톡 깨어났어.

하르방 육십 바깥 사름은 건들지 안 헷주기. 거난 시오춘덜(시집 오춘덜)이, 육십 넘은 하르방 두 개에 할망 두 개에 와서 보난 영장(시신)이 세 개가 조랑조랑 나시난. 이제 우영밧에 강 구뎅이를 판 나 들이칠 거 허고. 아이는 우영에 안 묻엉 어디 저 길에 강 저 어총, 아이덜 묻는 디덜 강 묻고. 묻으난.

난 할망덜이 "이디 옷 복장이 멘드롱(미지근) 허난 들러내라, 들러내라" 헹 들어냈어. 부엌에 가서 송화해다가 송진을 쳐서 몸에 덮어 붙이는 송화꽃침 했어. 그러니 이 몸이 영 검푸른 색깔이라낫주기게. 이 색깔. 흰 듸 하나도 엇어낫주기. 대가린 두드리난 이듸 골이 바깥으로 나가난 할망덜이 주워 담았어. 이레 막 쑥 놓고 해서 막 감고. 이뒨(다리를 가리키며) 가로 째어진 어시난 (없으니) 이것도 슬(살) 갖다가 담아 놓고, 이것도 담아 놓고. 구뎅이로 들이친 거 파내서 부엌에서 3일을 쑥침 해가난 여기도 헤뜩, 여기도 헤뜩 허멍 나오난 닷새 만이 죽지 안 허연 살아 나왔어.

곡석물을 끓여서 입에 넣어주면서 할망덜이 살아나커건(곡식물을 입에 넣고 할망들이 살려거든) 먹곡, 죽으커건(죽으려거든) 먹지 말렌 헌 말이 귀로 알아들어져. 구뎅이레 가는 것도.

이 복장 살아 있으니까 다 알아들어지는 거라. 이젠 그걸 먹엇주기. 먹언 3일 만이 나오란. 이제 나흘째에 깨어나난 "아이덜은 어디 갔느냐" 허난 저 명월 외하르방 오랑 데려갓젠 거짓말허연. 묻어둰 거짓말허연.

난 아이를 찾앗주. 하르방한티 "아이 어디 갓수겐" 허난 좀좀허여(말을 하지 않아). 여기 데려왔다고 허는디 어디 갔느냐고 헌 거라. 대답을 못 허여. 너가 어떻게 거기에 갈 수 있냐, 사름덜 맨날 죽는디 그듸 갓당 죽엉 오는디 가지 안 허였덴 허는 거라. 이제 나대로 아이덜 묻은 디 간 보니깐 발도 나오고, 이추룩 헌대로 누워 있었어. 대강대강 흙이 덮여졌어. 돌만 지들롼(돌만 눌러서) 있어. 나가 몬짝 구뎅이 판 묻었어. 하나 남은 거 외하르방네 집에 논 거 이제 부산 살암서. 예순셋 난 거.

그 아까운 똘 춘자, 아까운 똘 죽어부럿젠 허난 밥 놀 생각 엇어. 하도 억울허연. 그 딸은 아까왕 우린 안앙 질레(길)에 가민 우리 딸만이 고운 것이 엇덴(없다고) 허곡 했는디.

그르후젠(그 후엔) 경허멍 살안. 그르후젠 몬딱 동네가 우터레만 들아나난 다 폭도가 됐어. 죽창 안 맨 사람 없이 다 도망가난. 밤이 왕 자기네처럼 서방 우트레 안 올리난 먹을 거 다 내노렌 허영 몬딱 털엉 산에서 와서 다 털어가 불고. 이제 서방 산에 안 올렸다고 와서 자기네가 끗어가켄(데려가겠다) 허고. 별 노릇을 다 해도 명월 친정에 걸엉오랑 누웠당가고.

어떤 땐 이디 왔당 가민 여기부터 터미널로 이만큼 걸으민 질레(길에) 사람 죽은 거 서른도 더 셔(있어). 밀락밀락 오당 몬딱 죽여불민. 그 마을에 사름 씨 하나도 어서 뵌디(없어 보였는데) 지금 사름 씨가 어디서 나왔는가.

1948년 가을 쇠좆매 구타

면담자: 10월에 닥모루 지서에 잡혀갈 때는 그 경찰들이 또 와서 사람들 보이는 대로 잡아간 거꽈? 아니면 누구네 집 지목행 온 겁니까?

지목 안 했어. 그자 조근조근.

경헌 후제(그리고 난 후) 가을 드니까 다시 닥모루 지서에서 토벌 왔어. 다시 닥모루 심어단 터진 때는 가을에, 10월 달이주. 그 10월 달에 허영 그 뒷 달에는 소까이 시켯주기. 집덜 불캐우멍 했어. 집에 있으니까 끌어간. 쇠좆매(소의 생식기로 만든 고문도구). 쇠좆매엔 허민 모른다. 옛날에는, 그 흘랑흘랑헌 거 이디 두드리민 감아정 풀어지지 안 허여. 손 내노렌 해서 이디 흔들어도 털어지지 안허고, 이디 흔들어도 털어지지 안 허난. 바른말 허렌 손 내렌 허민 여기도 감고 여기도 감고, 조근조근이주. 전부 바른말 허렌. "서방 산에 오르지 안했냐" 허멍 바른말 허렌. 암만 바른말 해도 산엔 안 올랐는디 어떻게 말해. 또로(다시) 바른말 허렌 경 두드렷주기게. 산에만 올랐젠. 이젠 바른말은 그거 그거지. 돌아나질 안 허고, 육지 간 엇어부난 아예 이디 산에 오를 생각도 안 헌디 이렇게 허였다고 허연 두드리난. 일곱 사름이 몰안가단 소낭밧에 간 탁 총살헹 죽였어.

우리 총살허는디 나가 죽을 사름 바로 앞에 섯주. 앞에 선 사름은 닥모루 끌어강 막 답도리(닥달) 헷주기게. "서방 올라갔냐? 말았냐?" 헌다. 끌고 간 두 사름은 거기서 죽여불고, 난 이제 살안. 하르방 둘에 할망 둘이 영장(시신) 봉강(주워서) 문으레 금악서 닥모루까지 길에 가당 보민 놈의(남의) 영장이민 안 허고 안 허곡 허였어. 그때 강 난 살안 나왓주기.

밥은 굶어도 약은 끊지 못하지

그때는 젊은 때. 우리 스물여덟인가 일곱에라 그렇게 매 맞은 때가. 이 소까이 내려온 때가 스물아홉 살에 내려왔으니깐. 삶인지 아닌지. 그때에 맞아나니깐 얼이 이제. 한림서 옛날은 약방에서 주사 놓았어. 약방에서 약을 파니까 나 도람(드럼통)으로 약 하나 먹은 사름이여. 약 그 (먹은) 순간만 끝나민 죽어대난 약은 그자. 밥은 굶어도 약은 굶지 안 했어.

밤에 거기 가서 주사 끓영 주사 맞고. 약방도 없으니깐 일본 가는 사름한티, 일본서 약을 모르게 사오는 사름한티 주문허믄 요만썩한 상자 하나에 담앙오민 일 년 먹어져. 일산(일본산). 그거 먹으멍 살아왔어. 이거 이제 흔 20년꺼지 약만 먹어신디 C형 간염 걸렸어. C형 간염 걸리난 제주시 병원에 와서 의사선생한티 말을 들어도 이 병은 약만 먹으민 고치지 못하는 병이난 암이나 다름어신 거난 탕약이고 한약이고 중단 안 허민 안 된덴 했어.

하루에 약 세 번도 먹곡, 보름에 한 번 체크허곡. 혈압약에 C형 간염에 먹으난 보름만씩 먹곡 3개월에 한 번 강 소파 검사. 무지 돈이 들어가. 그냥 개인병원에는 1500원이믄 강 물리치료 허고 침 맞고 뎅겨도. 하늘에 해 밝은 날에 똑 일요일만 놀았어. 하루 두 군데. 경허멍 이제도록 살았지.

매 맞을 때? 경찰에서 때련. 집이 오란 두드릴 땐 이북 청년. 처음 집에 와서 헐 땐 바지부대에 총 매었어. 닥모루에 이북부대 들어왔었지. 나중에 심어간 땐 닥모루 지서라. 지서에 심어가난. 순경이, (때리는 시늉을 하며) 이걸로 맞고. 처음 맞은 땐 이북 사람이 오란. 이북 사름 막 전부 동원헨. 이제 촛불 들엉 행동허는 것처럼 막 길목 가득 뎅겼어. 그렇게 오다가 길에서 아무라도 봐지믄 몬딱 조근조근 죽이주기. 사름 안 글려

난(골라났어). 그때 사름만 보믄 다 죽여났어. 총 매고 오다가 그걸로 그냥 두드리고, 팍팍 쏘아부럴곡 허니까 길에 사름들이 느랏느랏 해났주기. 애기고 뭐고 사름 씨 그치젠 헷주기게.

우리가 쉐(소)를 길러났주기 금악서. 고지서 질루는(기르는) 쉐 100마리. 우리 시아방이 일찍 죽어부난 남을 빌언. 아들은 나이 어리난. 어리고 학교 들어가곡 허젠 허니까. 그 사름 쉐 봐주민 쉐 팔 때에 두 개 팔민 하나 갈라줬어. 우리 밭 그 사람네가 농사헹 다 벌고 그랬주. 처음 온 그집 식구 오곳 그만 전멸해부난. 그 집 식굴 먼저 죽여부난. 고치 질르는 쉐 보는 사름 첫 번째로 죽여부난 우린 쉐가 어디 갔는지 알지 못했어. 쉐가 흔밧디 모드레기(한군데 모여들어) 가난 그 사름만 가민 얼마든지 잘 다스려도 그 집이 식구를 첫째로 오란 죽여부니깐 우린 캄캄. 다섯 식구 사는 집인디. 이제 쉐는 폭도덜도 잡아먹고 이놈도 잡아먹고 엇어부런.

옹포 간스미(통조림) 공장 일본놈 헐 때 60마리 몰아가고. 거 바치고. 60마리 공출로 몬딱 동네 사람이 심어단 바치고. 재산은 좋아났주기게.

딸 신고

딸 둘? 처음에 도청에 신고헐 때 옛날에. 4·3사건 신고헐 때가 흔 10년 됐어. 방송에 났어. 아들은 원 들은 척도 안 허고. 나가 몬딱 써서 도청에 신고했어. 아까 말헌 거 몬딱. 죽어분 두 딸 이름 올려져실 거라. 올렸어. 하도 억울허난. 박춘자허고. 하나는 이름 안 지은 때. 기어뎅길 때난. 기어뎅기는 거, 돌 좀 된 거난. 경혜도 신고는 헷주. 그때 해져실 거라, 처음. 우린 산에라도 올라갔다면 몰라도 산에도 안 올라갔는디 억울허긴 허여. 그 재산 몬딱, 그 쉐 내불곡(내버리고).

희생자로 그냥 도청에서 그런 거 허여 오랜 헐 때에 그때 해져실 거라. 도청엔 올라가서. 도청 신고 그 종이 처음 바치는디. 그때 내가 올렸어.

사름 죽은 거 숱하게 목격

사태 때에 선거? 한독당 무신 거. 남로당, 한독당 해서 그때. 남로당, 한독당 허는 건 이제 남로당은 지금 같으면 산에 올라가는 거. 한독당은 지서 쪽. 이제 한나라당같이 경헌거라. 경헌디 우트르선 농사만 짓는 사람이 많주. 공무원도 없곡. 그자 밭만 뎅기난 영리허게 삐라 볼 생각도 안 허고 밭더레 가당. 길에 나가민 사람 팡팡 죽여부난 사람 씨가 없었어. 그자 총으로 두드리곡 그냥 걷는 건 폭 쏘곡 허난. 건디 사람 총으로 맞으믄 목숨 끊어질 때는 피 우터레(위로) 솟는 게 져퍼라? 피가 목숨 막 끊어지기 전인 줌방비같이 우터레 팍팍팍 올라가는 거라.

사름 죽은 거? 닥모루에 심어갈 때도 스물 몇씩 심어가는디 우리 일곱 사람만 놔뒨. 그 사람덜 총으로 쏘난게, 피가 우터레 팡팡. 게난 나도 살앙 나오지 못헐 줄 알안.

그때 남편이 서울서 여관에 살 때니까 돈을 보내줘사 먹엉 살 거 아니가, 숨어서 사니까. 그 돈 이제 같으민 10만 원 돈을 구덕에 싼 밭에도 가지고 다닐 때라. 가방도 아니라, 그냥 쌍 뎅기단 "빨리 못 나오겠냐" 총살허켄 해가난 부엌에 간 재 걷언 불청(아궁이)에 간 묻어뒀 갔어.

이 집터라도 버는 사람 봉강(주워서) 먹게 허자고 해서 닥모루로 그 돈을 갖고 가지 말고. 게난 살안 나오난 그 뒷날은 삭제난 우리 시오춘덜(시집 오춘들) 오란 불 피워가니까 그듸 불청 파서 가져두고 불 피우시라고 허난. "어느 생각으로 머릴 써젼 이거 놔져니. 이거 산에 올리젠 헤난 거라고덜 헐 건디." 산에는 무슨 서울 가서 여관에 사는 남편 밥값 보내젠 헌 건디. 그때도 머릴 잘 썼던 모양이라. 그거 곱젼(숨긴 것이). 경허지 안 허고 갓으민 죽어실걸.

경헌디 박칩이 더 해. 여섯 식구 한꺼번에 죽여불고. 박칩이 방상덜(친족들)이사 많이 손해 봣주기. 하영 죽언. 우리 시오춘 어른 날 묻으레 왓던 어른도 밭더레 쟁기 시껀(싣고) 밭 갈레 가고 있으니까 죽여불고. 아들, 그 집도 경헨 죽여불언. 우리 방상에 하영 죽언 박칩이. 금악은 박칩이 많주. 아휴.

서북청년들 횡포

이북 청년들 서북청년단들 횡포? 아이고. 우터레 이디 같으믄 촌에만 들엉 막 헷주게. 해안은 어떵 안 해서. 특별히 금악은 더, 특별히. 산이라버리니까. 서북청년 어떵 헌 줄 알아? 총 매고 옷도 그랑그랑 헌 옷 입고 양복도 안 입곡 허난. 말도 그자 우리 제주도 말 아니라. 말 허나마나 말을 붙이질 못 허여. 오란 폭폭폭폭. 그자 막 씨 멸족허레 온 거. 금악은 씨 멸족허레. 그 길에 여기서 터미널까지 가민 백 사름 더 죽나. 걸엄시민 일로 쏘고 절로 쏘고. 아이고, 그 옛날 거느릴 거 아니라(고개를 절레절레 흔듦).

옹포 소까이

소까이? 한림 옹포공장 일본놈 간스메(통조림) 공장 해난 디. 그 너른 너른 덜랑덜랑 헹 창고 닮은 디 있었어. 막 휘영창 헌 디 그디 와낫주기. 그듸 몰아가난 바깥엘 가게 허느냐. 삼일씩 닷새씩 불 안 숨으난 썩은 지실(감자) 흔 가멩이(한 가마) 가져당 먹으렌 배급 준 건 다듬으난 흔 사발도 안 했어.

젊은 때난 펀찍(완전) 굶어도 살아져라게. 펀찍 굶어도. 어디레 내용 허연 나가지 못하게 딱 가둬노난 나가지 못허믄 한림 친척들 시난(있으니) 어디 사는 거 알민 먹을 거라도 가져당 주겠지만 통행금지 해서 갇히난. 경혜도 젊은 때난 옷도 하나도 안 입엉 입은 것덜만 아이 데려서가고 허여도 살안. 겐디 최고 괴롭헌 건 니(이)엔 헌 거. 닌(이) 가을부터 음력 정월, 이월 나야 해방되엇주기. 그자 어디 강 니만 잡아시믄 살아겸직 해라. 니 물엉틀어 먹언. 옷에 그자 빈 주릉. 덩어리져. 이 니만 어디 강 잡아시믄 살아겸직 허여. 굶어도. 니엔 허민 모르주기. 니넨 말해도 모른다. 요새 사름은. 창고 안에 몇 명 정도 생활했냐면 상명, 명월, 금악 몬 천지만지 몇 개 마을 몬딱 그듸 갓주.

"남편 어디갔냐" 구타

한 사름이 요만씩 차지허여, 요만씩. 이 마루 정도면 세 살림, 경혜도 다른 듸 사름덜은 서방 각시 있는 사름덜은 쌀덜 가정가니까 밥해서 먹고. 우린 서방 엇어부니까 가정갈 수도 엇고 빈 몸으로 가니깐 굶언. 게난 그 순경 시험 봐서 옹포공장에 살앗주.

공장에 오난. 옹포 민보단에서, 거기서도 심어단 사무실에서 나 죽게 맞아낫주. 민보단에서도 사무실 공장 안에 그땐 두드리는 게 일이라. "서방 산에 올랏젠." 심어단 두드리는 게 일이주. 남편은 먼저 달아나부난. 아래서는 경찰에서는 다 산에 올랏젠만 허멍 드러(그저) 심엉 두드렷주기. 서방이 어디 갔냐고. 내노렌, 산에만 올랏젠 허멍. 경허멍 심어단 더 두드렷주게. 무조건 "폭도로 올르지 안했냐" 허멍 경 맞앗주기. 저디 서울 강 싯젠 해도 곧이 안 들어.

그 후에 얼마간은 다시 금악 안 갔어. 서방 각시 있는 사름은 농사허곡 살아도. (남편은) 경찰관으로 뎅기고 허난. 그 해방된 때에 한림 나완 남의 집 빌언 살안. 집 빌언 30년을 남의 집 살다가 저거 아들이 벌언 집 지언 이디 완 살고 있어. 물려준 것도 엇어도.

후유장애 불인정

후유장애로 해가지고 신고해도 안 되언. 이제사 우린 오늘인가 내일인가 이제 다 살앗주. 무신거 볼 거 있나. 그거 믿고 살 수 있나. 지금 일도 모르난 이젠 일어사당 엎어지민 우리 아들이 "우리 어멍은 방에 넝(누워서) 안 죽어." 나 이 계단에서도 두 번 털어젼. 병원에 여덟 달 입원 헨, 이 다리 꺾어젼 깁스허연. 몇 년 전에 두 번을 여기서도 떨어져나고. 죽어도 방에 넝 안 죽어졈직 허난. 이제 일어나는 일도 우린 몰라. 불인정 되민 헐 수 셔게(있어?). 어디 강 싸워서 강 틀어올 수도 없고. 되는 대로, 될 대로 되는 냥 내불주. 난 더 돈 들이멍 안 허켜(후유장애 불인정에 대한 소송을 하지 않겠다는 의미).

게난 소송헐 때 10만 원씩 두 번 내멍 해봐도 안 되고. 저 제주대학교 제주의료원에 강 그때 막 사진 찍엉 보내렌 허난 하루에 사름덜이 몰리난 만원이 되난 헐 수 잇어? 그 날 넘으믄 못 헌덴 허난 그 알러레 내려간 재활병원에 간 허난 그때 5만 8천 원인가 우리 며느리가 물엇어. 그 돈도 나온덴 헨게 그 돈도 안 나오고 그럭저럭 헹 설러불언. 내부런. 그자 지금 한국병원에 강 물리치료 허는 거 공짜 된 거. 물리치룐 이 증(유족복지카드) 가정강 공짜로 헤져. 신경통에 먹는 약도 그거 처방해주곡. C형 간염허고 이제 혈압약허곡 세 가지는 다른 병원에 강 허곡.

경혜도 도에서 무료진료 혜택받아지난 그것만 해도 좋아. 더 바랄 것

없어. 그자 병원에만 이제만큼이라도 떨어질 동안만 뎅겨져도 다행이라. 연구소에서덜 잘해준 덕분이라.

면담자: 그래도 인정받아야겠다는, 나는 4·3으로 인해서 이렇게 고통받았다라는 거를 인정받고 싶은 마음에 지금까지 온 거 아닙니까?

아이고, 말하고 말고 헐 나위 없어. 이젠 이 아래 사는 사람은 별 거엔 말해도 귀천을 몰라. 우린 금악 살아부니까, 그 산에 살아부난. 한림 사람덜 귀천을 몰라. 어떵 살아나고. 해안가 사는 사람덜은. 우리 촌에만 살아난 사름만 그 고통을 받곡 먹엇주. 이제 50세밖에 안 된 사름덜은 몰라. 아들도 4·3사건 후에 이디 오란 난 거주게. 경허니까 저 촛불 들고 막 허는 것 보민 아이고 옛날 것도 하나 모르는 똥세기덜! 난 아무 편도 아니라신디 옛날에 60년 전에 했던 일 아는 사람이 하나도 엇어노난.

후유증? 아기덜 낳고 키울 때도 약 안 먹으민 안 돼. 경허난 약 많이 먹은 공으로 살고. 한의원 강 그자 물리치료 허면서 디서 살곡. 말도 못 해. 게난 옛날 한림 살 때도 경 말해. 저 사름은 벌엉 병원에 가는 것이 많주, 먹엉 사는 건 없다고. 경 소문난 사람이주.

애기덜 키울 때 말도 못 해. 힘들고 여러 말도 못 허주게. 농사는 이디 와서 어디 가서 농사헐 수 잇어? 장돌뱅이 헹 살앗주기, 장사허연. 일본 놈 첨 군인덜 모슬포 살 때는 군인 물건 장시허당 압수시키고. 이디서 부산 배에 뭐 사고 가당 압수시키고 허믄 야매 장사허다가 허멍 경헨 살아난.

후유증으로 장사, 삶이 삶 아니엇주

장시? 이듸 저 스물일곱 난 손지 키우젠 허난 여기 온 지가 27년. 저 손지 데려서는 못 허난. 그전엔 그추룩 허멍 살아왓주. 이제 외국 뎅기는 손지가 하나 싯주기(있지).

쌀 장시. 전도금 주난 대동상회 옛날 잡곡 헐 때, 그듸서 돈 주난 그듸 허여들이고. 그듸서 지름 공장 허난 돈 주믄 받은 것 강 한 차씩 해논 거 가져단 들이멍 살안. 어디 강 밭 농사는 안 해봤어. 살림 살 때. 남의 집 30년 살고. 아들네가 벌언 집 사난 여기 오고. 손지 키우레 오고, 여기 온 지 27년.

아기덜 키울 때가 고생헷주. 아기덜 키울 때. 저 육지 간 딸아이 열 살 때라. 삯 내언 보리 갈게 되난 이 몸이 오꼿 죽어분거라. 이듸는 돌락돌락 요듸 맥은 튀고 이 다리가(맞아난 흔적으로) 영 가부럿주기. 다리가다 가부난 아이들한티 리어카 끌엉 밧에 가져강 놓고 저 보리 다 끊엉 다 이리로 가져오라 허연 묶으멍 헷주. 짐이 팡팡 썩으난 사름덜 무사 그 보리 썩언 김 나느냐고 해도 해볼 도리가 엇언. 들어앉아 부난. 삶이 삶 아니었주. 후유증이 너무 과해노난.

후유장애 보증 설 사름도 없어

4·3 해결? 걸 어떵 해결해. 잘되민 좋은디 잘 안 되는 걸 어떻게 헐 거라. 연구소에서 그만 노력해도 안 되믄 헐 수가 없는 거주. 병원에만 돈 안 들어도 고마워 뵈긴 허여. 그거만이라도. 더 바랄 거 잇어? 그 회장님이 경 노력해도 안 되는디(후유장애 불인정을 가르킴 ― 채록자 주). 그보단 더 헌 사름 해도. 이 등어리에 혹 튀어난 사람도 안 되엇젠 허고, 귀 막은

사름도 보증해서 가도 안 되엇젠. 난 불러도 안 가겠어. 그 차비 들이멍. 그냥 먹당 죽어불주. 난 그때 보증 앉은 사람 이디도 엇어. 육지 간 살아부난.

이제 다 그 다리 끗엉(끌어가서) 앉은 사람을 거기 끗엉 뎅겨지느냐 서울을. 보증을 헌덴 허믄. 걷지 못해 다들. 걷지 못허는 사름덜 이제 데령 어떻게 가나. 아이고, 나 그 서울까진 안 가켜. 안 되믄 안 되는 양. 되지도 안 허주기. 그때도 다리 한 착 끊어지나 팔이 끊어진 거는 인정헌덴 허난. 다리 끊어지고 팔 끊어진 사람사 다 죽었주 살아서?

4·3 때 배급도 못 타먹었어

남편 원망? 아이고, 자기도 제주시에 완 숨엉 살땐 가슴이 탈랑탈랑 헷주. 모략허연 밀고 들어와신디 어떵 헐 거라. 남편은 난 분이었져, 난 사름. 남편이영은 금악서 살 때에 흔 7, 8년 살아져신가. 남편 육지 갈 때? 아니. 공부허레 간다고 살당 오고, 조금 왓단 4·3사건 만난 나가부니까 살아보지 못허연. 여기 와서 경찰관 허고 다닐 때 저 아들 생긴 거. 남편은 외아들이었어. 시어머닌 내가 간 후제 돌아간.

그때 경찰 허난 각시 얻언 살았져. 아이고, 말도 말라. 외아들이고 아무도 엇이난 나가 지원헹 각시 얻엉 살렌. 벗 허겐 헷주기.

그때 소개허민 배급을 이만저만 줘나지 안 헷어. 우트르서 완 올라간 사름. 안량미 쌀, 입는 광목 뭐 별 거 다 줘도 난 그런 걸 일절 안 받았어.

아들은 아버지 재산이옌은 단돈 십 원어치 과자 안 먹어본 아이주게. 막 고생헨. 나가 아무 것도 엇이 아방 재산 전부 팔아부난 그자. 아들도 중고등학교 간 늘 장학생 했주기.

아들이 안 착헤시민 아무 데나 서방 얻엉 갔주만. 잘 멕이지 못해도 국민학교 강 와도 어디 가서 놀지도 안 허곡 일만 다 헌 아들이여.

아들은 서쪽으론 아는 사람들이 많은 디 난 안 다니켼 해. 모르는 듸가 좋뎬, 모른 듸만.

구술 정리를 마치며

차마 비명조차 내지 못했던 시절, 산으로 산으로만 도망 다니던 사람들의 이야기입니다. '죄 없는 것이 죄'였던 사람들, 다만 제주도 중산간에 살았다는 이유만으로 더 숨 막히는 세월을 보내야 했던, 그 날 이후 오랫동안 트라우마에 시달려야 했던 사람들 이야기입니다. 이들 가운데는 자신보다 나이가 조금 많았던 형들의 행방불명으로 고통을 겪고 있는 이들도 있습니다. 이 책은 당시 한림면(현재 한림읍. 1935년까지는 구우면, 1935년 한림면으로 개칭, 1956년에 한림읍으로 승격)에 살았던 13인의 4·3이야기입니다. 대개 4·3의 광풍이 그들의 소년기를 덮쳤고, 가족사를 폭풍처럼 뒤흔들어 버렸습니다. 그 시기를 살았던 이들이 가슴속에 품었던 말을 토해낸 지 이미 7~8년입니다. 그들은 이미 고인이 되었거나 황혼의 시간을 보내고 있습니다.

까다로운 제주어 정리를 하는 데는 이번에도 여전히 어려움이 따랐습니다. 구술자마다 제주어의 편차가 있다는 점, 제주어와 표준어를 혼재해 사용하고 있어 고르지 못하다는 점 등이 그것입니다. 같은 지역이고 개인마다 같은 사건을 이야기하는데도 경험 차가 있다는 것도 여전합니다. 그 당시의 용어들과 현재 많이 쓰이는 용어들을 어떻게 적절하게 써야 할지의 문제, 여과되지 않은 개인의 생각을 어떻게 풀어야 하는지 등 여러 대목에서 고민이 있었습니다. 또한 단편적인 증언채록의 한계로 미흡함과 아쉬움도 많았습니다.

그러나 소박한 민중의 구술은 온몸으로 4·3을 겪어야 했던 그들의 가족사만은 아닙니다. 자칫 묻힐 뻔했던 4·3진실의 증거이자 역사입니다. 4·3 광풍에서 살아남은 이들 가운데는, 살아남았으나 후유장애의 고통을 겪고 있는 이들이 있습니다. 가령, 어떤 이에게는 한번 덧씌워진 붉은 각인이 평생 따라다녔습니다. 어떤 이는 취직도 해외여행도 불가능했고, 일흔이 넘은 지금까지도 세상에 대한 두려움으로부터 자유롭지 못합니다. 이들의 아픈 곡절은 중산간 사람들의 고통스러운 시절을 고스란히 담아내고 있습니다.

열두 살에 4·3의 아픈 가족사를 경험했던 채만화는 대학생이 되어 4·3 진상규명을 해보겠다고 현장에 나섰습니다. 제주섬 전체가 쉬쉬하고 있었지만, 1960년 4·19혁명으로 다시 힘을 얻었던 시절입니다. 그때 겁도 없이 자신들의 땅에서 일어났던 비극의 역사를 자체 조사해보자고 나섰던 제주대 7인동지회(고순화, 고시홍, 박경구, 양기혁, 이문교, 채만화, 황대정)가 그들입니다. 그러나 얼마 지나지 않아 채만화는 그 일로 제주경찰서에서 49일간 구금되었고, 박경구와 이문교는 서대문형무소까지 끌려가 수감되었습니다. 나중에야 이 사건이 4·3운동의 작은 물줄기를 튼 역사가 되었음을 알았습니다.

오용승은 겹겹 쌓인 곡절의 가족사를 품고 있습니다. 교직 생활을 했으며, 만뱅듸유족회 고문으로 활동하는 그에게는 모슬포 예비검속사건으로 희생된 형을 포함해 세 형이 있었습니다. 이들은 모두 시대의 희생양입니다. 4·3 이후 오랫동안 그 트라우마로부터 벗어날 수 없었던 가족사입니다. 시대를 앞서는 예지가 있었던 형 때문에 고초를 겪었고, 경찰

218

의 감시와 주위 시선을 느끼며 살아야 했던 청춘의 시기였습니다. 만벵디유족회장을 맡아서 억울한 영혼들의 명예회복을 시키는 일에 앞장서는 등 오랜 세월 이 길에 매진해오고 있는 그의 증언입니다.

1948년 12월 한림중학교 1학년생으로 갑자기 한림국민학교에 끌려갔고, 거기서 서북청년 특별중대원에게 불붙은 장작으로 구타를 당했습니다. 양만식입니다. "시위에 나서지 않았느냐. 바른말 허라"고 물고문을 비롯해, 일주일 동안 온갖 고문을 당했던 사람입니다. 그래도 다른 이들은 총살당했으나 구사일생으로 살아나 자원입대합니다. 물론 중학교 졸업도 못하고 나갔습니다. 6·25전쟁에 참전 후 제주로 내려와 경찰도 해봤지만 4·3 트라우마와 후유장애로 다리를 쓰지 못해 줄곧 병과 싸우며 살았습니다.

한림 명월 태생으로 당시 학생이었던 양태관의 형은 서울대 농대 출신으로 행방불명되었습니다. 공무원 생활을 하던 형이 굴속에서 피신 생활을 하다가 행방불명되자 온 가족이 광평리 일대 오름을 6개월이나 찾아다녔던 아픈 기억이 있습니다. 하지만 시신도 찾지 못했고, 명월에서는 '폭도가족'이라고 멸시에 시달렸고, 외가 월령리에서도 '폭도새끼' 취급을 받았다고 합니다. 공무원을 할 때도 이 사실이 승진에 걸림돌이 되었습니다. 조카는 공무원도 되지 못하고, 연좌제 피해를 겪어야 했습니다.

현공숙은 한국전쟁에 참전하고 행방불명된 큰형. 광주형무소에 수감되었다가 정뜨르 비행장에서 학살당한 둘째 형, 어린 조카마저 홍역으로 잃게 되었던 비극의 가족사를 안고 있습니다. 그래서 열여덟 살에 군에 입대하고 스물세 살에야 제대했습니다.

이정순은 한림 출생으로 4·3 때는 열여덟 살로 한림중학교 1회 입학생이었습니다. 한림 민보단으로 있던 고모부가 동네 사람의 밀고로 억울하게 끌려가 일주일 만에 희생되었습니다. 우익 집안이어서 더 위험했고 고초를 겪었습니다. 어린 학생들의 학살 장면도 목격했던 그는 어렸지만 너무나 무서워서 해병대 3기로 지원했습니다. 그 당시 모슬포에서 훈련받고 함께 지원한 친구들이 많았습니다.

임공창의 가족들은 한림에 살았으나, 친족은 대부분 모슬포 동광리에 살았기 때문에 많은 피해를 입었습니다. 1936년생 임공창은 당시 한림국민학교 6학년생으로, 군인들이 학교에서 한림중학생 4명 전원을 전교생 앞에 묶어놓고 교정에서 가격하던 소리를 반 아이들과 함께 들었습니다. 작은아버지가 모슬포 예비검속사건으로 희생당했습니다. 한 구덩이에 파묻힌 시신 중에서 금니로 확인하고 찾아내 초상을 치렀습니다. 사상이 뭔지도 모르는 사람들을 죽인 것이 억울합니다.

귀덕리 태생인 이성진은 해방 전 열여덟 살에 결혼하고 4·3 시기 남매를 뒀습니다. 그러나 군인을 가는 바람에 딸은 죽고 아들은 살았습니다. 4·3때 철도응원대를 위한 주방장으로 일을 하는 바람에 장모와 처제가 죽었고, 그는 어느 할머니의 항아리 속에 숨었다가 살 수 있었습니다. 각 읍면에서 뽑아 갔던 특공대의 경험, 서북청년단의 횡포, 성담 쌓기 등을 기억하고 있고. 해병대 3기로 입대했으며, 처가는 장모를 비롯해서 15명이 희생을 당했습니다.

조여옥은 옹포리 태생으로 일곱 살에 일본 오사카로 건너가 일본 관서대학 2년을 수료했던 엘리트입니다. 제2차대전 때 학도병을 하기도 했고, 경찰 생활을 하면서 어느 정도 진압되자 방위학교에 가서 사관교육을 받았습니다. 토벌활동을 하며 6개월간 주둔소에서 근무하기도 했습니다. 경찰에 있을 때는 마을에 습격이 들어 납치되어가는 여자를 구해줬던 경험이 있습니다.

옹포리 출신이었던 변부군은 4·3 발발 시기 국민학교 교사를 했습니

220

다. 1950년 결혼한 남편은 곧바로 한국전쟁이 터지자 서울로 가고, 큰시누이는 봉성리 구몰동 습격사건으로 희생당했습니다. 친정아버지는 민보단장을 했었는데도 누군가의 밀고로 "산에 원조를 했다" 해서 지서에 잡혀가 대질 끝에 고문을 당했습니다. 그 당시 그녀도 지서에 들어가 거꾸로 구타당하는 치욕적인 고문을 당했습니다.

한림에서 태어난 김명복은 유복녀입니다. 예비검속으로 아버지가 제주시 도두봉에서 돌아가셨다고 하지만 시신을 찾지 못했습니다. 4·3 시기 이모부와 사촌언니가 희생당했습니다. 특이하게도 아버지가 꿈속에 나타나 어머니의 목숨을 구했던 경험이 있습니다. 만삭의 어머니에게 먼 친척 할머니가 와서 자신의 꿈속에 아버지가 나타나 절대 밭에 가지 말라고 암시했답니다. 그녀도 어쩐 일인지 꿈속에서 너무너무 슬피 우는데 아버지가 나타났으나 말 한마디 못했다고 합니다.

명월리에서 태어난 오계아는 1948년 5·10선거를 피해 오름으로 피난해, 쫓고 쫓기는 세월을 보내야 했습니다. 한림 시내에서 일어났던 3·1 시위, 오용범 선생에 대한 기억이 강렬합니다. 옹포리 공장에서 소개 생활을 하기도 했으며, 4·3 때는 여자 대한청년단 활동과 선거운동도 해야 했습니다. 아버지 대신 나가 성담도 지켰습니다. 둘째 오빠의 정신적 혼란기, 스무 살이 되지 않은 큰조카가 4·3에 연루되어 인천형무소로 수감되었지만 행방불명되어버린 그 시대를 기억합니다.

오술생 할머니는 당시 두드려 맞은 후유증으로 병원과 약에 의존하며 살았습니다. 4·3 당시 할머니는 시집가서 금악에 살았습니다. 중산간 지역이라 경찰, 군인이 오면 모두 산 쪽으로 도망가야 했답니다. 그런데 두 딸이 너무 어렸기에 도망가지 못한 할머니는 밭에 숨었지만 곧 발각되어 어린 두 딸을 잃었고 죽도록 얻어맞는 끔직한 일을 당합니다.

이렇듯 오래도록 역사의 상처를 동여매고 살았던 이들의 생은 그 자체가 국가 공권력에 의한 트라우마라는 것을 다시 한 번 확인하게 합니다. 끝까지 이 참혹했던 세월을 살아내며 증언해준 어르신들께 머리 숙여 깊은 감사를 올립니다.

2014년 4·3 66주년에

허영선

제주4·3연구소와 제주4·3 구술자료 총서

1. 4·3 구술증언 채록과 구술자료집 발간의 시작

4·3에 대해서는 그간 숱한 상처를 안으로만 떠안고 인고의 세월을 보낸 만큼 해야 할, 그리고 고개 숙여 듣고 기록해야 할 이야기도 많다.

1989년 5월 10일 창립한 '제주4·3연구소'가 4·3 이야기에 눈을 돌린 것은 창립 2년 전부터였다. 연구소의 초기 활동가들은 창립을 준비하며 제주시와 가까운 조천읍과 애월읍을 대상으로 구술증언 채록을 시작했다. 이 두 지역을 선택한 이유는 교통 문제도 있었지만, 4·3 당시 이 지역이 다른 지역에 비해 변화의 바람을 가장 갈망하고 있었다고 판단했기 때문이다.

약 25년 전, 일주도로변에 면한 해안마을에는 시내버스가 자주 다녀 왕래가 비교적 쉬웠다. 그러나 중산간마을의 경우 하루에 버스가 세 편 정도밖에 없어 한 마을을 찾아 조사하려면 한 시간 이상을 걸어야 했다.

대놓고 4·3 이야기를 해달라고 조를 수도 없었다. 에둘러 마을 이야기를 나누다, "4·3 때는 어땠습니까?" 하고 넌지시 물어야 했다. 구술자의 이름은 물론, 구술에 나오는 여러 사람의 이름을 그대로 실을 수도 없었다. 구술자는 성은 있으나 이름은 없는 '김○○'이 되었다. 그렇게 1989년 연구소를 개소하며 증언자료집 두 권을 펴냈다. 제목도 4·3 경험자들이 '말을 하고 싶어도 하지 못해 가슴 깊이 꽁꽁 묻어두었던 이야기를 이제야 합니다'라는 의미의『이제사 말햄수다』였다.

이렇게 경험자들이 4·3을 말한 지 25년이 되었다. 이제는 제주어 표기법도 바뀌어, '말햄수다'는 '말햄수다'로 써야 옳다. 이것은 이 책이 그만큼 고전이 되었다는 의미도 될 터이다.『이제사 말햄수다』가 그 후 4·3 진상규명 과정에서 여러 가지로 기여한 공로는 말로 다 할 수 없지만, 한 가지 덧붙이면 강요배 화백의 4·3 역사화 <동백꽃 지다: 제주민주항쟁사>(1992)는 강 화백이 이 책을 통독한 결과였다. 강 화백은 4·3 역사화를 그리며『이제사 말햄수다』를 열 번은 더 읽었을 것이라고 술회했다. 강 화백의 역사화 중 <천명(天鳴)>은 1984년 11월 하순의 어느 날 군경토벌대가 중산간마을을 모두 불 질러 온 동네가 벌겋게 타는 광경에 '하늘도 울었다'는 사실을 그린 것으로, <동백꽃 지다> 전시를 시작하는 첫날, 이 그림 앞에 선 사람들의 가슴을 까맣게 타들어가게 만들었다.

제주4·3연구소는 2013년, 23년 만에 제주4·3 구술자료 총서를 다시 도서출판 한울과 손잡고 펴냈다. 23년 전 구술 채록과 총서 발간의 목적이 진상규명에 있었다면, 지금의 목적은 그간 채록된 수많은 구술자료의 공개를 꾸준히 요구해온 연구자들의 요구에 일정 부분 부응하면서 구술사의 학문적 연구에 기여해야겠다는 시대적 당위성에 있다.

제주4·3연구소는 몇 년 전부터 채록되고 있는 9연대, 2연대 군인들과 경찰·우익 단체원들의 구술을 차근차근 엮어, 4·3의 날것 그대로의 얼굴을 다시 한 번 세상에 내놓을 것이다.

2. 시기별 4·3 구술증언 채록

제주4·3연구소가 1989년 창립된 이래 가장 중점적으로 사업을 벌인 분야가 4·3 체험자의 구술증언 채록이다. 이러한 연구소의 채록 작업을 시기별로 구분해보면 다음과 같이 나눌 수 있다.

1) 『이제사 말햄수다』 탄생에서 연구소 창립까지(1987.6.10~1989.5.10)
   · 연구가·활동가들이 개별적으로 연구소 창립 기념 증언집 발간을 위해 준비하던 기간이다.
   · 결과물로 1989년, 『이제사 말햄수다』 1, 2권이 발간되었다.

2) 현장채록 정착기(1989.5.11~1998.4.3)
   · 이 기간에는 4·3연구소의 기관지 『4·3 장정』과 무크지 《제주항쟁》 (1991)을 통해 채록된 구술이 발표되었다. 그중 《제주항쟁》에는 당시 개인적 증언도 꺼리던 시대 상황 속에서 제주4·3연구소 현장 채록 팀이 한림읍을 조사해 「통일되면 다 말허쿠다 — 증언으로 보는 한림읍의 4·3」을 게재하기도 했다.
   · 또한 4·3 50주년이던 1998년에는 제주도의 '잃어버린 마을'을 집중 조사해 『잃어버린 마을을 찾아서』를 발간하기도 했다.

3) 「4·3 특별법」 정착을 위한 채록 조사기(1998.4.4~2003.12.31)
   · 이 기간에는 4·3연구소가 「4·3 특별법」 제정과 정착에 매진하게 됨에 따라 이에 도움이 될 수 있는 구술 채록에 주력하고, 1999년 12월 「4·3 특별법」 제정 후에는 4·3의 진상규명에 도움이 될 수 있는 구술의 채록에 주력했다.

· 2002년에는 4·3 수형 생존인을 만나 증언을 듣고,『무덤에서 살아
나온 수형자들』을 간행했다.

· 이 시기부터 녹취 장비들도 점차적으로 디지털화되었다.

4) 1000인 증언 채록기(2004.1.1~2008.12.31)

· 이 기간에는 '제주4·3 1000인 증언채록 사업'을 기획해 더욱 집중
적이고, 과학적인 채록 사업을 벌였다.

· 이 사업은 당시 「4·3 특별법」에 따라 정부에서 이루어지고 있던
'4·3 진상규명 작업'의 보완적 측면도 있었다.

· 이 사업은 전국적으로 이루어진 과거사 관련 증언채록 사업 중에
서 그 유례를 찾을 수 없을 정도로 방대한 작업이었다.

· 5년간 도 내외 체험자 1028명으로부터 생생한 증언을 채록했다.

· 또한 이 기간에 이제까지 구술조사를 벌이며 확보했던 모든 아날
로그 자료를 디지털화했다.

5) 주제별 채록 및 구술자료집 발간기(2009.1.1~현재)

· 이 기간에는 주로 '주제별 구술 채록 사업'을 벌여 1차로 4·3 당시
군인·경찰·우익단체의 단체원을 중심으로 채록 사업을 진행했으
며, 현재도 이루어지고 있다.

· 그동안 4·3연구소가 채록한 구술자료의 발간계획을 수립해 2010
년부터 해마다 두 권씩, 제주시에서부터 각 읍면별로 연차적 발간
사업을 진행해나가고 있다.

· 2010년, 제주4·3 구술자료 총서 1권『갈치가 갈치 꼴랭이 끊어먹었
다 할 수밖에』와 2권『아무리 어려워도 살자고 하면 사는 법』을
발간했다(4·3 당시 제주시에 거주했던 체험자들의 증언집).

· 2011년, 제주4·3 구술자료 총서 3권 『산에서도 무섭고 아래서도 무섭고 그냥 살려고만』과 4권 『지금까지 살아진 것이 용헌 거라』를 발간했다(4·3 당시 조천면과 구좌면 거주자들의 증언집).

· 2013년, 제주4·3 구술자료 총서 5권 『다시 하귀중학원을 기억하며』와 6권 『빌레못굴, 그 끝없는 어둠 속에서』를 발간했다(4·3 당시 애월읍 거주자들의 증언집).

3. 4·3 구술증언 자료집의 발간

제주4·3연구소는 그간 많은 구술증언 자료집을 발간했다. 『이제사 말햄수다』처럼 단행본 형태의 구술자료집도 있었지만, 기관지 『4·3 장정』과 『4·3과 역사』를 통해 부분적인 구술조사 자료를 계속해서 세상에 내놓았다. 그중 대표적인 것은 <표 1>과 같다.

〈표 1〉 제주4·3연구소 구술증언 자료집

서적명	발간연도	출판사	주요 내용
이제사 말햄수다 1	1989년	도서출판 한울	제주도 조천읍 증언조사
이제사 말햄수다 2	1989년	도서출판 한울	제주도 애월읍 증언조사
4·3 장정 1	1990년 4월	도서출판 갈무지	4·3 증언채록
4·3 장정 2	1990년 8월	백산서당	4·3 증언채록
4·3 장정 3	1990년11월	백산서당	4·3 증언채록
4·3 장정 4	1991년10월	백산서당	4·3 증언채록
4·3 장정 5	1992년 4월	나라출판	4·3 증언채록
4·3 장정 6	1993년 9월	도서출판 새길	4·3 증언채록
제주항쟁	1991년	실천문학사	제주도 한림읍 증언조사
잃어버린 마을을 찾아서	1998년	학민사	'잃어버린 마을' 증언조사

무덤에서 살아나온 수형자들	2002년	역사비평사	4·3 수형생존자 증언채록
재일제주인 4·3 증언채록집	2003년	도서출판 각	재일제주인 4·3 증언채록
그늘 속의 4·3	2009년	선인	4·3 경험자의 삶을 중심으로
갈치가 갈치 꼴랭이 끊어먹었다 할 수밖에	2010년	도서출판 한그루	제주4·3 구술자료 총서 01 (제주시)
아무리 어려워도 살자고 하면 사는 법	2010년	도서출판 한그루	제주4·3 구술자료 총서 02 (제주시)
산에서도 무섭고 아래서도 무섭고 그냥 살려고만	2011년	도서출판 한그루	제주4·3 구술자료 총서 03 (조천면·구좌면)
지금까지 살아진 것이 용헌 거라	2011년	도서출판 한그루	제주4·3 구술자료 총서 04 (조천면·구좌면)
다시 하귀중학원을 기억하며	2013년	도서출판 한울	제주4·3 구술자료 총서 05 (애월읍)
빌레못굴, 그 끝없는 어둠 속에서	2013년	도서출판 한울	제주4·3 구술자료 총서 06 (애월읍)

4. 4·3 구술증언 채록의 이론적 생각

제주4·3연구소는 구술사에 대한 여러 논란 속에서 지난 20여 년 동안 4·3 체험자들을 만나며 그 나름대로 작업을 꾸준히 진행해왔다. 그 작업의 방대함이나 성과는 민간 연구소임에도 엄청났다. 그러나 앞으로는 좀 더 명확한 구술조사의 지향점이 필요하다. 양적 관리 작업에 매달리기보다, 질적으로 향상된 구술조사를 통해 4·3의 진상과 체험자들의 아픔을 마주해야 하는 전환점에 서 있다.

국사편찬위원회는 2004년부터 구술자료 수집 사업을 시작했다. 당시 이 사업의 목적은 "격동의 20세기를 살아온 다양한 인물들의 경험을 구술로 채록·정리함으로써 문헌사료의 제약과 공백을 보완하는 새로운 근현대 역사자료를 생산"[1] 해, 근현대사 연구와 이해의 폭을 넓히겠다는 것이었다. 결국, 이 사업은 장용경의 표현대로 "문헌사료의 제약과 공백을 보완하는 역사자료 생산의 일환"이었던 것이다. 그러나 이러한 문제의식은 인류학계의 구술사 방법론인 "구술의 주관성에 대한 맥락적 이해를 통한 개인적 삶의 전략에 대한 이해 또는 경험의 확장"이라는 지향과는 다소 차이가 있었다.

사실 역사학계 내에서도 '관행적 사실과 개인의 기억 사이의 긴장'은 피할 수 없는 것이었다. 이러한 긴장 관계에서 객관적 사실(Fact)을 제일로 여기는 역사학자들은 구술자료를 불신해 상대 진영을 공격하기도 했다. 4·3의 구술증언 채록을 통한 진상규명 과정도 이와 비슷한 면이 많았다. 지금까지의 4·3 구술증언 채록 작업은 이 두 논점이 공존해온 면이 많다. 이것은 4·3이 단순한 '사실'의 문제가 아니라 희생자와 유족의 아픔까지도 감싸 안을 수 있어야 한다는 시대적 요청이 있었기 때문이다.

구술사가가 즐겨 쓰는 말 중에 이런 말이 있다. '구술자는 면담자와 이야기를 나누는 과정에서 스스로 자기 자신을 재구성하면서 자신의 삶에 의미를 부여한다'는 표현이다. 이는 여러 가지로 해석될 소지가 있다. 그러나 4·3 구술증언 채록자들은 이 인류학자의 말을 다음과 같이 인식할 필요가 있다. '구술자는 구술을 통해 한풀이를 한다. 구술은 구술자의 상처 치료에 많은 도움을 준다.' 4·3 구술증언 채록이 여전히 '면담자와의 신뢰를 바탕으로' 진행되어야 하는 이유가 바로 여기에 있다. 그러나 그럼에도 허호준의 다음과 같은 토로는 분명 경청해야 한다.[2]

"제주4·3사건의 구술 채록은 「4·3 진상조사 보고서」나 기존의 연구에

---

1 장용경, 「구술자료의 독자성과 그 수집방법」, 『구술자료 만들기』(서울: 국사편찬위원회, 2009), 5쪽.

2 허호준, 『그늘 속의 4·3: 死·삶과 기억』(서울: 선인, 2009), 14쪽.

서 다하지 못한, 역사적 사건들을 직접 경험하거나 목격한 사람들이 아직 살아 있고, 60여 년의 세월이 흐른 시점에서 대부분 연로한 이들이 돌아가시거나, 기억력이 더 이상 흐려지기 전에 그들의 증언을 기록해놓을 필요성에서 출발했다. 이것이야말로 '밑으로부터의 역사'의 전형이기 때문이다. 역사를 생생하게 목격한 사람들의 목소리, 잊혀가는 사람들의 목소리를 수집하는 데 구술사는 매우 강력한 수단이다. 이러한 점에서 그동안 4·3 진상규명 및 명예회복 과정에서 소외되었던 부분들에 대한 조명은 필요하며, 활동가들의 구술증언이나 그 가족들이 평생 당했던 고통스러운 이야기, 후유장애 불인정자, 연좌제와 호적으로 인한 갈등 등의 이야기는 중요하다. 역사를 탐구하는 데 행위자의 생각이나 활동이 주목을 받아야 한다는 입장에 서면, 4·3 전체에서 한 부분인 이들의 이야기에 대한 구술사의 가치는 아무리 강조해도 지나치지 않다."

주요 4·3 용어 해설

계엄령

1948년 11월 17일, 제주도 전 지역에 계엄령이 선포되었다. 이 계엄령 선포는 이보다 한 달 전인 10월 17일, 제9연대장 송요찬 소령이 "전도 해안선부터 5km 이외의 지점을 무허가 통행할 때에는 총살에 처할 것"이라는 포고령 선포에 이어 중산간마을을 초토화하고, 더 많은 민간인을 죽음으로 몰아넣은 주된 원인의 하나였다. 그 당시 이러한 정부의 계엄령 선포는 불법이었다는 주장이 있다.

남조선국방경비대(南朝鮮國防警備隊)

한국군의 모체로 1946년 1월에 설립되었다. 경찰력 보충과 국가 중요 시설 경비, 좌익의 폭동진압, 4·3사건 진압을 목적으로 시작되었다. 1946년 6월 15일 '조선경비대'로 명칭을 바꾸었다. 1948년 8월 15일 대한민국 정부가 수립되자 9월 1일 국군으로 개편되었으며, 9월 5일 대한민국 육군으로 개칭되었다. 11월 30일 국군조직법에 따라 정식으로 대한민국 국군으로 편입되었다.

대청(대동청년단)

1947년 4월에 결성되었던 우익 청년운동단체이다. 상하이(上海) 임시 정부의 광복군 총사령관을 지낸 지청천(池青天)이 1945년 12월 환국한 뒤, 당시 우익계 32개 청년운동단체를 통합해 대동단결을 이룩한다는 명분으로 결성했다. 그 후 대한민국 정부 수립에 많은 기여를 하기도 했으나 이승만과 김구 등 우익 진영의 움직임에 따라 이합집산을 거듭하다 소멸되었고, 1949년 12월에는 이승만을 지지하는 대한청년단이 탄생했다.

민보단
1948년 5·10 총선거 때 조직되어 1950년 봄까지, 경찰의 하부 지원조직으로 활동한 민간단체이다. 제주도에서는 4·3 기간에 각 마을의 청장년들로 민보단이 결성되어 성을 쌓고, 보초를 섰다.

민애청(조선민주애국청년동맹)
민청이 1947년 6월 개명한 조직의 이름이다.

민청(조선민주청년동맹)
좌익단체의 청년 조직이다. 1945년 12월 11일 조선청년동맹(약칭 청총)으로 발족했고, 1946년 4월 조선민주청년동맹(약칭 민청)으로 재조직되었다. 그러나 민청은 미군정에 의해 해산명령을 받자, 얼마 지나지 않은 1947년 6월 조선민주애국청년동맹(약칭 민애청)으로 이름을 바꿔 활동했다. 제주 지역은 1947년 2월에 리 단위까지 민청이 조직되어 활발하게 활동했다.

서청(서북청년회)
대공투쟁의 능률적인 수행을 위해 북한에서 월남한 청년들로 조직된 우익 청년운동단체로, 1946년 11월 30일 설립되었다. 우익 세력의 선봉으로 경찰의 좌익 색출 업무를 전면에서 도왔다. 제주도에서는 1947년 11월 2일, 서북청년회 제주도본부(위원장 장동춘)가 발족되어 4·3 진압에 나섰으나 그 방법이 가혹해 많은 원성을 샀다. 4·3 경험자들은 서청을 4·3 학살의 최고 원흉으로 지목한다.

소개(疏開, 소까이)

소개는 적의 공습이나 화재 등으로부터 손해를 적게 하기 위해 집중되어 있는 사람이나 시설 따위를 분산시키는 작전을 말한다. 일제강점기에 일제가 주민들을 미군의 공격으로부터 분산시키기 위해 '소까이 작전'을 벌인 것이 그 시초이다. 제주도에서 4·3 기간에 군경토벌대가 초토화작전을 벌이면서 중산간마을 사람들을 해안마을로 이주시킨 것을 당시 체험자들은 '소까이'시켰다고 표현한다.

수장(水葬, Water burial)

수장은 원래 사람의 시체를 물에 넣어 장사 지내는 장례 관습의 한 가지를 말한다. 하지만 제주도에서는 4·3 당시 학살의 한 유형으로 많이 자행되었다. 수장은 학살을 은폐하기 위함이 그 목적이었으나, 현재 당시 수장된 유해가 일본의 대마도에서 발견되고 있다.

예비검속(豫備檢束, Preventive Detention) 혹은 보도연맹(保導連盟) 사건

예비검속의 법적 의미는 피고인의 석방이 사회에 이익이 되지 않는다는 전제 아래 재판 전에 피고인을 구금하는 것이다. 그러나 1950년 한국전쟁이 발발하자 정부는 전국에서 보도연맹원이나 양심수 약 20만 명을 검거해 집단학살했다. 이 사건을 타지방에서는 '보도연맹 사건'이라고 한다.

제주도에서는 4·3 등에 연루된 사람들을 '예비검속'하여 A·B·C·D급으로 분류하고 그중 제주·모슬포·서귀포경찰서에 구금했던 C·D급 예비검속자들을 총살했다. 모슬포경찰서에서는 1950년 음력 7월 7일(양력 8월 20일), 모슬포 절간고구마 창고에 구금했던 예비검속자 132명을 섯알오름 일본군 탄약고 터로 끌고 가 학살했다. 또한 이날 약간의 시간 차이를 두고 한림지역 검속자 63명도 일본군 탄약고 터 안의 옆 구덩이에서 학살했다.

그 외 제주경찰서와 서귀포경찰서에서는 일부 구금자를 수장하거나, 제주국제공항으로 끌고 가 학살했다. 최근 제주국제공항에서 학살된 시신들이 발굴되면서 그때 사건의 전모가 조금씩 밝혀지고 있다.

그러나 유일하게, 당시 성산포경찰서 문형순 서장은 이 명령이 부당하다고 판단해 많은 인명을 학살에서 구했다.

> 만벵디 공동장지: 한림읍 명월리에 자리 잡은 이곳에는 예비검속 때 희생된 한림지역 희생자 63명의 시신이 안치되어 있다. 백조일손지지(百祖─孫之地)의 희생자들과 달리 이들의 시신은 유족들이 1956년 3월 30일에 수습해 김권홍 씨 유족이 희사한 이곳에 안장되었다. 유족들은 시신을 수습하며 "메도, 술도, 벌초도 같이 하자"고 약속했다.
>
> 10대와 20대 희생자가 32명으로 전체 희생자의 절반이 넘었고, 여성도 9명이나 되었다. 또한 희생자 중에는 명월리 출신이 12명으로 가장 많았고, 한림리가 8명으로 그 뒤를 이었으며, 이들 63명은 애월면, 한림면, 대정면의 19개 마을 출신이었다.

유해봉안관

4·3 당시 암매장되었던 유해들을 발굴하여 화장한 후 봉안한 곳으로, 제주4·3평화공원 내에 있다. 현재 이곳에는 발굴유해 396구 중 DNA 감

식으로 유족을 찾은 71구의 유해도 함께 안치되어 있다.

잃어버린 마을

1948년 11월 중순 이후 약 한 달 동안, 군경토벌대는 중산간마을과 산간마을 주민들에게 소개령을 내려 해안마을로 이주케 했다. 이 과정에서 주민을 무차별 학살하고, 마을을 모두 불태워 인적·물적 희생을 키웠다. 잃어버린 마을은 4·3이 끝난 후에도 원주민들이 마을로 돌아오지 않아 지금까지 복구가 되지 않고 사람들이 살지 않는 마을을 지칭한다.

한림읍의 잃어버린 마을로는 현재, 상대리의 고한이, 한산이왓, 동명리의 거전동(케왓), 명월리의 빌레못, 금악리의 웃동네, 일동이못이 조사되었다.

또한 한경면의 잃어버린 마을로는 현재, 조수리의 하동, 저지리의 하늬골이 조사되었다.

제주4·3평화공원

제주시 봉개동 일원, 39만 6700m²(12만 평) 부지에 자리 잡은 제주4·3평화공원은 4·3 희생자의 넋을 위령하고, 유족 및 도민들의 아픈 상처를 달래는 한편, 평화·인권 교육의 장으로 2003년 4월부터 조성되기 시작했다. 총 3단계에 걸쳐 진행되는 조성사업은 1단계 사업에서 112억 원이 투입되어 위령제단, 위령탑, 추념광장, 상징조형물이 조성되었고, 2단계 사업에는 2004년부터 2008년까지 총 480억 원이 투입되어 위페봉안실, 주차장, 조경·전기 시설 등의 기반시설과 4·3평화기념관, 기념관 내 전시시설 등이 조성되었다. 그러나 문화센터 등을 건립할 3단계 사업은 정부가 예산을 지원해주지 않아 지연되어오다 2014년부터 다시 시작되었다.

제9연대

조선경비대(남조선국방경비대)는 각 도(道) 단위마다 향토연대를 하나씩 설립했다. 제주도는 마지막으로 1946년 11월 16일(초대 연대장 장창국)에 창설되면서 제9연대가 되었다.

제2연대

조선경비대의 향토연대로 원래 대전 지역을 근거지로 창설되었다. 1948년 12월 29일, 4·3사건의 진압을 맡고 있던 제9연대와 교체되어 제2연대는 제주도로, 제9연대는 대전으로 이동 배치되었다.

정뜨르 비행장 4·3 유해 발굴

4·3 당시 정뜨르비행장(현 제주국제공항)에서 있었던 집단학살 암매장지 2개소를 제주4·3연구소가 2007~2010년에 발굴했다. 그 결과 4·3유해 총 380구와 다수의 유물이 발굴되었다.

조수국민학교 교사 학살사건

1948년 11월 22일 조수국민학교에서, 저지지서 경찰들은 주민들을 운동장에 집합시키고 미리 잡아두었던 조수국민학교 교사 4명과 청년 3명을 끌고 와 주민들이 보는 앞에서 공개총살 했다. 그 이유는 무장대가 조수리를 기습해 당시 저지지서장이었던 김문경의 동생을 살해하고 학교 등사판을 가져가는 데 이들이 내통했다는 황당한 것이었다.

지하선거

1948년 7월 약 한 달 동안 남한 전역에서 북한정권 수립에 따른 남조선 대의원을 뽑기 위해 소위 '지하선거'가 실시되었다. 4·3의 와중이었던 제주도에서는 백지에 이름을 쓰거나, 손도장을 받아가는 형식으로 선거가 진행되었다. 그 당시 자발적으로 서명을 했건, 남로당이나 무장대의 강요에 의해서 손도장을 찍었건 지하선거에 참여했던 사람들은 나중에 이 '백지날인'이 빌미가 되어 토벌대에 의해 많이 희생되었다.

초토화작전

1948년 10월 17일, 제9연대 송요찬 연대장은 해안선에서부터 5km 이외의 지점을 통행하는 자는 폭도배로 간주해 총살하겠다는 포고문을 발표했다. 이어 11월 17일에는 계엄령이 선포되었다. 이때부터 제9연대는 중산간마을 주민들을 해안마을로 강제 소개하고, 집들을 불태우는 초토화작전을 벌였다. 무장대의 거점을 없앤다는 명분으로 시작된 이 강경 진압작전으로 중산간마을과 산간마을 주민이 가장 많은 인적·물적 피해를 입었다.

학도호국단

1949년 9월, 전국 중등학교 이상의 각급 학교 교직원과 학생을 단원으로 해서 전국적 규모로 조직된 문교부 산하 조직. 설치의 주목적은 반공사상교육을 실시하고, 조직적 활동을 통해 민족의식과 국가관을 정립하고자 하는 것이었다.

학련(전국학생총연맹)

1946년 7월 31일, 서울에서 결성된 우익 학생단체(약칭 전국학련)이다. 재경학생행동통일촉성회 등 좌익 학생단체에 대항해 반공·반탁운동을 펴기 위해 반탁학련·독립학생전선 등의 우익 학생단체가 모여 결성한 단체이다.

한림중학생 공개총살 사건

1948년 11월 16일, 제9연대 군인들은 한림중학교 운동장에 학생과 주민들을 강제로 집합시키고 한림중학교 3학년 학생 4명(강두형, 이경혁, 좌태봉, 김계준)을 공개총살 했다. 중산간마을에서 초토화작전이 벌어져 많은 인명들이 학살되기 시작할 즈음인 이때, 총살 장면을 처음 목격한 학생과 주민들은 "동생 같고, 자식 같은 아이들이 죽는 처참한 장면에 모두 눈물을 흘렸다". 이 사건 이후, 제9연대는 한림에서 철수하고 서청특별중대와 제2연대가 주둔했다. 서청은 이곳에서도 많은 횡포를 저질러 지금도 당시 경험자들에게는 공포의 대상으로 남아 있다.

한청(대한청년단)

1949년 12월 19일, 이승만이 자신의 취약한 정치적 기반을 유지·강화하기 위해 전국에 산재해 있던 각 청년단체들을 하나로 통합해 결성한 단체이다.

행방불명 희생자 표석

제주4·3평화공원 부지 내에 행방불명된 희생자의 표석 3500여 기가 세워져 있다. 이 희생자들은 4·3 기간 제주도 내에서 행방불명되었거나, 도외 형무소에 수감되었다 한국전쟁 이후 행방불명된 분들이다.

3·1절 발포사건

제28주년 3·1절 기념식이 있었던 1947년 3월 1일, 제주읍 북국민학교 운동장에서 기념식을 마친 참가자들은 동서로 나뉘어 요란스레 시위를 전개하며 귀가했다. 서부지역 행렬이 관덕정 마당을 빠져나간 후 한 어린아이가 기마경찰의 말발굽에 치어 쓰러졌다. 그러나 경찰은 아무런 조치도 않고 경찰서로 들어가 버렸고 격분한 군중이 항의를 하며 돌멩이를 던졌다. 그러자 갑자기 경찰서 망루에서 경찰이 발포를 시작했고, 순식간에 사상자가 발생했다. 15세의 학생과 젖먹이 아이를 가슴에 안은 여인이 피살되었다. 1차 발포 직후 사상자를 도립병원으로 옮기는 과정에서 경찰의 2차 발포가 일어났다. 이날 총 6명이 죽고 8명이 중상을 입었다. 4·3특별법은 제주도에서 첫 사망자가 나온 이 날을 4·3의 시발점으로 보았다.

3·10 총파업

3·10 총파업은 1947년 3월 10일, 미군정과 경찰이 3·1절 발포사건의 진상을 규명하려 하지 않은 데 대해 제주도청을 시작으로 전 도민이 항의해 일어난 총파업이다. 3·1절 발포사건 후, 제주도의 민심은 극도로 악화되었다. 그러나 미군정과 경찰은 발포 책임자를 벌하기보다는 시위 주동자를 검거하는 일에 몰두했다. 좌익진영은 대책위원회를 조직하고 미군정과 경찰의 만행을 폭로하며 희생자 구호금 모집에 들어갔다. 3·10 총파업이 시작되자 도청 등 관공서는 물론 은행·회사·학교·운수업체·통신기관 등 도내 156개 단체의 직원들이 파업에 들어갔고 현직 경찰까지 파업에 동참했다.

미군정청은 3·1절 발포사건이 있고 난 후 3월 8일 조사단을 파견해 사건을 조사했으나 아무 조치 없이 돌아갔다. 3월 14일 미군정 경무부장 조병옥이 내도했고, 그 후 제주도의 응원경찰 수를 늘리는 등 파업 분쇄에만 전념하던 조병옥은 3월 19일 담화문을 발표했다. 그 내용은, 경찰의 발포행위는 정당방위였고, 이 사건은 북조선과 통모하여 일어난 사건이라는 것이었다. 결국 제주도를 '빨갱이 섬'으로 규정한 이 담화문 이후 무차별 검거가 이어져 1947년 3월 1일 이후 1948년 4월 3일까지

2500명이 검거되었다. 4·3특별법은 제주도에서 첫 사망자가 나오고, 무차별 도민 탄압으로 이어져 4·3 무장봉기를 초래한 이날을 4·3의 시발점으로 보았다.

4·3 축성(築城, Fortification) 및 한림 장성(長城)

축성은 어느 지역의 자연적인 방어력을 증강하고, 적의 공격으로부터 인원과 물자를 보호하며, 적군의 행동을 제한하기 위해 그 지형에 적합한 군사시설을 구축하는 것을 말한다. 제주지역의 4·3 축성은 1948년 11월 이후 주민들이 해안마을로 소개(疏開)당했다가 다음 해 봄에 고향 마을로 돌아오면서 자신의 마을을 무장대로부터 보호하기 위해 마을을 빙 둘러 돌로 성을 쌓으면서 시작되었다. 현재도 당시 흔적들이 마을마다 조금씩 남아 있다.

한림 장성: 4·3 축성 시(1948년 말~1949년 초), 한림 이외의 다른 지역에서는 마을마다 별도로 4·3 성을 쌓은 데 비해 한림면에서는 한림 전 지역 — 동쪽 끝 애월면 어도리에서부터 귀덕리를 거쳐 서쪽 끝 월령리에 이르기까지 — 을 둘러쌓은 데서 나온 이름이다. 그러나 한림면에서도 1949년 봄 중산간 소개 마을이 재건된 후에는 마을별로 별도의 성을 쌓았다.

4·3 특별법

4·3특별법은 2000년 1월 12일 공포된 후, 및 차례의 개정(2007.1.24)과 일부 개정(2007.5.17)의 과정을 거쳤다. 4·3특별법은 '제주4·3사건의 진상을 규명하고 희생자와 유족들의 명예를 회복시켜줌으로써 인권신장과 민주발전 및 국민화합에 이바지함'을 목적으로 재정되었다.

제주시 한림읍 지도

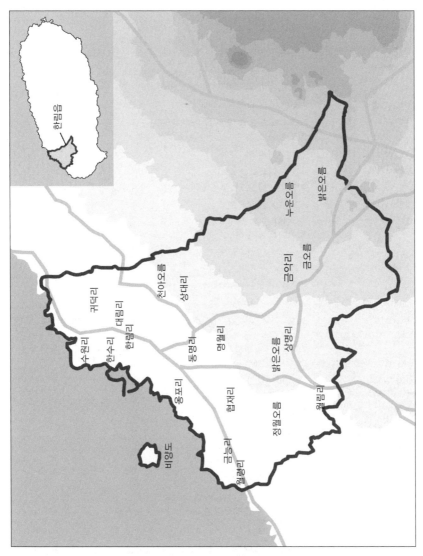

제주시 한림읍은 2014년 9월 기준으로 주민 약 2만 2500명이 56개 자연마을에 거주하고 있는 지역으로 면적은 약 91.09km² 정도이다. 1946년 도(道)로 승격되어 제주도 북제주군 한림면으로 개칭되었고, 1956년 '한림면'에서 분리되어 '한림읍'이 되었으며, 2007년부터 제주시에 편입되었다. 제주4·3 구술자료 총서 7권은 이 지역 주민의 증언을 바탕으로 만들어졌다.

주요 제주어 용례

어미

-곡 [연결어미]	(표준어) -고 이디서 밥 먹곡 ᄒ멍 놀암시라. ¶여기서 밥 먹고 하면서 놀고 있어라.
-ㄴ덴 [연결어미]	(표준어) -ㄴ다고, -ㄴ다고 하는 그 사름 오늘 온덴 소식 와서라. ¶그 사람 오늘 온다고 하는 소식 왔더라
-ㄴ디, -는디 [연결어미]	(표준어) -는데 비 오는디 어디 감디? ¶비 오는데 어디 가고 있니?
-난 [연결어미]	(표준어) -니까 봄 뒈난 날이 둣둣ᄒ다. ¶봄 되니까 날이 따스하다.
-난게 [연결어미]	(표준어) -니까 잡을 수 어신 장수난게. ¶잡을 수 없는 장수니까.
-라나신디 [연결어미]	(표준어) -았었는데 옛날은 저 폭낭의도 올라나신디 이젠 보호수렌 ᄒ멍 못 올라가게 ᄒ여. ¶옛날은 저 팽나무에도 올랐었는데 이제는 보호수라고 하면서 못 올라가게 해.
-라수게[1] [종결어미]	(표준어) -랐습니다. 저 오름도 올라수게. ¶저 오름도 올랐습니다.
-라수게[2] [종결어미]	(표준어) -았(었)습니다. 건 우리 집 쉐라수게. ¶그것은 우리 집 소였습니다.
-라시난 [연결어미]	(표준어) -랐으니깐, -랐으니까는 물건 깝 막 올라시난 돈 더 ᄀ졍 가라. ¶물건 값 막 올랐으니깐 돈 더 가지고 가거라.
-레[1] [연결어미]	(표준어) -러 어멍은 일ᄒ레 밧듸 갓저. ¶어머니는 일하러 밭에 갔다.
-레[2] [연결어미]	(표준어) -려고 무싱거 보레 와시니? ¶무엇 보려고 왔니?

-ㅁ- [선어말어미]	(표준어) -고 있-
	느 어디 감다? ¶너 어디 가고 있니?
마씀, 마씨, 마씸 [종결보조사]	서술어 뒤에 연결되어서 존대를 표시함.
	이젠 밥도 잘 먹엄서마씀. ¶이제는 밥도 잘 먹고 있습니다.
	이제랑 가게마씨. ¶이제랑 가십시다.
	첵 보암서마씸. ¶책 보고 있습니다.
-ㅂ주 [연결어미]	(표준어) -ㅂ지요
	저건 우리 쉡주. ¶저건 우리 소지요.
-ㅅ- [선어말어미]	이야기하는 시점에서 볼 때 (이미 이야기가) 완료되어 현재까지 지속되거나 현재에도 영향을 미치는 상황을 나타낼 때 사용.
	먹언 감서. ¶먹고 간다.
-아¹ [연결어미]	(표준어) -서
	오랑 상 갑서. ¶와서 사서 가십시오.
-아² [연결어미]	장차 할 일을 말하는 데 쓰임. (표준어) -고
	그 사름 닐 옵네뎅 굴으라. ¶그 사람 내일 옵니다고 말해라.
-아근에, -어근에 [연결어미]	(표준어) -고서
	경 앚아근에 무신 거 헴시니? ¶그렇게 앉아서 무엇을 하고 있니?
-아난¹ [연결어미]	(표준어) -았던
	ᄌ주 타난 ᄆᆞᆯ은 ᄆᆞ음 낭 타도 뒌다. ¶자주 탔던 말은 마음 놓고 타도 된다.
-아난² [종결어미]	(표준어) -았었소
	난 것도 하영 보아난. ¶나는 그것도 많이 보았었소.
-아낫주 [종결어미]	(표준어) -았었지
	밤의 성창의서 몸 ᄀᆞᆷ으멍 놀아낫주. ¶밤에 선창에서 미역감으면서 놀았었지.
-아노니, -아노니까 [연결어미]	(표준어) -았으니, -았으니까
	술 열 사발쯤 들이싸노니 온전홀 거라? ¶술을 열 사발쯤 들이켰으니 온전하겠니?

-아단 [연결어미]	(표준어) -아다가 바당의서 궤기 나까단 지천 먹엇저. ¶바다에서 고기 낚아다가 지쳐서 먹었다.
-암수다 [종결어미]	(표준어) -고 있습니다, -고 계십니다 난 이듸서 놀암수다. ¶난 여기서 놀고 있습니다.
-어사 [연결어미]	(표준어) -어야 보리 고고리 ᄒ 나라도 더 주워사 헌다. ¶보리 이삭 하나라도 더 주워야 한다.
-언¹ [연결어미]	(표준어) -어서 밥 하영 먹언 베불엇저. ¶밥 많이 먹어서 배불렀다.
-언² [연결어미]	(표준어) -고서 ᄀᆺ사 밥 먹언 흑교에 가라. ¶아까 밥 먹고서 학교에 가더라.
-우다 [종결어미]	(표준어) -ㅂ니다 저건 우리 쉐우다. ¶저건 우리 소입니다.
-으멍 [연결어미]	(표준어) -으면서 자의 밥 먹으멍 첵 보아라. ¶저 아이 밥 먹으면서 책 보더라.
-으믄, -으민 [연결어미]	(표준어) -으면 그 말 골으믄 욕 듣나. ¶그 말 이야기하면 욕 듣는다.
-이옌, -이옝 [연결어미]	(표준어) -이라고 저 사름이 강벨감이옌 ᄒ 여라. ¶저 사람이 강별감이라고 하더라.
-저¹ [종결어미]	(표준어) -겠다 이레 도라, 내 ᄒ 저. ¶이리 다오, 내 하겠다.
-저² [종어미]	(표준어) -다 비 하영 오람쩌. ¶비 많이 오고 있다.
-젠¹ [연결어미]	(표준어) -려고 걷젠 ᄒ 난 다리 아프곡, 차 타젠 ᄒ 난 돈 웃곡. ¶걸으려고 하니 다리 아프고, 차 타려고 하니 돈 없고.
-젠² [연결어미]	(표준어) -다고 그 사름 밥 먹엇젠 골아라. ¶그 사람 밥 먹었다고 하더라.

-주[1] [연결어미]	(표준어) -지
	가의난 거주 똔 아의민 경 아니 흔다. ¶그 아이니까 그렇지 딴 아이면 그렇지 아니한다.
-주[2] [종결어미]	(표준어) -지
	비 하영 오람주. ¶비 많이 오고 있지.
-주게 [연결어미]	(표준어) -지
	저런 건 우리 집의도 싯주게. ¶저런 것은 우리 집에도 있지.
-카부덴 [연결어미]	(표준어) -ㄹ까 보다고, -ㄹ까 싶다고
	간밤의 비 오카부덴 흔 난 아니 오라라. ¶간밤에 비 올까 보다고 하니까 아니 오더라.
-쿠다 [종결어미]	(표준어) -겠습니다.
	오널 난 밧듸 가쿠다. ¶오늘 나는 밭에 가겠습니다.

품사

가의, 가이 [명사]	(표준어) 그 아이
가차이 [부사]	(표준어) 가까이.
	해방이 가차와 올 때라. ¶해방이 가까워 올 때야.
거세기 [감탄사]	(표준어) 거시기. 적당한 말이 생각나지 않아서 바로 말하기가 거북 할 때 쓰는 군소리.
경 [부사]	(표준어) 그렇게
	* 경허고 (표준어) 그렇게 하고 　경혜도 (표준어) 그래도, 그렇게 해도 　경혜서 (표준어) 그렇게 해서 　경헨 (표준어) 그렇게 해서 　경헷다가 (표준어) 그렇게 했다가
고망, 고냥, 구녁, 굼기, 궁기 [명사]	(표준어) 구멍.
곤쌀 [명사]	(표준어) 흰쌀, 백미.
	나라에선 곤쌀을 배급 준다. ¶나라에서 흰쌀을 배급해 준다
골총 [명사]	(표준어) 고총. 임자가 없어 벌초를 하지 않거나 후손이 끊겨 제대로 관리되지 않고 방치된 무덤.

곱지다 [동사]	(표준어) 숨기다.
	게믄 보리 곱지멍 난리가 났어요. ¶그러면 보리 숨기면서 난리가 났어요.
공끌공끌, 공글공글 [부사]	작은 배 따위가 물 위에 떠서 이리저리 흔들리는 모양.
굿가시낭, 쿳가시낭, 귀낭, 귓가시낭 [명사]	(표준어) 꾸지뽕나무.
그듸 [대명사, 부사]	(표준어) 거기, 그곳
그르후제 [명사]	뒷날의 어느 때
내 [명사]	(표준어) 연기.
	옆집에서부터 내가 줄줄이 나기 시작했어. ¶옆집에서부터 연기가 줄줄이 나기 시작했어.
내중	(표준어) 나중.
	내중엔 뼈다구를 어디서 수습해신지도 모르고. ¶나중에 뼈를 어디서 수습했는지도 모르고.
냄펜, 남펜 [명사]	(표준어) 남편.
눌 [명사]	(표준어) 가리. 짚이나 마소의 꼴 따위를 차곡차곡 쌓아올린 더미.
	폭도 들었젠 허난 촐을 쌓아둔 눌 속에 숨은 기억밖에 없어요. ¶폭도 들었다고 하니까 꼴을 쌓아둔 가리 속에 가서 숨은 기억밖에 없어요
느, 늬 [대명사]	(표준어) 너.
	는 느냥, 난 나냥. ¶넌 너대로, 난 나대로.
당ᄆᆞ를, 닥ᄆᆞ르, 당ᄆᆞ르, 당뫃 [명사]	제주시 한경면 저지리 '큰동네'의 이름.
-덜 [접미사]	(표준어) -들
뎅기다 [동사]	(표준어) 다니다
	* 뎅기멍 (표준어) 다니면서
뒈다 [동사]	(표준어) 되다
	* 뒈곡 (표준어) 되고 　뒈난 (표준어) 되니까
드르팟 [명사]	(표준어) 들밭.
	농촌은 여자 남자 엇이 일철 나민 드르팟에 나가. ¶농촌은 여자 남자 구분 없이 일할 시기가 오면 들밭에 나가.

따문 [명사]	(표준어) 때문. 이 사람 따문에. ¶이 사람 때문에.
똣다, 똣스다 [형용사]	(표준어) 따뜻하다. 아방은 이듸 또시디옌 삿단 경 된 거라. ¶애기 아빠는 여기 따뜻한 데 섰다가 그렇게 된 거야.
마끼다, 매끼다 [동사]	(표준어) 맡기다. 내가 토벌 다닐 적에 어느 집에 편지를 매껴둔 적이 있어. ¶내가 토벌 다닐 적에 어느 집에 편지를 맡겨둔 적이 있어.
메누리 [명사]	(표준어) 며느리
메칠, 메틀 [명사]	(표준어) 며칠. 처음엔 지서에서 메칠 있었주. ¶처음엔 지서에서 며칠 있었지.
멕사리, 멕사가리 [명사]	(표준어) '맥(기운)'의 낮은 말.
멕이다 [동사]	(표준어) 먹이다. 어디 강 밥이라도 멕이고 오랜. ¶어디 가서 밥이라도 먹이고 오라고 했어.
멘네, 멘헤 [명사]	(표준어) 면화. 멘네도 공출해 갔어. ¶면화도 공출해 갔어.
멘들다, 멩글다, 뭉글다 [동사]	(표준어) 만들다. 울타리 엇이 살던 집덜 울타리 멘들고. ¶울타리 없이 살던 집들 울타리 만들고.
멧 [관형사]	(표준어) 몇. 그 후에 수습 현장에 멧 번 더 가왔어. ¶그 후에 수습 현장에 몇 번 더 갔다 왔어.
모커리 [명사]	(표준어) 곁채.
믠작믠작; 멘작멘작 [부사]	(표준어) 문적문적. 물건이 조금만 건드려도 뚝뚝 끊어지는 모양. 시신 덮은 멍석을 걷으니 살이 그냥 믠작믠작 허더라고. ¶시신 덮은 멍석을 걷어보니 살이 그냥 문적문적 하더라고.
바퀴; 도로기,도레기 [명사]	(표준어) 바퀴.
밖거리, 밧거리 [명사]	(표준어) 바깥채.
밧 [명사]	(표준어) 밭

봉그다 [동사]	(표준어)줍다. 비용이나 노력을 들임이 없이 뜻하지 않은 물건을 거저 줍다.
	어디 강 실탄을 하나 봉가단 주는 거라. ¶어디 가서 실탄을 하나 주워다가 주는 거야.
불다 [동사]	(표준어) -아/어/여 버리다
	이거 저레 치와 불라. ¶이거 저쪽으로 치워 버려라.
비영게, 비엥기, 비헹기 [명사]	(표준어) 비행기.
	겐디 비영게가 저쪽이서 날아오는 거라. ¶그런데 비행기가 저쪽에서 날아오는 거야.
사, 이사 [조사]	앞에 나오는 단어를 한정하거나 뜻을 강조할 때 사용. (표준어)야, 이야
	느사 거 못ᄒ크냐? ¶너야 그것 못하겠냐?
사름 [명사]	(표준어) 사람
쉐 [명사]	(표준어) 소
실렵다 [형용사]	차가운 느낌이 있다.
	* 실려와서 (표준어) 시려워서
소곱 [명사]	(표준어) 속.
	공출허렌 ᄒ민 소곱에 감추고……. ¶공출하라고 하면 속에 감추고…….
아멩, 아명 [부사]	(표준어) 아무리.
	법에선 습격 드난 아멩 위험시러와도 토벌을 가라 헌 거라. ¶법에선 습격이 드니까 아무리 위험스러워도 토벌을 가라고 한 거야.
아주망 [명사]	남자가 제수(弟嫂)를 부르거나 남자가 동기(同氣) 이외의 손아래 여자를 부르는 말.
안티, 한티 [조사]	(표준어) 한테
어떵 [부사]	(표준어) 어떻게
엇다 [형용사]	(표준어) 없다
영 [조사]	(표준어) 하고
	화리영 숫이영 ᄀ져오라. ¶화로하고 숯하고 가져오너라.
읎다, 엇다 [형용사]	(표준어) 없다.
	아무 죄도 읎다 허연 석방해준덴 했어. ¶아무 죄도 없다 해서 석방해준다고 했어.

이듸 [대명사, 부사]	(표준어) 여기, 이곳
이레 [부사]	(표준어) 이리, 이곳으로
일름, 일롬, 일홈 [명사]	(표준어) 이름(名)
잇다, 싯다 [형용사]	(표준어) 있다
저듸 [대명사, 부사]	(표준어) 저기, 저곳
저를, 저르, ᄌ르, **ᄌ를** [의존명사]	(표준어) 겨를. 인사헐 저를이 엇어시난. ¶인사할 겨를이 없었으니까.
조롬, 조름 [명사]	(표준어) 꽁무니, 뒤 난 판포에 불 나난 먼저 가고, 할망은 나 조롬에 오고. ¶난 판포에 불 나니까 먼저 가고, 부인은 나 뒤에 오고.
줏다 [동사	(표준어) 줍다. 나머지 뼈다구를 줏어 맞춴. ¶나머지 뼈를 주워서 맞췄어.
ᄌ냑, 처냑 [명사]	(표준어) 저녁.
ᄌ배기, ᄌ베기, **저베기, ᄌ바기** [명사]	(표준어) 수제비
ᄌᄌᄒ다, 줄줄ᄒ다 [형용사]	(표준어) 자잘하다. ᄌᄌ한 낭가지들 가져당……. ¶자잘한 나뭇가지들 가져다가…….
ᄌᆷ [명사]	(표준어) 잠.
촐 [명사]	(표준어) 꼴. 마소에게 먹이는 풀 따위. 그때 도로 옆에 촐 비는 밭이 있었어. ¶그때 도로 옆에 꼴 베는 밭이 있었어.

자료: 현평효·강영봉 엮음, 『제주어 조사·어미 사전』(제주: 도서출판 각, 2011).
제주특별자치도 엮음. 『개정증보 제주어사전』(제주: 제주특별자치도, 2009).

찾아보기

주제어

인명

지명

엮은이

제주4·3연구소

사단법인 제주4·3연구소는 민간연구단체로, 제주4·3사건을 전문적으로 조사·연구해 4·3의 역사적 진실과 진상을 규명하고, 이에 대한 정당한 평가를 통해 한국 역사의 올곧은 발전에 기여하고자 1989년 5월 개소했다. 이후 제주 공동체를 폐허로 만든 제주4·3의 진상규명과 명예회복운동에 앞장서왔다. 제주4·3연구소는 각종 국내외 학술대회와 토론회, 역사교실 등을 통해 4·3 관련 연구논문 및 자료집을 발간하고 있으며, 국내외 관련 자료 수집, 4·3 경험자들에 대한 증언채록 사업, 4·3유적 및 유물 조사 사업, 암매장·학살지 조사 및 유해 발굴 사업 등을 벌이고 있다.

구술 정리

허영선(시인, 제주4·3연구소 이사)

채록

김은희(팀장), 강태권, 김규리, 김명주, 송지은, 이은영, 장윤식, 현진호

제주어 감수

송경미(제주대학교 국어교육학 석사)

한울아카데미 1683

제주4·3 구술자료 총서 07
만벵듸의 눈물

ⓒ 제주4·3연구소, 2015

엮은이 ∣ 제주4·3연구소
펴낸이 ∣ 김종수
펴낸곳 ∣ 도서출판 한울
편집책임 ∣ 배유진
편집 ∣ 양혜영

초판 1쇄 인쇄 ∣ 2015년 1월 12일
초판 1쇄 발행 ∣ 2015년 1월 26일

주소 ∣ 413-120 경기도 파주시 광인사길 153 한울시소빌딩 3층
전화 ∣ 031-955-0655
팩스 ∣ 031-955-0656
홈페이지 ∣ www.hanulbooks.co.kr
등록번호 ∣ 제406-2003-000051호

Printed in Korea
ISBN 978-89-460-5683-1 93910

* 책값은 겉표지에 표시되어 있습니다.